本书是国家社科基金青年项目"我国社会组织发展的政治分析（09CZZ014）"的结项成果，本书出版得到南开大学亚洲研究中心的资助

中 国 政 府 与 政 治 研 究 系 列

"强国家 — 强社会"

我国社会组织发展的政治分析

STRONG STATE AND STRONG SOCIETY:
THE POLITICAL ANALYSIS OF THE DEVELOPMENT
OF SOCIAL ORGANIZATIONS IN CHINA

郭道久 著

天津出版传媒集团

天津人民出版社

图书在版编目（CIP）数据

"强国家—强社会"：我国社会组织发展的政治分析 / 郭道久著. -- 天津：天津人民出版社，2017.12

（中国政府与政治研究系列）

ISBN 978-7-201-12825-2

Ⅰ.①强… Ⅱ.①郭… Ⅲ.①社会组织管理—研究—中国 Ⅳ.①D669.3

中国版本图书馆 CIP 数据核字（2018）第 011065 号

"强国家—强社会"：我国社会组织发展的政治分析
QIANG GUOJIA QIANG SHEHUI

出　　版　天津人民出版社
出版人　　黄　沛
地　　址　天津市和平区西康路35号康岳大厦
邮政编码　300051
邮购电话　（022）23332469
网　　址　http://www.tjrmcbs.com
电子信箱　tjrmcbs@126.com

策划编辑　王　康
责任编辑　郑　玥

印　　刷　高教社（天津）印务有限公司
经　　销　新华书店
开　　本　787毫米×1092毫米　1/16
印　　张　14.75
插　　页　2
字　　数　200千字
版次印次　2017年12月第1版　2017年12月第1次印刷
定　　价　69.00元

总　序

朱光磊

　　呈现在读者面前的"当代中国政府与政治研究系列"，是我们教研团从事中国政府与政治研究的一些心得、一些阶段性研究成果。

　　中国正经历着历史上最大规模的制度创新。如何在这样一个历经坎坷、内部差异比较大的大国，通过改革来实现根本性的社会变革，是一个世界级的难题。从某种意义上讲，这也是对人类社会发展新道路的积极探索。政治发展，是这一全面发展、进步中的最基本方面之一。留给中国的机遇并不多，中国必须不断前进，在求解难题中寻求突破，不能再有"闪失"。抓住历史机遇期，实现民族复兴的伟大理想，需要高超的政治智慧、开阔的视野、坚韧不拔的进取精神和高超的策略性行动，但更为重要的是要有一个合理的政治统治和管理模式。

　　100年来、60年来，特别是30年来，一代代仁人志士的艰苦探索，包括成功，也包括失败，已经为中国未来的政治发展提供了坚实的实践和思想平台。但是，国内外社会发展格局的剧变，也对我们所期待的那个"合理的政治统治和管理模式"提出了更高的要求。如何在唯物史观的指导下，本着"实践是检验真理的唯一标准"的原则，将马克思主义国家学说、现代西方政治思想中适宜"为我所用"的部分和中国传统政治文化中的积极成分有机地结合起来，逐步凝练出一个适应时代现代社会生产方式和社会进步潮流，符合中国实际情况、符合中国大多数人民利益和具有中华文明特点的政治思想，是中国政治学界的任务。完成这一历史使命，首先要做的基础性工作，就是科学地分析中国的国情、社情、民情和政情，分析实现中国政治发展所必需的主观条件和客观条件。

　　正是基于以上认识，从1990年前后，我开始在中国政府过程与阶层分化两个方向上进行持续、系统的研究工作。20世纪90年代中期，我与一部分从事政治学理论、区域政治、农村政治等研究方向的年轻同事组成了非正式的研究小组。2001年，开始形成团队。团队成员是南开大学政治学、行政学方面的部分年轻教师和我的博士、硕士生（包括已经毕业的）。除以上成员外，还有部分成员在厦门大学、西南政法大学、云南大学、内蒙古大学等单位从事教学、科研工作。

　　成功的科学研究，其工作的重要基础是善于选择关键性的研究课题。一个成熟的、有作为的学科，总是能够发现和驾驭自己所处时代、所处社会中的最有代表性、最需要人们去回答的话题。经过多年的读书、学习、积累和体会，我认为，21世纪初中国政治发展有四个方面的课题特别重要和紧迫。①

　　第一，要强化对一系列重要结构性问题的研究。持续的体制改革和产业调整，必然带来社会成员结构的变化。这些变化构成了中国政治发展的社会基础。"二元社会结构"正在趋于解体，工人阶级一体化和农民阶级分化的过程在继续，"新阶层"已经出现，城市化提速在即。今后，在社会成员构成的分化和重组、收入方式和差距等方面还会继续向着多样化的方向演进。这些发生在社会生活基本层面上的变化，无疑会对整个上层建筑产生巨大影响。对这个问题的科学认识，是正确提炼时代政治生活主题的基础。毛泽东对20世纪前期政治生活主题的正确把握，就是以他对"中国社会各阶级的分析"为基础的。在21世纪初，我们对各种重要政治问题和意识形态问题的把握和处理，同样需要以深入研究各阶级阶层的实际状况及其相互关系为基础。正在进行中的社会阶层分化与组合，是一场"从身份到契约"的进步性社会运动，但是也必然伴生一些"副产品"，比如某些掌握权力、金钱和知识的人，就有可能通过形成所谓的"强势集团"攫取非法利益，可能出现有的阶层的人试图利用自己的经济优势获取非正常的政治地位、政治权力，甚至搞"金钱政治"。面对这些问题，我们并没有经验，都需要政治学理论工作者给予理论支持。

　　第二，要强化对一系列重要的体制性问题的研究。中国的政治体制改革不是另搞一套，而是要正确调整国家各主要政治要素之间的关系，特别是"党政关系"，使制度、体制和组织能够最大限度地满足提高工作效率、加快经济发展和扩大公共服务的需要，最大限度地调动各方面的积极性。在这方面，核心是坚持和改善党的领导，是把党的执政工作、人民当家做主、依法治国与"行政主导"等

　　① 这一部分是在我的《着力研究实践提出的新课题》一文（《人民日报》，2004年12月21日）的基础上扩展而成的。

基本因素,以适当的体制和方式结合起来。这是中国政治发展的内在逻辑所决定的,也是进一步加强执政能力建设,积极而稳健地推进政治体制改革和建设社会主义民主和法制的基础。政治学界要重点研究如何处理领导与执政的关系,研究如何进一步完善"两会机制",研究实现"党政关系规范化"的具体途径,研究宪法监督的实现形式等一系列关键性问题,并通过把对这些问题的探讨逐步上升到基本理论的高度,提高中国政治学的学科层次和学术魅力以及对干部、青年学生的吸引力。

第三,要强化对一系列重要的过程性或者说功能性问题的研究。政治发展不仅包括体制改革,而且应当包括政治过程的改善。相对于体制改革,我们对政治过程的问题以往关注得更少一点。这与我国政治学长期不发达有直接关系。比如,在美国,系统地研究政府过程的问题,从1908年就开始了。从民族特点来说,中国人不缺"大气"、勤劳、勇敢、灵活,但是应当承认,我们办事情不够精细,对过程设计、情报、档案、绩效评估、分工、应急管理等政治与公共管理环节,缺乏足够的注意,历史上积累下来的东西不多,需要"补课"。在经济发展达到一定水平以后,政治与政府管理流程设计安排粗放的问题就会逐步暴露出来,从而制约社会管理和社会服务水平的提高。例如,我国人口多,地方大,政府的纵向间层次不可能太少,对于怎么处理它们之间的关系,研究得就不够,多年困扰我们的以"条块矛盾"为代表的许多深层次问题一直没有得到解决,"每一级都管所有的事情",权力的交叉点过多,责任不清。以何种机制来处理必要的中央集权与适当的行政性分权、政治性分权、地方自治的关系的研究应当提上日程。对这些课题的研究,已超出了通常所说"中央与地方的关系"的范畴,超出了初期体制改革和传统政治学的范围,需要通过施政创新和理论创新来推动,需要开发和建设一批新的政治学分支学科和交叉学科。

第四,要强化对一系列重要的过渡性问题的研究。中国如果不经历改革开放,现在的许多问题,就不存在;中国如果不继续改革和扩大开放,这些问题也就解决不了。前面谈到的结构性问题和体制性问题,实际多数也同时是过渡性的问题。现在,三个时间起点不同的"过渡"都在21世纪的前20年进入了"总结期":从1840年开始的由"传统社会"向"现代社会"的过渡,从1921年开始的对社会主义事业的探讨所引发的向中国特色社会主义的过渡,从1978年开始的由计划经济体制向市场经济体制的过渡。然而复杂的是,这个历史过渡的"总结期",同时也恰好是中国历史上难得的"战略机遇期"。面对这些重要而复杂的课题,当代中国的政治学,应当成为"过渡政治学""发展政治学",并且在研究这些过渡性问题和发展中问题的过程中,使学科成熟和壮大起来。

每个国家都有自己的问题。在社会转型和政治发展中,不断冒出来问题是正常的。对复杂的政治现象,不能采取简单化的态度和思维方式。不要抓住一点,不及其余;不能让错觉和偏见妨碍了对政治变革的认识;不要动辄就把问题产生的原因归结为体制,也不能笼统和大而化之地批评"政治改革滞后"。其实,很多问题往往出在运作过程和运行机制上。任何实际运行中的政府,都不仅是一种体制,一个体系,更是一个过程。因此,关于政府与政治问题的研究,除了坚持传统的体制研究和要素分析的研究方法外,还需要走向一个重要的领域——过程研究。1997年,在拙著《当代中国政府过程》中,我首次将"政治过程"研究方法应用于分析中国政府活动,力图将对中国政府的研究从"体制"层面较为系统地提高到"过程"层面。

在研究中,我们这个以"政府过程研究"为核心的学术团队,形成了一些对于中国政府与政治研究有特色的理论共识和思维方式。我们把研究重点放在中国政府与政治实际运作情况和工作程序上,旨在从动态的角度考察和研究当代中国政府是如何治理的,在此基础上试图探讨其中的规律性。

中国政府与政治的研究必须能够回应"中国问题"。中国渐进地推进改革,在运作政府等方面,确有自己一套独创性的东西,有自己的发展逻辑,需要系统地挖掘;面对中国社会的急剧变化和快速转型,以及随之而来的新问题、新现象和新矛盾,更要提出自己的解释和指导方案,不能仅仅用欧美的语言系统和评价标准解释中国政治。来源于西方的理论能够启发我们的思维,但不能简单借用在西方经验基础上形成的理论来解释和指导中国的政治发展。中国应该有基于自己实际成长起来的具有中国风格、中国气派的政治学,需要创造和使用自己的核心概念、基本范畴、理论体系和分析框架。中国到了以理论回馈时代的时候了。

在上述思维方式和学术追求的基础上,我对自己以及研究团队的定位和要求是:从中国政府与政治运作的实际和经验中提炼有价值的问题和概念,了解现实制度安排和政治现象背后的主要制约因素,进而去揭示中国政治的内在机制,形成自己的理论体系。在研究中尽可能秉持一种平和的心态和建设性的态度,理性而务实地探讨问题,对重大问题进行具体研究。我们的能力有限,这一目标或许很难实现,但我们一直在努力。"当代中国政府与政治研究系列",就是我们向这个方向努力的一个个阶段性产物。

在研究工作中，我们注意发挥团队力量。团队成员之间有分工、有合作，相互配合、相互支持。在中国政府与政治这个大课题下，该系列的每本书都有特定的研究主题和所要回答的基本问题，有自己的"一家之言"。比如，《当代中国政府过程》对中国政府的行为、运作、程序以及各构成要素，特别是各社会利益群体之间，以及它们与政府之间的交互关系进行实证性的分析、研究。《当代中国政府间纵向关系研究》以"职责同构"为理论研究的切入点，通过比较研究和历史研究，对当代中国政府间纵向关系发展作了较为深入的分析。在《"以社会制约权力"——民主的一种解析视角》一书中，提出了"以社会制约权力"条件下的民主模式，即参与-治理型民主。该书将"以社会制约权力"与"以权力制约权力""以权利制约权力"联系起来，共同构成一个权力制约理论体系。《当代中国县政改革研究》力图从财政的角度破解县的"长寿密码"。《当代中国政府"条块关系"研究》一书，在对中国政府"条块关系"问题进行较为全面和系统研究的基础上，着重探讨了职责同构的政府管理模式在中国长期存在的原因。该书提出的"轴心辐射模式"的理论分析框架有较强的解释力。

令我感到高兴的是，我们的工作得到了学术界的鼓励和认可。《当代中国政府过程》出版后，承蒙各界关爱，被许多国家和地区的多家大学用作研究生或本科生的教学参考书，多次被国内外的学者和博士论文所引用。早在1999年，《当代中国政府过程》的第一版，就获得了天津市社会科学优秀成果一等奖。2003年，经台湾大学社会科学院李炳南教授推荐，本书的姐妹篇——《中国政府与政治》①在台湾出版。2005年我主讲的"当代中国政府与政治"被评为国家级精品课程，而《当代中国政府过程》就是该课程的教材。1998年以来，我和团队成员已经有十余篇论文相继被《新华文摘》转载或摘登，涉及中国阶层分化、当代中国政治的主题、中国公务员规模、中国政治学发展战略、中国纵向间政府关系、服务型政府建设、中国"条块关系"、大部门体制等多个领域。这给了我们很大的信心，也给予了我们前进的动力。

这是一个开放的学术著作系列，成熟一本，推出一本。随着研究的逐渐深化，还会在服务型政府建设、城市管理、"两会"机制、政府机构改革与编制管理、行政区划改革等领域，不断有新的作品加入系列中来。

---

①　参见朱光磊.中国政府与政治.台湾：扬智公司出版，2003.

改版之际，我们衷心感谢各位前辈、同仁对团队工作的宝贵帮助和支持！作为团队负责人，感谢我的伙伴们！我深知，在我们之间的合作中，我是最大的受益者。感谢天津人民出版社对我们工作的关注和支持，感谢出版社各个工作环节上的朋友们的合作，特别要感谢盛家林、刘晓津、张献忠、王康、唐静等老师创造性的工作！真诚欢迎读者的批评与指正！

2008年7月28日

目　录

导　论 / 1

一、选题意义 / 1

二、文献综述 / 4

三、概念界定 / 12

四、研究思路 / 15

五、主要内容 / 16

第一章　我国社会组织发展述评 / 18

第一节　社会组织的发展概况 / 18

一、社会组织的发展历程 / 18

二、社会组织的类型与规模 / 26

三、社会组织发展的主要特点 / 32

四、对社会组织的评价 / 34

第二节　社会组织的政治功能 / 39

一、社会组织与政府职能转变 / 40

二、社会组织与服务型政府 / 43

三、社会组织与社会管理、和谐社会建设 / 46

四、社会组织与协商民主 / 47

五、社会组织与灾害救助 / 48

第三节　社会组织发展相关理论评价 / 50

一、失灵理论及其适用性 / 50

二、治理理论及其适用性 / 55

第二章 国家与社会关系的"双强"模式 / 60

  第一节 国家与社会的分离和对立 / 60

    一、市民社会：国家与社会从一体走向分离 / 60

    二、国家与社会的对立关系 / 63

    三、国家决定市民社会 / 65

    四、市民社会决定国家 / 66

  第二节 国家与社会的互动和共治 / 69

    一、从"二元"到"三元" / 69

    二、社会中的国家 / 70

    三、国家与社会协同 / 72

    四、公共服务中的伙伴 / 73

  第三节 "强国家—强社会"模式及其适用性 / 75

    一、国家与社会从共治到共强 / 75

    二、为什么是"强国家—强社会" / 76

    三、"强国家—强社会"的内涵 / 79

    四、"强国家—强社会"的应用 / 83

第三章 "双强"模式下的政府与社会组织 / 86

  第一节 政府有作为 / 86

    一、为什么需要有为政府 / 86

    二、政府有作为的表现 / 88

    三、政府在社会组织发展中的作用 / 95

  第二节 社会组织有活力 / 100

    一、社会组织有活力的表现 / 101

    二、社会组织对政府的影响 / 103

  第三节 社会组织与政府的互动共强 / 110

    一、社会组织与政府"共强"关系辨析 / 110

    二、社会组织与政府关系的不同层次 / 113

第四章 社会复合主体中的社会组织与政府 / 117

  第一节 社会复合主体的概况 / 117

    一、社会复合主体的含义和特点 / 117

    二、社会复合主体的形成机制 / 120

三、社会复合主体的实践效果 / 121

第二节 社会复合主体中政府和社会组织的作为 / 124

一、社会复合主体中的政府行为 / 124

二、社会复合主体中的社会组织 / 129

三、社会复合主体中的其他主体 / 133

第三节 社会复合主体中政府与社会组织的关系 / 135

一、社会复合主体中政府与社会组织的互动合作 / 135

二、社会复合主体与政府向社会赋权 / 137

三、社会复合主体是"强国家—强社会"的实践 / 138

第五章 农村基层社会治理中的社会组织 / 140

第一节 农村基层社会组织发展概况 / 140

一、农村社会组织发展的社会基础 / 140

二、农村社会组织的发展历程 / 142

三、燎原村社会组织的类型 / 143

第二节 社会组织参与农村基层社会治理的途径及作用 / 146

一、社会组织参与农村基层社会治理的途径 / 147

二、社会组织在农村基层社会治理中的作用 / 150

第三节 农村社会组织发展展望 / 155

一、农村社会组织发展中面临的现实问题 / 155

二、推动农村社会组织发展的对策 / 158

三、社会组织发展与农村基层社会治理的走向 / 159

第六章 政府购买公共服务中的社会组织 / 163

第一节 政府向社会组织购买公共服务概况 / 163

一、政府购买公共服务产生的背景 / 163

二、政府购买公共服务的目的 / 165

三、承接主体:泰达社会服务中心 / 166

四、购买主体:天津开发区城市管理局 / 167

五、购买的可行性 / 168

第二节 政府向社会组织购买公共服务的具体内容 / 170

一、购买的公共服务项目 / 170

二、购买方式 / 176

三、资金的投入方式 / 176

四、绩效评估机制 / 177

第三节 政府向社会组织购买公共服务的评价与展望 / 178

一、政府向社会组织购买公共服务的主要成效 / 178

二、政府向社会组织购买公共服务的经验总结 / 182

三、政府向社会组织购买公共服务展望 / 184

四、总结:购买公共服务实现政府和社会组织"双赢" / 188

第七章　结论与展望 / 191

第一节　结论与相关限定 / 191

一、案例总结 / 191

二、研究结论 / 192

三、有关社会组织的两点限定 / 194

第二节　实现社会组织有活力面临的问题 / 195

一、社会组织仍处于欠发达阶段 / 195

二、社会组织和市民社会独立性不足 / 197

三、公共精神欠缺制约社会组织发展 / 199

四、社会资本尚不能满足社会组织发展的需求 / 200

第三节　促进社会组织发展的对策 / 202

一、完善社会组织相关体制机制 / 202

二、加快政府职能转变和行政体制改革 / 205

三、扩大和规范公民与社会参与 / 206

四、大力培养公民的公共精神 / 207

五、增加政治生活的社会性因素 / 208

参考文献 / 210

导　论

社会组织的兴起和迅速发展是改革开放以来中国社会政治生活中最突出的现象之一。它们的出现不仅丰富了公共服务和社会管理的主体和形式，增添了社会的活力，也会改变政府和公众的行为方式，乃至对整个社会政治生活的格局产生重要影响。为此，社会学、经济学、公共管理学乃至哲学等学科，都针对这一现象展开了诸多研究。政治作为受社会组织发展直接影响的领域，决定了对社会组织发展进行政治分析是必要的，现代政治学所提供的理论和方法支撑也决定了其可行性。

一、选题意义

社会组织的迅速发展是中国改革开放进程中的突出现象之一，也可以被视为社会主义市场经济发展、行政管理体制改革和社会主义民主政治建设的重要成就。各方对社会组织在社会政治领域的积极作用的认识逐渐清晰。1993年《中共中央关于建立社会主义市场经济体制若干问题的决定》中明确提出"发展市场中介组织，发挥其服务、沟通、公证、监督作用"。1998年《关于国务院机构改革方案的说明》中也明确提出发展社会中介组织，此后历年的政府工作报告也多次提到发展中介组织对市场经济和政府职能转变的作用。党的十七大报告在发展基层民主部分强调"发挥社会组织在扩大群众参与、反映群众诉求方面的积极作用，增强社会自治功能"。党的十八大报告强调要"引导社会组织健康有序发展"。同时，社会组织的积极作用也得到广泛的认可，特别是其提供公共服务和参与社会管理的能力，已经通过具体的组织和事例获得验证。但是，关于社会组织的负面评价和质疑也呈高涨之势。由于与政府部门的特殊关系，一些社会组织被认为是"二政府"，不能独当一面，承担社会职能；受社会整体环境的影响，个别社会组织沦为个人赚取财富的工具，更为世人所不齿；一些组织管理制度不健全，社会公信力较低，一个"郭美美事件"就可能毁掉中国红十字会的百年声誉；①个别组织打着造福公众、服务社会的旗号，事实上从事着反政府、反社会的违法活动，如"法轮功"；在国际社会层面，社会组织由于与"颜色革命"等事件的特殊关系，也被视为是对主权国家的一种威胁。

面对社会组织迅速发展的客观事实，以及各方对它们的不同看法，需要研究者给它们一个恰当的定位，并在一个相对稳定的框架内分析和看待这些组织，在此基础上形成相对稳定的政策，以引导其发展。从这个角度出发，本研究的意义体现在：

1. 明确社会组织的定位

在社会组织发展的初期，定位问题并不急迫，但当社会组织发展到一定的规模，已经形成较显著的社会影响时，定位问题就凸显出来了。如果没有清晰的定位，这些组织的发展将受到制约，甚至会因为一些偶然事件和负面评价而阻断其发展的进程。当前，中国社会组织的发展已经到了需要明确其定位的时期。本研究对社会组织的定位从政治学的视角入手。因为目前关于社会组织的一些疑问其核心在于这类组织的发展是否会对政府和政权形成不利影响，延伸出来才是其功能和作用问题。对社会组织进行政治分析，其基本的角度就是社会组织与国家权力、政府的关系，对政治生活和政治发展的影响。这恰好能够解开这个疑团，明确社会组织发展中的关键问题。

本研究对社会组织的定位，基本思路是跳出个体印象，立足整体认识。中国众多的社会组织之间肯定存在差别，每一个组织的活动能力、发展前景、公众形象、社会影响力都是不一样的，甚至个别组织在发展中确实出现过负面影响。在当前这个信息时代，个别组织的行为很可能影响公众对社会组织整体的评价。本研究并不否认社会组织发展进程中出现的各种消极和负面影响，但对社会组织的定位仍然需要立足整体，全盘考虑社会组织作为一种现象总体上呈现的态势，而不能因为个别现象改变社会组织发展的整体趋势和基本规律。

本研究对社会组织定位的另一个重要意义在于，力图使社会组织的发展在坚持中国国情的基础上与世界发展趋势相适应。在当前的全球化时期，中国社会组织的发展不可能不受世界整体趋势的影响，而且社会组织总体上的发展初

---

① 《红十字会副会长：郭美美事件三天毁掉红会一百年》，《中国经济周刊》，2011年11月15日。

期阶段决定了这种影响在一些领域可能还比较显著。在当前以治理为中心的社会政治架构中,社会组织在公共服务、社会管理、基层治理、社会整合等领域的作用越来越受到重视,其与政府的伙伴关系日渐成型。与这一基本趋势相适应,中国政府和社会组织以及其他相关主体都需要进行自我调整,重新审视相互间的关系,改变一些固定看法,其中的主要问题就是为社会组织找准定位。

2. 构建适合中国社会组织发展的分析框架,并为相关政策决策提供理论支持

随着中国社会组织的发展,相关的研究日渐丰富。仅就政治学和公共管理而言,社会组织在公共服务、公共治理、和谐社会、科学发展等领域的作用,社会组织与政府的关系,社会组织的管理,社会组织的发展政策等诸多主题方面都有不少的研究成果。这些研究存在一些共性问题,案例研究和专题研究比较多,对某个组织或者社会组织的某种功能有较深入的研究。但它们往往是就事论事,并不涉及更深入的理论层次,从而导致对社会组织的分析缺少通用的理论框架。本研究对社会组织进行政治分析,基本的视角是国家与社会的关系,将社会组织作为社会的一种成分,纳入到整体框架之中,再根据中国的实际情况,结合国家与社会关系研究的理论成果,建立起政府和社会组织"共强共生"的理论模式,在这种模式下探讨社会组织的发展问题,包括现实中发挥的作用、存在的问题,以及将来的发展方向和具体对策。

3. 总结社会组织发展的经验和教训

改革开放以来,中国社会组织总体呈快速发展态势,但其中也出现过起伏,甚至在特殊时期社会组织发展出现了停滞。对这些实际过程的总结可以为构建符合中国实际的社会组织分析框架和理论模型提供经验支持。本研究将从发展环境、发展阶段、主要功能、总体特点、面临的问题等方面,对中国社会组织的发展状况进行梳理;在此基础上,将社会组织发展纳入到改革和转型的大背景中,从改革、发展和稳定相统一的角度,来总结社会组织发展的经验教训。这一思路避免了个别组织的成败对整体发展经验的影响,同时又契合当前中国转型期的基本发展模式,使社会组织的发展融入改革和发展的整体进程。

另外,由于受传统文化、政治体制等因素的影响,中国的社会组织发展确实已呈现出自身的特点,这将使来源于西方的诸多有关社会组织的理论难以完全适用于解释中国的现象。为了解释中国社会组织的发展,就需要有适宜的理论,而这些理论主要只能来自于中国的实践。本研究对中国社会组织发展实践的总结也是为进行理论总结奠定基础。

4. 为社会组织发展提供有针对性的政策建议

本研究虽然侧重于理论, 但为中国社会组织发展提供政策建议也是重要目的。鉴于当前社会组织发展中存在的问题, 甚至在发展方向上存在的摇摆, 本研究的重点是在适合中国的国家与社会关系模式下厘清政府与社会组织的关系, 明确政府在社会组织发展中应承担的责任, 包括基本导向、政策支持和实际问题如何解决等。在本研究构建的理论模型下, 社会组织的发展与政府的有为之间并不存在矛盾, 而是相互促进、共生共强的, 这是政府制定社会组织发展政策的起点。在此基础上, 本研究将提出一些针对性的对策建议, 以推动社会组织的发展。当然, 本研究也不会忽视社会组织的发展可能对政治带来的消极影响, 比如危害国家安全、助推群体事件、可能成为腐败的新载体等。为此, 需要从社会组织的资金来源、活动形式等方面加以监控。

二、文献综述

社会组织作为20世纪后期在世界各国发展迅速的新生事物, 已成为学术研究的热点。在纷繁复杂的研究成果中, 与本研究对其进行政治分析有关的主要有以下六个方面:

1. 社会组织的发展状况

掌握社会组织发展的基本状况是对其进行政治分析的前提, 各国学者们的研究也多以掌握基本情况为起点。这方面的成果以萨拉蒙(L.Salamon)等人于1990年开始对全球42个国家的社会组织所作的比较研究最有代表性。在《崛起的部门》中, 萨拉蒙提出世界正在经历一场全球性的"结社革命", 社会组织的发展如火如荼。[1] 1999和2003年, 萨拉蒙领导的课题组以"全球公民社会"为题, 发布基于实地调研基础上的各国(地区)社会组织发展状况, 详细说明各国社会组织的数量、资金、人员等。[2]约翰·基恩(John Keane)也发表了对全球公民社会的看法。[3]随着中国改革不断推进, 社会组织也迅速发展, 并受到广泛关注。王颖等

---

① Lester M.Salamon, The Rise of the Nonprofit Sector, *Foreign Affairs*, 73(4), 1994, pp.109–122.

② Lester M.Salamon, H.K.Anheier, R.List, et al., *Global Civil Society: Dimensions of the Nonprofit Sector*, Baltimore, 1999; L.Salamon, W. Sokolowski, and R. List, Global Civil Society: Dimensions of the Nonprofit Sector. Baltimore: Institute for Policy Studies, Center for Civil Society Studies, Johns Hopkins University, http://www.kp-books.com/pdf/gcs2.pdff, 2003.

③ John Keane, *Global Civil Society?*, Cambridge University Press, 2003.

人在1993年就提出"社会中间层",对改革进程中出现的社团组织加以关注。[①]李亚平等关注西方国家志愿服务中"第三域"的兴起,揭示其对中国社会发展的积极意义。[②]康晓光对转型期中国社会组织的总体态势、特征等进行了总结。[③]朱又红通过个案考察了中国社会组织产生和发展的特征。[④]齐丙文对草根社会组织的建设、管理和发展作了全面分析。[⑤]王绍光等将中国社会组织的发展纳入全球社团革命中进行考察,称为"中国的社团革命"。[⑥]随着中国加入WTO等新因素的出现,社会组织发展空间扩张,相关研究也成为热门。王名带领的清华大学NGO研究所通过个案研究和问卷调查等,对中国社会组织的发展状况作了较全面的整理,收集了大量资料。[⑦]随着社会组织越来越呈现规模效应,对其作整体评估或行业发展报告有了基础,黄晓勇[⑧]、康晓光[⑨]、高丙中[⑩]等从不同的角度对社会组织的发展予以追踪。同时,清华大学NGO研究所[⑪]、上海交通大学第三部门研究中心[⑫]开始推出社会组织研究专业性系列学术刊物。有关行业协会、商会、农业专业合作社、环境NGO、慈善组织、妇女儿童权益保护组织等不同类型的社会组织的专门研究也日益丰富。

---

① 王颖、折晓叶、孙炳耀:《社会中间层:改革与中国的社团组织》,中国发展出版社,1993年。

② 李亚平、于海:《第三域的兴起:西方志愿工作及志愿组织理论文选》,复旦大学出版社,1998年。

③ 康晓光:《转型时期的中国社团》,《中国社会科学季刊》(香港),1999年冬季号。

④ 朱又红:《第三部门中的社会创新——对一个非营利机构产生和发展过程的思考》,《中国社会科学季刊》(香港),1999年冬季号。

⑤ 齐丙文:《民间组织:管理·建设·发展》,山东大学出版社,2000年。

⑥ 王绍光、何建宇:《中国的社团革命——中国人的结社版图》,《浙江学刊》,2004年第6期。

⑦ 王名:《中国NGO研究:以个案为中心》,联合国区域发展中心、清华大学NGO研究所,2000年;王名:《中国NGO研究:以个案为中心(2001)》,联合国区域发展中心、清华大学NGO研究所,2001年;王名:《中国非政府公共部门》,清华大学出版社,2004年;王名:《中国民间组织30年——走向公民社会:1978—2008》,社会科学文献出版社,2008年。

⑧ 黄晓勇:《中国民间组织报告(2008、2010—2011、2011—2012、2013、2014)》,社会科学文献出版社,2008、2011、2012、2013、2014年。

⑨ 康晓光、冯利:《中国第三部门观察报告(2011、2012、2013、2014、2015)》,社会科学文献出版社,2011、2012、2013、2014、2015年。

⑩ 高丙中、袁瑞军:《中国公民社会发展蓝皮书》,北京大学出版社,2008年。

⑪ 清华大学NGO研究所:《中国非营利评论》(第1—16卷),社会科学文献出版社,2007—2015年。

⑫ 徐家良:《中国第三部门研究》(第1—10卷),上海交通大学出版社,2011—2015年。

2. 社会组织与市民社会

国家与社会关系理论是社会组织分析的基本理论,而市民社会理论则是其核心内容。20世纪七八十年代,脱胎于洛克、孟德斯鸠、托克维尔、黑格尔等的市民社会理论在西方学界得到复兴和拓深。基恩等将市民社会与西方自由主义传统割裂开来,在市民社会与国家分离的基础上强调国家调节市民社会的重要性,从而赋予市民社会新的内涵。①哈贝马斯(J.Habermas)分析了西方市民社会的重大变化,指出"公共领域"的产生及其重要后果。②科恩(Jean L.Cohen)和阿雷托(Andrew Arato)在国家和市民社会二分的基础上,提出国家–经济领域–市民社会的三分法,强调市民社会是接介于经济领域和国家之间的社会互动领域。③怀特(Gordon White)认为市民社会是国家和家庭间的一个中介性社团领域,强调市民社会与国家分离基础上的自主性。④这样,现代市民社会理论构建起来,并成为三元社会结构的基础。随着改革开放以来中国社会的不断发展,西方相关研究成果开始被引入,市民社会理论在中国兴起。王绍光较早提出当市民社会这一概念运用到中国时需要加以反思。⑤邓正来和景跃进提出如何构建中国的市民社会的问题。⑥黄宗智则认为"第三领域"更符合中国市民社会的实际。⑦邓正来分析了国家与市民社会的关系。⑧何增科在梳理市民社会概念的历史演变的基础上,提出市民社会在中国的适用性。⑨随着市民社会理论的逐步建立,它也随之被用于分析中国的社会结构和社会组织的发展,如孙立平从市民社会

---

① John Keane, *Democracy and Civil Society:on the Predicaments of European Socialism,the Prospects for Democracy,and the Problem of Controlling Social and Political Power*, Verso, 1988.

② J.Habermas, *The Structural Transformation of the Public Sphere:An Inquiry into a Category of Bourgeois Society*, MIT Press, 1991.

③ Jean L.Cohen, Andrew Arato, *Civil Society and Political Theory*, MIT Press, 1992.

④ [英]怀特:《公民社会、民主化和发展:廓清分析的范围》,何增科译,《马克思主义与现实》,2000年第1期。

⑤ 王绍光:《关于"市民社会"的几点思考》,《二十一世纪》(香港),1991年第8期。

⑥ 邓正来、景跃进:《建构中国的市民社会》,《中国社会科学季刊》(香港),1992年11月创刊号。

⑦ Philip C. C. Huang, "Public Sphere"/"Civil Society"in China? :The Third Realm between State and Society, *Modern China*, Vol.19, No.2, April 1993, pp.216–240.

⑧ 邓正来:《市民社会与国家——学理上的分野与两种架构》,《中国社会科学季刊》(香港),1993年第3期。

⑨ 何增科:《市民社会概念的历史演变》,《中国社会科学》,1994年第5期。

的角度来研究中国社会结构的分化,[①]何增科强调对市民社会进行实证研究时社会组织的重要性。[②]与市民社会和社会组织研究相一致,中国的国家与社会关系变迁问题受到关注。倪志伟(Victor Nee)等较早用国家-社会关系的框架来分析中国社会。[③]怀特通过对浙江萧山的考察发现在国家与民间组织间出现了权力转移。[④]何包钢认为中国的社会组织国家色彩较浓,因此国家与社会是相互依赖的。[⑤]邓正来提出要建构良性互动的国家与社会关系,[⑥]张静强调当借助国家与社会的框架来分析中国的实践时需要注意中国的特殊性。[⑦]

3. 社会组织的政治功能

社会组织是对"市场失灵"和"政府失灵"的一种补充,[⑧]这是社会组织产生的重要理论解释,也是对社会组织功能的基本定位。社会组织是现代社会的重要成分,与政治存在密切联系,[⑨]即使在发展中国家也是如此,[⑩]它们的发展为现代政治的治理模式奠定了基础。[⑪]在当代中国,社会组织的发展与政治上的变革有密切关系,[⑫]这也导致它们具有多重政治功能。社会组织是政府改革和职能转

---

①　孙立平:《国家与社会的结构分化:改革以来中国社会结构的变迁研究之一》,《中国社会科学季刊》(香港),1992年11月创刊号。

②　何增科:《公民社会和第三部门研究导论》,载何增科主编:《公民社会与第三部门》,社会科学文献出版社,2000年。

③　Victor Nee and David Monzigo(ed.),*State and Society in Contemporary China.*,Ithaca,Cornell University Press,1983.

④　Gordon White,Prospects for Civil Society in China:A Case Study of Xiaoshan City,*The Australian Journal of Chinese Affairs*,29(January)1993,pp.63-87.

⑤　BaoGang He,*The Democratic Implications of Civil Society in China*,ST. Martin's Press,1997.

⑥　邓正来:《国家与社会——中国的市民社会研究的研究》,《中国社会科学季刊》(香港),1996年总第15期。

⑦　张静:《国家与社会》,浙江人民出版社,1998年。

⑧　Burton Weisbrod,Toward a Theory of the Voluntary Nonprofit Sector in Three-Sector Economy,in E. Phelps,*Altruism Morality and Economic Theory*,Russel Sage Foundation,1974,pp.171-195.

⑨　Henry B. Hansmann,The Role of Nonprofit Enterprise,*Yale Law Journal*,Vol.89,No.5,April 1980,pp. 835-901.

⑩　Julie Fisher,*Nongovernments:NGOs and the Political Development of the Third World*,Kumarian Press,1998.

⑪　James N. Rosenau,Governance in the Twenty-first Century,*Global Governance*,No.1,1995,pp.13-43.

⑫　康晓光:《转型时期的中国社团》,《中国社会科学季刊》(香港),1999年冬季号。

变的产物,它们承载着政府转移的部分职能;①它们是政府与社会、公众之间的桥梁,在社会整合、利益表达、社会救助等方面发挥着重要作用;②社会组织还是公共服务的重要力量,③对实现服务型政府、科学发展观等政治目标有积极意义。社会组织的发展,有利于改变中国政府的管理模式,促进治理转型,从而达到善治的高度。④当然,社会组织也可能对政治带来不利影响,如前苏东地区的"颜色革命"。⑤

4.社会组织与政府的关系

西方国家的社会组织以自治为基础,故它们与政府的关系相对简单,以独立性为主要特征,也有像法团主义模式下的合作关系。发展中国家的社会组织与政府的关系更加复杂。⑥中国社会组织的发展与政府关系密切,导致其"行政化"色彩浓厚,⑦许多组织具有"官民二重性",⑧甚至出现了"枢纽型社会组织"⑨的概念,以描述其与政府的特殊关系。鉴于中国社会组织的特殊性,调整其与政府的关系就成为社会组织改革和发展中的重要命题,⑩部分研究者认为法团主义是比较适合解释这一现象的理论模式,并认为中国社会组织的发展趋势是法

①　吴锦良:《政府改革与第三部门发展》,中国社会科学出版社,2001年;贺立平:《让渡空间与拓展空间:政府职能转变中的半官方社团研究》,中国社会科学出版社,2007年。

②　王名:《非营利组织的社会功能及其分类》,《学术月刊》,2006年第9期。

③　丁元竹:《中国非政府公共部门与公共服务》,中国经济出版社,2004年。

④　俞可平:《中国公民社会的兴起与治理的变迁》,载俞可平主编:《治理与善治》,社会科学文献出版社,2000年,第326页。

⑤　陈海娟:《中国公民社会的现状与前景——访清华大学NGO研究所副所长贾西津》,《决策与信息》,2010年第9期。

⑥　[美]费希尔:《NGO与第三世界的政治发展》,邓国胜、赵秀梅译,社会科学文献出版社,2002年。

⑦　李景鹏:《中国现阶段社会团体状况分析》,《唯实》,1999年第8期;齐炳文编:《民间组织:管理·建设·发展》,山东大学出版社,2000年,第68~69页;吴锦良:《政府改革与第三部门发展》,中国社会科学出版社,2001年,第251页。

⑧　于晓虹、李姿姿:《当代中国社团官民二重性的制度分析——以北京市海淀区个私协会为个案》,《开放时代》,2001年第9期;朱光磊、陆明远:《中国非营利组织的"二重性"及其监管问题》,《理论与现代化》,2004年第2期;郭道久:《第三部门公共服务供给的"二重性"及发展方向》,《中国人民大学学报》,2009年第2期。

⑨　李璐:《枢纽型社会组织:政府和草根社团的纽带》,《中国经济导报》,2013年2月16日,第B05版。

⑩　郭道久、朱光磊:《杜绝"新人"患"老病",构建政府与第三部门间的健康关系》,《战略与管理》,2004年第3期。

团主义。①事实上,中国社会组织的类型比较复杂,不同类型的组织与政府的关系存在差异,王颖等较早将社会组织区分为"官办""半官方""民间"三种情况,表明它们与政府关系的不同,这一分类方法对后续研究影响较大。②康晓光等依据社会组织的不同情况,认为政府对社会组织实行"分类控制",因而形成不同的关系状态。③实践中,社会组织参与公共服务和社会管理,与政府间形成一种合作关系,④双方之间的互动也日益密切。⑤社会组织与政府的合作也存在一定程度的竞争,⑥当然,这种竞争是非对称的,⑦社会组织对政府的依赖高于政府对社会组织的需求。社会组织与政府关系的另一个角度是,政府是社会组织合法性的重要来源,⑧现实中,政府承担着对社会组织的监管责任,⑨是社会组织获取公信力的重要保障。

5. 社会组织与民主

早在19世纪,托克维尔就通过考察发现了发达的社会组织与美国的民主之间的紧密关联,⑩而现代民主理论中多元主义和合作主义两种模式也是以社会组

---

① 顾昕、王旭:《从国家主义到法团主义——中国市场转型过程中国家与专业团体关系的演变》,《社会学研究》,2005年第2期;张钟汝、范明林、王拓涵:《国家法团主义视域下政府与非政府组织的互动关系研究》,《社会》,2009年第4期;范明林:《非政府组织与政府的互动关系——基于法团主义和市民社会视角的比较个案研究》,《社会学研究》,2010年第3期。

② 王颖、折晓叶、孙炳耀:《社会中间层:改革与中国的社团组织》,中国发展出版社,1993年,第8~9页。

③ 康晓光、韩恒:《分类控制——当前大陆国家与社会关系研究》,《社会学研究》,2005第6期。

④ 康晓光:《NGO与政府合作策略》,社会科学文献出版社,2010年;陈华:《吸纳与合作:非政府组织与中国社会管理》,社会科学文献出版社,2011年;车峰:《我国公共服务领域政府与NGO合作机制研究》,中央民族大学出版社,2013年。

⑤ 李珍刚:《当代中国政府与非营利组织互动关系研究》,中国社会科学出版社,2004年;尚晓援:《公民社会组织与国家之间的关系考察——来自三家非政府儿童救助组织的启示》,《青年研究》,2007年第8期。

⑥ 郭小聪、文明超:《合作中的竞争:非营利组织与政府的新型关系》,《公共管理学报》,2004年第1期。

⑦ 田凯:《组织外形化:非协调约束下的组织运作——一个研究中国慈善组织与政府关系的理论框架》,《社会学研究》,2004年第4期;徐宇珊:《非对称依赖:基金会与政府关系的分析》,《公共管理学报》,2008年第1期。

⑧ 高丙中:《社会团体的合法性问题》,《中国社会科学》,2002年第2期;谢海定:《中国民间组织的合法性困境》,《法学研究》,2004年第2期。

⑨ 周志忍、陈庆云:《自律与他律:第三部门监督机制个案研究》,浙江人民出版社,1999年。

⑩ [法]托克维尔:《论美国的民主》,董国良译,商务印书馆,1988年。

织与政治权力的关系为基础的。①随着市民社会理论的复兴，这一命题再次成为政治理论研究的重心。基恩希望通过市民社会的发展来实现社会主义的民主化；②科恩和阿雷托认为解决当代西方国家政治民主存在的种种问题的途径是市民社会的重建。③作为自由主义民主理论新发展的协商民主理论，就特别强调社会组织等多元主体在社会政治生活中的积极影响。④实践中，社会组织与民主政治的质量有紧密关联，普特南对意大利的研究证明了这一点，⑤金灿荣在实地考察的基础上认为当今美国社会中市民社会和社会组织对政治民主的影响仍然显著。⑥当然，社会组织对政治民主的影响在实践中还是与理论上的高度存在差距。⑦社会组织的发展将对当代中国的民主政治产生怎样的影响也受到广泛关注，⑧而它们进行政治参与的广泛性和多样性是对权力监督、制约模式以及人民民主实现形式的有效补充。⑨

6. 政府向社会组织购买公共服务

购买公共服务是20世纪70年代以来政府改革的重要方向，社会组织承接政府出资的公共服务则是其中的主要形式。1969年，德鲁克（Peter F. Drucker）就提出了公共服务市场化的建议。奥斯本（David Osborne）等在《改革政府》中以企业

---

① 郭道久：《对抗性竞争与协商合作——多元主义与合作主义的利益集团观比较》，《教学与研究》，2006年第8期。

② John Keane, *Democracy and Civil Society: on the Predicaments of European Socialism, the Prospects for Democracy, and the Problem of Controlling Social and Political Power*, Verso, 1988.

③ Jean L. Cohen and Andrew Arato, *Civil Society and Political Theory*, MIT Press, 1992.

④ Joseph Bessette, Deliberative Democracy: The Majority Principle in Republican Government, in Robert A. Goldwin and William A. Schambra(ed.), *How Democratic is the Constitution?*, American Enterprise Institute for Public Policy Research, 1980, pp.109–116.

⑤ ［美］帕特南：《使民主运转起来》，王列、赖海榕译，江西人民出版社，2001年。

⑥ 金灿荣：《美国市民社会与政治民主的关系初探》，《美国研究》，2001年第1期。

⑦ Gideon Baker, Civil Society and Democracy: The Gap Between Theory and Possibility, *Politics*, 18(2) 1998, pp.81–87.

⑧ 敝思：《非营利组织与民主》，载刘军宁等主编：《市场经济与公共秩序》（"公共论丛"第二辑），生活·读书·新知三联书店，1996年，第360~375页；燕继荣：《民主：社会资本与中国民间组织的发展》，《学习与探索》，2009年第1期。

⑨ 郭道晖：《社会权力与公民社会》，译林出版社，2009年。

家精神改造政府,大力提倡公共服务的市场化。①彼得斯(B. Guy Peters)在《政府未来的治理模式》中提出了市场化的模式,把市场化改革视为一种新的公共治理模式。②萨瓦斯(Emanuel S. Savas)具体分析了公共物品与公共服务供给机制的形式。③20世纪90年代,英国政府签署了《政府与志愿及社区组织关系协定》,第一次以国家政策的形式提出政府和社会组织之间建立合作关系。随着服务型政府建设的不断推进,政府向社会组织购买公共服务的实践也日益丰富,它应成为公共服务供给的重要形式。④一般认为,中国政府向社会组织购买公共服务的尝试最早出现于上海罗山市民会馆。⑤21世纪的前10年,北京、上海、南京、深圳等地政府向社会组织购买公共服务的内容、规模、范围等出现显著增长,效果也得到认可。⑥社会组织在提供成本收益无法衡量的公共服务领域具有天然优势,如精神卫生服务、养老服务等。⑦政府通过向社会组织购买公共服务,可以降低行政成本、提高效率,⑧促使政府职能加快转型,⑨初步实现社会权力的回归与政府角色的转换。⑩当前,中国政府购买公共服务以非竞争性购买为主,这在一定程度上加强了政府和社会组织的关系,给社会组织带来发展机遇与空间。⑪同时,政府向社会组织购买公共服务还存在着品种单一、监管不足、参与度不高等问题。随着公民意识的增强,公众参与制度化的提高,政府购买的社会环境将更

---

① David Osborne and Ted Gaebler, *Reinventing Government: How the Entrepreneurial Spirit is Transforming Government*, Adison Wesley Public Comp., 1992.

② B. Guy Peters, *The Future of Governing: Four Emerging Models*, University Press of Kansas, 1996.

③ [美]萨瓦斯:《民营化与公私部门的伙伴关系》,周志忍等译,中国人民大学出版社,2002年。

④ 苏明、贾西津、孙洁、韩俊魁:《中国购买公共服务研究》,《财政研究》,2010年第1期。

⑤ 杨团:《社区公共服务设施托管的新模式:以罗山市民会馆为例》,《社会学研究》,2001年第3期。

⑥⑪ 王浦劬、[美]萨拉蒙:《政府向社会组织购买公共服务研究——中国与全球经验分析》,北京大学出版社,2010年。

⑦ 朱光磊:《城市公共服务体系建设纲要——给市长们的建议》,中国经济出版社,2010年,第4页。

⑧ 曾永和:《城市政府购买服务与新型政社关系的构建——以上海市政府购买民间组织服务的实践与探索为例》,*Journal Of ShangHai Polytechnic College Of Urban Management*,2008年第17期。

⑨ 王洁:《政府购买服务——现代政府公共职能的延伸》,《中国政府采购》,2011年第4期。

⑩ 郑卫东:《城市社区建设中的政府购买公共服务探讨——以上海市为例》,《广东行政学院学报》,2011年第1期。

加适宜,社会组织的有效性也会提升。①

以上成果为今后的研究奠定了基础,但就对中国社会组织发展的分析而言,仍存在以下不足:①缺少从政治的角度对社会组织作全面的分析,即"政治分析"不全面;②缺少分析中国社会组织发展的理论框架,国家与社会关系理论与中国的实际不完全相符;③欠缺建立在经验研究基础上的理论分析,对浙江、广东等社会组织发达地区的实践缺乏理论总结。本研究将在这些成果的基础上,构建社会组织政治分析的框架,在经验研究的基础上提出社会组织发展的具体对策。

三、概念界定

"社会组织"本是社会学的概念,指追求特定社会目标、实现特定社会功能、有意识地组建的社会群体,包括经济组织、政治组织、文化组织、社团组织等。本研究中的社会组织并不涵盖上述社会组织的全部,而是特指其中具有非营利性和非政府性的部分。理解这一概念的前提是国家、市场和社会的三元结构。社会组织指的是社会领域中的组织,其中存在一些与国家、市场交叉重叠的情况,但总体都属于社会领域。

本研究中的社会组织概念在中国出现的时间并不长,它大体经历了从"社会团体"到"民间组织"再到"社会组织"的发展过程。社会团体可以被理解为一个法律概念。按照《社会团体登记管理条例》规定,社会团体指中国公民自愿组成,为实现会员共同意愿,按照其章程开展活动的非营利性社会组织。从1950年制定《社会团体登记暂行办法》到1998年,"社会团体"被用来指称政府和企业之外的组织形态。改革开放以后,各种社会团体性质的组织发展迅速,包括行业协会、商会、中介组织、学会等,同时民办非企业单位出现,社会团体的概念已经难以涵盖所有这些组织。1998年,在机构改革的背景下,《关于国务院机构改革方案的决定》出台,民政部将"社会团体和民办非企业单位管理司"改为"民间组织管理局"。从此,民间组织的概念被广泛应用于官方和研究文献中。按照民间组织管理局的运作实际,民间组织包括"社会团体""民办非企业单位"和"基金会"。显然,民间组织的概念无法涵盖那些没有在民政部门登记、取得合法身份,但实践中确实存在并发挥作用的草根组织、基层社区组织等组织形式。为了更符合中国社会组织的实际情况,2004年9月,党的十六届四中全会通过的《中共中央

---

① 周俊:《政府购买公共服务的风险及其防范》,《中国行政管理》,2010年第6期。

关于加强党的执政能力建设的决定》首次用"社会组织"替代"民间组织";2006年10月,党的十六届六中全会通过的《中共中央关于构建社会主义和谐社会若干重大问题的决定》中,"社会组织"的概念再次得以明确,用来指称区别政府和企业、从事社会管理和公共服务的非营利性组织。2007年11月,在民政部举行的全国社会组织建设与管理工作经验交流会上,确定启用"社会组织"概念,"民间组织"的概念不再沿用。此后,"社会组织"逐渐成为官方、学术界、媒体等普遍使用的概念。自2013年始,民政部主管的《社团管理研究》杂志正式更名为《中国社会组织》;截至2015年初,广东、浙江、江苏、山东四省及部分地市的民政部门的民间组织管理局已经更名为社会组织管理局。

从国家、市场、社会三分的角度出发,社会组织指政府和企业之外,向社会某个领域提供社会服务,并具有公益性、非营利性、自治性、志愿性等特征的组织。①由于边界的模糊性和主体的复杂性,社会组织与政府、企业等主体也存在交叉现象。由于中国社会组织的发展本身还处于初期,变化时刻存在,同时其他主体也都处于转型过程中,导致社会组织的体系比较庞杂。总体而言,当前中国的社会组织主要包含:社会团体、民办非企业单位、基金会、商会、行业协会、农村专业协会、工商注册非营利组织、境外在华NGO、社会企业和具有半官方性质的人民团体、事业单位、农村和城市社区基层组织等。②

在有关社会组织的研究中,其他几个概念也同时被使用。它们与"社会组织"在内涵上存在一定的区别,外延也并不完全一样,但它们属于同一序列的概念,彼此存在关联,只是在研究者使用时根据具体语境和对象选择更加契合的概念。在理解社会组织的概念时,可以结合这些概念作为辅助。本研究除了特殊需要具体说明外,也将"社会组织"和"非政府组织""非营利组织""第三部门""公民社会组织"等概念视为相近的概念,不对它们作刻意区分。

第三部门(The Third Sector),是美国学者里维特(T. Levitt)于1973年正式提出的概念,用来指称处于政府和企业之间、从事政府和企业不愿做、做不好、或不常做的事的组织。③第三部门是有别于第一部门即政府、第二部门即经济活动主体(企业等)的一类社会主体,它具有与第一部门和第二部门不同的特征。政

---

① 王名:《社会组织概论》,中国社会出版社,2010年,第8页。

② 王宝珠:《中国社会组织发展研究》,天津师范大学硕士学位论文,2009年,第14页。

③ Theodore Levitt, *The Third Sector: New Tactics for a Responsive Society*, Amacom, 1973.

府是国家权力的具体执行者,活动具有政治性和权威性,着眼于国家的整体和长远利益,即使是管理和调控活动,也是以强制性权力为后盾的;公司企业是市场主体,它们以追求经济利益为主要目标,营利是其主要特点,同时对国民经济发展负有一定的责任;第三部门则不同,既没有国家权力的权威性影响,也不会不顾一切地追求利润,其主要目标是社会管理和服务,出发点是公众的普遍利益。第三部门虽然与第一、第二部门有关联,但总体上属于"独立部门"。①"第三部门"一词更侧重于领域划分,强调的是国家和经济领域之外的领域,以及存在于这些领域的行为主体。

非营利组织(Non-Profit Organizations,即NPOs),指那些不以营利为目的、主要开展各种志愿性公益或互益活动的非政府的社会组织。②在一般情况下,社会生活中那些不用向国家缴税的组织,大多被看作非营利组织,像医院、学校、博物馆等机构,都包括在内。由于服务对象不同,又分为为特定人群服务的互益组织和为所有人利益服务的公益性组织。③萨拉蒙在对非营利组织进行比较研究时提出,符合组织性、非政府性、非营利性、自治性和志愿性五个特征的组织才是非营利组织。④非营利性组织主要与营利性的企业相对而言,强调其不以营利为目的的公益特征。

非政府组织(Non-Governmental Organizations,即NGOs),指依靠社会资本、由公众创办、带有志愿性、致力于社会经济发展和维护特定或人类整体的公益事业的社会组织。政府组织最早是指得到联合国承认的国际性非政府组织,后来发达国家中以促进第三世界发展为目的的组织也被包括进来,现在已经成为包括所有以促进国家经济和社会发展为己任的组织。非政府组织的发展反映了一种自下而上促进经济发展的愿望,将民众和社会组织作为发展的动力。因此,非政府组织代表着一种社会机制,这种机制不仅不同于政府,也区别于市场。非政府组织主要强调其与政府的区别,它们不掌握公共权力,但动用社会资源服务公共利益。

市民社会组织(Civil Society Organizations,即CSOs),指国家、市场、市民社会

---

① 王绍光：《多元与统一：第三部门国际比较》,浙江人民出版社,1999年,第6页。

② 王名：《非营利组织管理概论》,中国人民大学出版社,2002年,第1页。

③ 赦思：《非营利组织与民主》,载刘军宁等主编：《市场经济与公共秩序》("公共论丛"第二辑),生活·读书·新知三联书店,1996年,第360页。

④ Lester M.Salamon, *America's Nonprofit Sector*, *Washington*, Foundation Center, 1993.

三元社会结构中市民社会的行为主体,强调组织的社会基础是市民社会。一般而言,市民社会组织具有以下特征:合法组织;非政府性,强调自我管理;非政党组织;非营利性;社会公益性;一定的志愿性。①

　　另外,在20世纪90年代,中介组织一词在中国使用频率也比较高。这与改革开放进程中政府职能转变、市场经济发展有关。中介组织是指介于政府、企业、个人之间,并为其服务、沟通、监督的社会组织。中介组织仅仅是一种中介机制的产物,就其特性而言,可能是非政府的,也可能与政府关系紧密,是准行政组织;可能是非营利的,也可能在很大程度上获取利润,具有准经济组织特征。

四、研究思路

　　本研究的基本思路是:从分析社会组织发展的背景出发,发现社会组织发展与政治变革之间的紧密关系,并将重点锁定为转型时期社会组织的发展如何与政府主导、政府权威间达成一致。经验研究表明,在经济发达的地区,基本状况是社会组织与政府彼此相长、社会组织发达的同时政府也更有作为,而传统的理论不能很好地解释这种现象。为此,需要建立切合我国实际的理论模型,并应用理论模型分析我国社会组织的发展,提出针对性的对策建议(图示如下)。

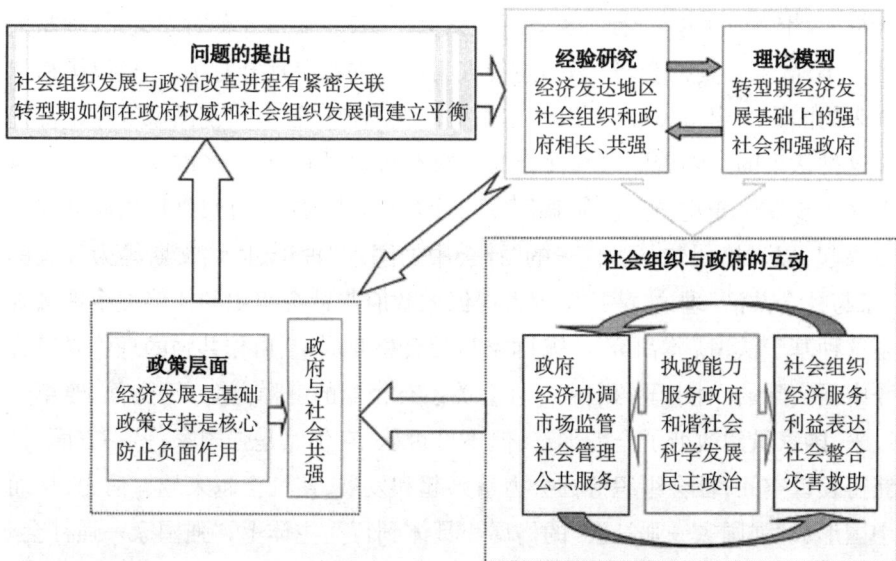

問題的提出
社会组织发展与政治改革进程有紧密关联
转型期如何在政府权威和社会组织发展间建立平衡

经验研究
经济发达地区
社会组织和政府相长、共强

理论模型
转型期经济发展基础上的强社会和强政府

政策层面
经济发展是基础
政策支持是核心
防止负面作用

政府与社会共强

社会组织与政府的互动

政府
经济协调
市场监管
社会管理
公共服务

执政能力
服务政府
和谐社会
科学发展
民主政治

社会组织
经济服务
利益表达
社会整合
灾害救助

---

　　①　李永杰:《公民社会组织与社会和谐发展》,中共中央党校博士学位论文,2006年,第14页。

五、主要内容

本研究主要包括以下内容：

导论部分，主要是有关选题的意义、研究综述、概念界定和研究思路等研究的基础性工作的介绍。导论中特别强调了本项研究是尝试构建一个分析中国社会组织发展的框架，从而跳出就某项具体功能，如政府职能转变、服务型政府、和谐社会等展开分析的思路。在概念的使用上，本研究选择了社会组织，但非政府组织、非营利组织、民间组织等概念与社会组织是属于同一序列的，在很多情况下是交叉使用的。

研究背景，主要介绍中国社会组织发展的基本情况，包括发展阶段、总体类型和规模、发展的主要特点、对社会组织的评价等。在此基础上，本研究着重总结了当前从政治的角度对社会组织展开的分析，包括社会组织与政府职能转变、服务型政府建设、社会管理和和谐社会建设、协商民主、灾害救助等，并指出这些分析是必要的，但属于就事论事，缺少的是理论分析框架。本部分还就常见的分析社会组织发展的理论——失灵理论和治理理论进行了简单评价，认为需要建立起适合中国社会组织发展的分析理论。

理论分析框架部分，主要是从国家与社会关系的角度出发，构建本研究的分析框架。传统的国家与社会关系理论认为，二者主要是一种对立关系，国家大则社会小，国家强则社会弱。以潘恩等人为代表的市民社会对抗国家、以黑格尔为代表的国家决定市民社会、以马克思为代表的市民社会决定国家等理论都是基于这种认识的。随着国家与社会关系的不断发展演变，二者的这种分离和对立关系逐步发生变化。于是，强调国家与社会相互影响、相互形塑以协同共强的观点兴起，以米格代尔等为代表的"社会中的国家"理论、以埃文斯等为代表的"国家与社会共治"理论、萨拉蒙等人提倡的政府与社会组织的伙伴关系理论等都是这种基于认识。本研究认为，国家与社会相互形塑、协作共强的理论是符合当今中国实际的，对中国的国家与社会关系有相当的解释力度。一方面，改革开放以来，国家虽然改变了全能形态，但不可否认，它仍然是强国家；另一方面，社会获得发育空间，社会组织等社会力量兴起和发展，使社会越来越有活力，从而在中国形成"强国家—强社会"的格局。具体到行为主体上，"强国家—强社会"体现为政府有作为、社会组织有活力。

实证分析部分，主要选择三个案例来说明社会组织发展以及逐步呈现的强社会局面。杭州的社会复合主体是一个整体性的案例,主要用以说明政府和社会组织等各种社会力量通过融合在社会复合主体之中,各自发挥自身的优势,从而推动地方社会治理;四川燎原村的案例主要表明农村社会组织兴起后在基层社会治理中已经发挥着越来越显著的作用,这可能推动农村基层逐步走向复合治理;天津开发区向泰达社会服务中心购买公共服务的案例则聚焦于一个社会组织、一项具体工作,通过泰达社会服务中心承担一系列公共服务,并取得良好的效果,来说明社会组织已经发挥的重要作用,以及因此而可能实现的政府和社会组织的"双赢"结果。

本研究的结论是社会组织的发展正在推动中国走向"强国家—强社会"的格局;政府没有因为社会组织的发展而削弱其地位和能力,反而因为宏观规划、政策调整等而提升了能力,获得更多的认可;社会组织则不断成长,向外界展示其能力和活力。当然,社会组织要真正发展到有活力且足以支撑"强社会",还面临着一些困境和难题,需要在今后的发展中不断调整和克服。

第一章

我国社会组织发展述评

　　对社会组织的政治分析需建立在对其基本情况和发展状态的全面掌握基础上,故本研究从有关社会组织的产生和发展环境、发展阶段、主要类型和规模等问题入手,进而分析社会组织在发展中逐步具备的各种政治功能,包括承担政府职能、提供公共服务、参与社会管理、构建和谐社会等。与社会组织发展相伴随的是西方相关理论的引入,这些理论一方面有助于理解社会组织现象,同时在解释中国的社会组织现象时也有一定的局限性。

第一节　社会组织的发展概况

　　中国社会组织的发展与改革开放的整体进程是一致的。经过近四十年的发展,社会组织不论是数量、规模,还是自身能力和社会影响力,都取得了显著的增长,同时也逐步展示出自身的特点,具备一些政治功能。

一、社会组织的发展历程

　　中国社会组织的发展在改革开放前后呈现为明显不同的景象。在计划经济体制下,全能型政府模式下社会组织基本没有生存和发展的空间,社会组织的数量非常有限。比如,中华人民共和国成立初期经过清理整顿后,全国性社会组织(社会团体)只有44个,到1965年也只有不到100个。[①]社会组织的大发展是改革开放以后才出现的,因此本研究对社会组织发展历程的梳理也集中于改革开

---

　　①　王名:《非营利组织管理概论》,中国人民大学出版社,2002年,第42页。

放以来的时间段。这期间,社会组织总体呈现为快速发展的局面,但受一些因素的影响,社会组织的发展进程也呈现出高低起伏的变化。总体而言,改革开放近四十年间社会组织的发展可以分为三个阶段。

(一)第一阶段从1978年至1991年

始于1978年的改革开启了中国经济、政治、社会等各个领域的全面变革,随着计划经济体制的逐步消解,在转变政府职能、政社分开等一系列改革进程中诞生了一大批社会组织,中国社会组织也迎来了第一个发展高潮。挣脱"文革"束缚的社会组织焕发出巨大生机,它们几乎是"争抢"着迎接改革开放的新气象,加上相关管理制度和发展经验的缺失,这一时期被王名教授认为是中国社会组织发展的"原始生长期"。[①]

首先是各种学会、研究会等学术性社会组织的快速发展。"文革"结束为科学界、知识分子带来了春天,对科学知识的探索、对自由的追求促使他们迅速行动起来,或者恢复"文革"期间停止活动的组织,或者新建组织。比如,中国社会学研究会于1979年3月成立,1982年5月更名为中国社会学会;中国政法学会于1979年底恢复活动;中国政治学会于1980年12月成立;中国法学会于1982年7月正式建立。据不完全统计,1978年恢复成立的各类学会、研究会及分科学会共78家,1979年达249家。[②]随着改革开放的推进,到20世纪80年代末,学术性社会组织的发展达到高峰,其间每年成立的组织数都在300家以上;1987年底,仅中国科协下属的全国性学会就有146家,分科学会1555家,乡镇科普协会46569家。[③]

其次是各种中介组织快速发展。随着改革而来的是政治、经济、社会各领域的相对分离,各自的主体、职能、边界愈加清晰,从而新的需求也随之出现,即沟通和联系各个领域催生了新的中介组织。随着政企分开,政府不再参与企业的具体经济活动,市场也逐步发育,于是在政府和市场间诞生了市场中介组织,以行业组织、经济服务组织最为典型。行业组织是为适应和推动行业的自主发展而产生的社会组织,它们一方面与政府部门有千丝万缕的联系,另一方面又连接着本行业的众多企业。改革进程中,政府放松了对经济活动的控制,特别是给

---

①　王名:《中国民间组织30年——走向公民社会》,社会科学文献出版社,2008年,第21页。

②　同上,第12页。

③　田良才、沈晓丹:《中国科协国家统计局首次发布资料 我国现有科技社团146个》,《人民日报》,1988年6月11日。

予企业自主发展的权利，同时允许个人办企业为私营企业带来巨大发展动力，各类企业既需要与政府部门打交道，又要适应市场的需求和变化，故而产生了建立行业组织的需求。自改革开放初到20世纪80年代，一批行业组织迅速发展起来(参见表1-1)。自1980年至1985年底，根据电子、机械、轻工、化工、冶金、煤炭等32个部门统计，全国性行业协会组织共组建了162个。①随着农村改革的推进，各种种植专业户、个体经营者逐渐增多，苹果协会、烟草协会、养兔协会等专业合作组织也开始出现。另一个值得关注的现象是，随着个体劳动者的增多，在政府推动和自主需求的双重动力下，个体劳动者协会在全国各地迅速发展。1985年6月底，全国有91.3%的县市建立了共2468家个体劳动者协会，省辖市一级的协会144家，省级协会19家。②另外，律师事务所、会计师事务所等也是重要的中介组织。1983年7月15日，中国内地第一家律师事务所——蛇口律师事务所在深圳成立，③随后各地的"法律顾问处"纷纷改为"律师事务所"；1988年随着民间性律师事务所获准成立，律师事务所开始快速增长。1981年1月1日，上海成立了全国第一家会计师事务所——上海会计师事务所；到1988年，会计师事务所已达250家。④

表1-1　20世纪80年代成立的部分行业组织简况表

组织名称	成立时间	组织名称	成立时间
中国质量协会	1979	中国医药企业管理协会	1985
中国印刷技术协会	1980	中国自行车协会	1985
中国包装技术协会	1980	中国涂料工业协会	1985
中国种子协会	1980	中国轮胎行业协会	1985
中国食品工业协会	1981	中国建筑业协会	1986
中国广告协会	1981	中国玩具协会	1986
中国砂石协会	1981	中国混凝土与水泥制品协会	1986
中国交通运输协会	1981	中国建筑玻璃与工业玻璃协会	1986
中国汽摩产业协会	1982	中国丝绸协会	1986
中国奶牛协会	1982	中国建筑卫生陶瓷协会	1986
中国农药工业协会	1982	中国胶粘剂工业协会	1987
中国制笔协会	1983	中国汽车工业协会	1987

①　刘剑雄：《改革开放后我国行业协会和商会发展研究》，《经济研究参考》，2006年第16期。

②　王名：《中国民间组织30年——走向公民社会》，社会科学文献出版社，2008年，第16页。

③　《从3到5000：深圳律师数量30年变迁折射中国法治进程》，新华网，2009年1月1日，http://news.163.com/09/0101/08/4UIEOHFL000120GU.html.

④　平和：《我国注册会计师行业大事记》，《中国注册会计师》，1999年第9期。

续表

中国电子音响工业协会	1983	中国纯碱工业协会	1987
中国复合材料工业协会	1984	中国水泥协会	1987
中国钢结构协会	1984	中国绝热隔音材料协会	1987
中国牙膏工业协会	1984	中国计算机行业协会	1987
中国建筑装饰协会	1984	中国烹饪协会	1987
中国建筑防水协会	1984	中国盐业协会	1988
中国模具工业协会	1984	中国铁合金工业协会	1988
中国模板协会	1984	中国五金制品协会	1988
中国电子企业协会	1984	中国电子元件行业协会	1988
中国橡胶工业协会	1985	中国家用电器协会	1988
中国钟表协会	1985	中国麻纺行业协会	1988
中国房地产业协会	1985	中国氟硅有机材料工业协会	1988

资料来源：中国行业协会商会网站(http://www.fctacc.org/)及各行业组织网站

再次是公益和服务类社会组织开始发展。向公众提供公益服务是社会组织的基本职能，此类社会组织获得发展机会也是必然的，它们也必将成为社会组织的中坚力量。这在改革开放初期就开始体现出来。1978年4月，中国红十字会恢复活动，多个城市的红十字会同时得到恢复，从此拉开了公益组织恢复发展的序幕。[①] 1981年7月，中国儿童少年基金会成立；1982年5月，宋庆龄基金会成立；1984年3月，中国残疾人福利基金会成立；1988年12月，中国妇女发展基金会成立；1989年3月，中国青少年发展基金会、中国扶贫基金会成立。这些组织构成了中国最早的一批有广泛影响的公益服务组织，活跃于教育、扶贫、妇女儿童权益、残疾人救助等领域。同时，这一时期基层社会也开始出现一些公益服务组织，比如城市和农村地区出现的老年人协会等各种互助或兴趣组织。

社会组织的快速发展与制度和管理滞后成为这一时期的突出问题。改革初期，中国社会政治生活中存在较多的制度和规范缺失现象，社会组织领域也面临同样的问题。当社会组织喷薄而出时，相应的管理制度和行为规范并不存在或不细致到位，其结果就是社会组织的失范，一些社会组织的行为甚至超出社会允许的底线。同时，20世纪80年代后期，中国的改革进程一定程度上受到自由化思潮的影响，社会组织发展也同样如此。所以，1988年开始了社会组织的清理

---

① 王名：《中国民间组织30年——走向公民社会》，社会科学文献出版社，2008年，第15页。

整顿工作，而且这一工作还与政治风波后的加强管理结合在一起。从1988年到1991年，社会组织经历了一次较大范围的规范管理和有序发展过程。1988年9月，《基金会管理办法》出台；1989年10月，《社会团体登记管理条例》颁布。以这两个法规为基础，社会组织管理逐步走上规范道路，其中对社会组织实行统一登记管理是核心内容。经过清理整顿，统一登记的社会组织从1990年的10855家增加到1991年的82814家，①大部分社会组织都被纳入到统一管理范畴。同时，在比较严格的登记管理制度下，新建社会组织的难度增加了。

（二）第二阶段从1992年至2000年

中国的改革随着社会主义市场经济体制建设而进入新的阶段，市场经济发展所带来的巨大动力推动社会组织进入新的快速发展阶段，世界妇女大会等因素也对社会组织的发展产生了积极的推动作用。

首先是行业协会商会等经济类社会组织的快速发展。在社会组织发展的第一阶段，行业协会已经获得较大发展，这一时期的行业协会仍然发展较快，如中国糖业协会和中国酿酒工业协会于1992年成立，中国肉类协会和中国饮料工业协会于1993年成立，中国饭店协会于1994年成立，中国餐饮行业协会于1996年成立，中国电器工业协会于1997年在此前成立的中国发电设备、中国电器等六个全国性行业协会的基础上合并成立。行业协会的特点是与政府部门关系比较紧密，承担着一定的行业管理职能。在社会主义市场经济建设过程中，另一种经济服务组织——商会迅速发展起来。商会多数具有地区性特征，是一定地域范围内的综合性经济服务组织，也有行业性的商会。中国的商会主要呈两种形态，即工商联（总商会）和民间商会。工商联是具有统战性的特殊商会，主要面向非公有制经济人士。全国工商联于1953年成立，1977年后恢复活动。进入20世纪90年代后，随着改革步伐加快，非公有制经济发展迅速，对工商联工作的需求相应提高。1988年，全国工商联县级以上组织为1495个，到1993年已经增加到2299个，1997年为2913个。工商联作为总商会，包含多种商会形式。据统计，2004年全国工商联有基层组织20203个，其中乡镇商会15709个，街道商（分）会、小组3116个，地区组织77个，异地商会214个，市场商会256个，开发区商会152个，联谊会107个，其他组织572个；各级行业组织4075个，其中全国12个，省级138个，地市级608个、县级2189个、乡镇街道1020个、其他108个。①民间商会则是作为总商会的工商联的基层组织，其中温州商会以其广泛的影响力而受到瞩目。温州民间商会是温州商人在市场经济发展过程中自发成立的行业性、地区性管理和服务组织，它不仅在内部治理中发挥着关键作用，还成为行业组织化意见表达和政治参与的重要载体。②

其次是公益组织的快速发展。改革的深入带来的是中国社会成员的大规模分化重组，社会因此而产生多元化的利益需求，相应的以满足各种特定的利益需求为目的的社会组织获得了快速发展。比如在中国公益服务领域有重要影响的中华慈善总会和中国青年志愿者协会都成立于1994年，它们在救灾、扶贫、安老、助孤、支教、助学、扶残、助医等领域开展广泛的公益活动。1999年《公益事业捐赠法》出台，为公益服务组织的发展提供了更为切实的支持。这一时期，在官方主导的公益事业之外，民间公益事业也破茧而出。比如1994年"自然之友"成立，这是中国第一个民间环保组织。1995年，联合国第四次世界妇女大会在北京召开期间同时举办"非政府组织妇女论坛"，来自世界各地非政府组织的31549人参加论坛，共进行了3900场讨论和协商会，举办了5000多场图片、书籍、展览、表演等活动，让中国见证了各国妇女组织的风貌，同时也极大地推动了中国妇女儿童及相关领域的社会组织的发展。这种发展一方面体现为妇联系统的省地县乡各级妇联组织、基层妇女代表会以及机关事业单位妇女委员会的增长，另一方面是民间妇女组织的发展。这期间比较有影响的女性公益服务组织包括红枫妇女心理咨询热线、《农家女百事通》杂志、北京大学法学院妇女法律研究与服务中心等。

再次是民办非企业单位的发展。改革开放之前乃至改革早期，中国的教育、卫生、科技、文化等领域主要是各种事业单位在发挥作用。20世纪90年代以来，随着市场经济的逐步推进，这些领域也逐步向民间开放，从而出现了民办事业单位迅速发展的现象。1997年前后，全国各类民办事业单位约70万家。1997年，国务院规定统一使用"民办非企业单位"来指称这类组织，并于1998年发布《民办非企业单位登记管理暂行条例》，对这类组织进行规范管理。民办非企业单位包括教育领域的民办幼儿园、学校、大学、培训学校等，卫生领域的民办门诊部、

<hr />

① 黄孟复等：《中国商会发展报告NO.1(2004)》，社会科学文献出版社，2005年，第30页。

② 陈剩勇、魏仲庆：《民间商会与私营企业主阶层的政治参与——浙江温州民间商会的个案研究》，《浙江社会科学》，2003年第5期。

医院、保健所、疗养院等，文化领域的民办艺术表演团体、文化馆、图书馆、美术馆、博物馆等，科技领域的民办科学技术研究院所、科普中心等，体育领域的民办体育俱乐部、民办体育场馆、体育学校等，劳动事业领域的民办职业培训学校、职业介绍所等，民政事业领域的民办福利院、敬老院、托老所、老年公寓、社区服务中心等。2001年在民政部门登记的民办非企业单位达到828089家。①

在社会组织加速发展的过程中，也出现了管理不到位、发展失范的现象。在市场经济的大潮中，一些社会组织背离了公益的宗旨，将私人利益作为追求的目标，更有一些组织打着"公益组织"的旗号从事不合法的行为。1997年的"法轮功"邪教组织就是典型的案例。在打击"法轮功"邪教的过程中，有关部门加强了对社会组织的监督和管理，以构建更加完善的社会组织统一管理体制。1998年10月，国务院颁布新的《社会团体登记管理条例》和《民办非企业单位登记管理暂行条例》；2000年4月，民政部发布《取缔非法民间组织暂行办法》，新一轮社会组织清理整顿工作开始。比如，1999年民政部门依法注销社会团体35288个。②对社会组织的严格规范管理有利于其发展，但也在一定程度上压制了民间结社的热情，使社会组织的发展陷入"低迷状态"。③

（三）第三阶段从2001年至今

进入21世纪，中国的改革开放事业进入深化和调整阶段，从而对社会组织也提出了更为切实和规范的要求。这期间，加入WTO、建设服务型政府、和谐社会建设等重大经济社会政治事务也对社会组织的发展起到了重要的推动作用。同时，受国际环境、国内事件的影响，社会组织的发展过程也存在一些曲折。

首先是社会管理和公共服务类组织迅速发展。进入21世纪以来，中国政府在继续努力推动经济发展的同时，将越来越多的注意力投向社会公正，注重社会公众对改革成果的分享，从而在公共服务、社会管理领域增加投入，为这些领域的社会组织的发展提供了新的动力。这一时期的管理服务类组织主要是民间性的，因为此前建立的此类组织大多利用政府资源，在经济发展中逐步形成的民间社会资源就成为这一时期社会组织可以利用的主要资源。中国民间公益组

① 王名：《中国民间组织30年——走向公民社会》，社会科学文献出版社，2008年，第31页。

② 《1999年民政事业发展统计报告》，民政部网站，http://cws.mca.gov.cn/article/tjbg/200801/20080100
009396.shtml.

③ 王名：《中国民间组织30年——走向公民社会》，社会科学文献出版社，2008年，第24页。

织基础数据库提供的数据表明,2000—2001年是民间公益组织发展的转折点。此前民间公益组织的整体增幅不大,2001年显著增多,2007年至2013年组织数量急剧增加,2008年和2013年组织增加数量达到同期顶峰。①一些比较有影响的民间公益服务组织,像"壹基金"、南都公益基金会、腾讯公益慈善基金会都成立于2007年。另外,在2008年的汶川地震中,公益服务社会组织通过参与抗震救灾而向社会全面展示了自我,也为其发展获得了来自政府和社会等各个层面的支持。

其次是基层社会组织增长迅速。基层社会与公众的日常生活紧密相连,为适应和满足公众日益多样化和迫切的利益诉求,基层社会组织获得了快速发展的机会。在城市和农村社区,各种以服务公众为目的的组织正得到越来越多居民的认可,棋牌协会、舞蹈协会、书画协会、龙舟会、社区养老院等活跃在居民的日常生活中。按照2011年民政部对《社区服务体系建设规划(2011—2015年)》的解读,"十二五"末期,每个社区将拥有5个以上的社区社会组织。2007年,《农民专业合作社法》正式实施,农民专业合作社这种特殊的组织获得了新的发展动力。到2011年上半年,全国注册登记的农民专业合作社共44.6万个,比2007年增长了3倍,实有入社农户3000万左右,约占全国农户总数的12%。②

再次是境外在华组织数量有一定程度的增多。从国际范围看,西方发达国家的社会组织发展比较早,已经形成比较成熟的运作模式。随着中国对世界的开放,一些国际性的社会组织开始进入中国,其中以扶贫开发、环境保护、医疗卫生、权益保护类居多,像世界宣明会、国际小母牛组织、福特基金会、世界自然基金会等。随着2004年新的《基金会管理条例》允许部分符合条件的国际社会组织合法登记,2007年有11家境外基金会在民政部登记注册,2010年增加到35家。③而据韩俊魁等人的调查研究,境外在华社会组织数量至少在5000家以上,许多组织每年在中国项目支出逾千万元人民币。④

最后是网络社会组织的迅速发展。根据中国互联网络信息中心(CNNIC)发布的第34次《中国互联网络发展状况统计报告》显示,截至2014年6月,中国网民

---

① 《中国民间公益组织基础数据库数据分析报告》,http://www.ngodb.org.
② 任兴洲:《我国农民专业合作社发展的现状、问题与政策建议》,《上海集体经济》,2013年第1期。
③ 韩俊魁等:《境外在华NGO:与开放的中国同行》,社会科学文献出版社,2011年,序言第7页。
④ 同上,第8页。

规模达6.32亿，较2013年底增加1442万人，互联网普及率为46.9%。[1]互联网络的迅速发展，以及网络在互通性、及时性、便利性等方面的优势，为社会组织提供了新的发展空间，网络社会组织成为一种新的组织形式。鉴于网络社会组织大多没有登记注册取得合法身份，所以难以掌握其整体规模，但从日常活跃的一些组织就不难看出网络社会组织的现实影响力。出现于2006年度CCTV感动中国候选人中的"格桑花西部助学网"就是通过网络组织起来的社会组织；另外，像"中国红丝带网""中国RH阴性血型之家"QQ群、"肝胆相照""402爱心社"等，也是公众熟知的网络社会组织；最早关注艾滋病防治的民间组织之一——"爱知行研究所"创办的"爱知行动网"已成为该领域的支持平台，2005年该研究所直接资助了全国城乡各地包括感染者组织、血友病人组织、男女同性恋者组织等20多个草根网络组织或项目。[2]

社会组织在得益于政府的社会公正政策导向、服务型政府建设等而获得快速发展的同时，一些国际国内的事件也在影响社会组织。21世纪初，独联体国家和中东北非地区一些国家发生"颜色革命"，这些国家的社会组织在其中扮演的角色引起了众多发展中国家的重视，中国政府也因此在推动社会组织服务社会和公众的同时，加强了对社会组织的监管，避免社会组织偏离正确的发展轨道。另外，这期间"欧典地板"事件、"郭美美"事件、河南宋庆龄基金会"黄河女儿"塑像事件等一系列事件，也引发了公众对社会组织公信力的质疑，一定程度上影响了社会组织的发展。

二、社会组织的类型与规模

中国社会组织产生的方式不同，类型比较复杂，王颖等较早将社会组织区分为"官办""半官方""民间"三种类型。[3]从这个角度出发，工青妇等人民团体属于"官办"组织，行业协会等由政府推动建立、承担部分政府职能的属于"半官方"组织，民间商会、民间环保组织等由民间建立、自下而上开展活动的属于"民间"组织。王名等人则将社会组织区分为会员制和非会员制，会员制又包括公益

---

① 中国互联网络信息中心：《第34次中国互联网络发展状况统计报告》，http://www.cnnic.net.cn/hlwfzyj/hlwxzbg/hlwtjbg/201407/t20140721_47437.htm.

② 张雷：《我国网络草根NGO发展现状与管理论析》，《政治学研究》，2009年第4期。

③ 王颖、折晓叶、孙炳耀：《社会中间层：改革与中国的社团组织》，中国发展出版社，1993年，第8~9页。

型和互益型两种,非会员制组织包括运作型和实体型两种。①从社会组织的活动领域出发,也可以将社会组织区分为环境保护、扶贫开发、权益保护、社区服务、经济中介、慈善救济等不同类型。②

从社会组织的规模和数量的角度出发,上述关于社会组织的分类都无法给出答案,毕竟在中国的社会组织中,有准确数字的只有在民政部门登记注册的那部分社会组织,其他的组织则无法给出准确数据。为此,从掌握基本规模的角度,将社会组织分为登记注册和未登记注册两种情况:登记注册的组织包括社会团体、民办非企业单位和基金会三种类型。截至2015年底,在民政部门登记注册的这三类组织为61.3万个,相比较于2005年的32万个,增加了92%(参见表1-2);未登记注册的组织情况则比较复杂。

社会团体是指中国公民自愿组成,为实现会员共同意愿,按照其章程开展活动的非营利性社会组织。③这是中国存在时间最长的社会组织。中华人民共和国成立前,中国社会已经存在社团组织;中华人民共和国成立后,人民政府对民间结社进行彻底的清理整顿,此前存在的绝大多数社团组织被清理掉。1950年的《社会团体登记暂行办法》中规定的社会团体包括人民群众团体、社会公益团体、文艺工作团体、学校研究团体、宗教团体以及其他符合人民政府法律组成的团体。1988年,国务院颁布《社会团体登记管理条例》,并规定由民政部门对社会团体进行登记管理。此时全国社会团体的数量尚不足5000家,到1992年底就已达到15.45万家。④此后,国务院于1998年对《社会团体登记管理条例》进行了修订,社会团体的性质、地位、作用以及政府的管理都更加明确、规范。

表1-2　近年来中国社会组织发展简况表(单位:万个、个)

年份	社团	民非企业	基金会	年份	社团	民非企业	基金会
1994	17.5	–	–	2005	17.1	14.8	975
1995	18.1	–	–	2006	19.2	16.1	1144
1996	18.5	–	–	2007	21.2	17.4	1340
1997	18.1	–	–	2008	23	18.2	1597
1998	16.6	–	–	2009	23.9	19	1843

①　王名:《非营利组织管理概论》,中国人民大学出版社,2002年,第9页。

②　同上,第6~8页。

③　《社会团体登记管理条例》,1998年10月25日国务院令第250号发布。

④　王名:《中国民间组织30年——走向公民社会》,社会科学文献出版社,2008年,第11页。

1999	13.7	0.6	–	2010	24.5	19.8	2200
2000	13.1	2.3	–	2011	25.5	20.4	2614
2001	12.9	8.2	–	2012	27.1	22.5	3029
2002	13.3	11.1	–	2013	28.9	25.5	3549
2003	14.2	12.4	954	2014	30.7	28.9	4044
2004	15.3	13.5	892	2015	31.2	29.7	4186

资料来源：中华人民共和国民政部《社会服务发展统计公报（1994—2015）》，民政部网站，http://cws.mca.gov.cn/article/tjbg/.

民办非企业单位是指企业事业单位、社会团体和其他社会力量以及公民个人利用非国有资产举办的，从事非营利性社会服务活动的社会组织。[1]这一名词最早出现在1996年的《关于加强社会团体和民办非企业单位管理工作的通知》之中，指的是改革开放以后逐步发展起来的各种社会服务机构。从资产性质上看，民办非企业单位是利用非国有资产举办的，即它们属于"民办"；从活动性质上看，它们从事非营利性社会服务活动，即属于"非企业"；它们的举办主体也是非国家机关的各种社会力量和公民个人。[2]1998年《民办非企业单位登记管理暂行条例》颁布，民办非企业单位的管理逐步走上正轨。1999年，中国的民非企业只有6000个左右，到2015年底已达29.7万个。

基金会是指利用自然人、法人或者其他组织捐赠的财产，以从事公益事业为目的，按照《基金会管理条例》规定成立的非营利性法人组织。这里一方面强调基金会的资产来源是"捐赠"，另一方面强调其目的是公益事业，公益性是其基本属性。改革开放以来，新中国第一家基金会——中国儿童少年基金会成立于1981年7月。据不完全统计，到1987年9月，全国共建立基金会214个，其中全国性基金会33个，地方性基金会181个。[3]为了规范管理基金会，1988年9月，国务院颁布《基金会管理办法》，规定所有基金会都要到民政部门登记注册；到2003年底，全国基金会数量为954家。这期间成立的基金会往往与政府部门关系紧密，具有比较浓厚的行政色彩。[4]2004年，《基金会管理条例》出台，其重要变化就是

---

① 《民办非企业单位登记管理暂行条例》，1998年10月25日国务院令第250号发布。

② 景朝阳：《民办非企业单位导论》，中国社会出版社，2011年，第3页。

③ 民政部民间组织管理局、国务院法制办政法司：《基金会指南》，中国社会出版社，2004年，第40页。

④ 陶传进、刘忠祥：《基金会导论》，中国社会出版社，2011年，第14页。

将基金会区分为公募基金会和非公募基金会,从而为那些有能力出资兴办公益事业的企业和个人提供了合法的途径——成立非公募基金会。这一变化为基金会的发展提供了强劲的动力,特别是非公募基金会增长迅速。2005年,非公募基金会只有253家,到2009年已达846家,增长了3.24倍。[1]正是得益于非公募基金会的快速增加,到2015年底,中国基金会总数已达4186家。

社会团体、民办非企业单位和基金会是三种由相关法规加以规范、进而能够获得合法身份的社会组织。由于双重管理体制对社会组织的登记注册有比较高的门槛设置,故中国的社会组织中有相当数量的并没有在民政部门登记注册,从而也就没有被统计进社会组织的数量中。按照王名等人的调查研究结论,当前中国的社会组织数量应该在300万家,远远超过登记注册的规模,其中大量存在的是未经登记注册而实际开展活动的组织。[2]按照刘培峰等人的观点,中国社会组织中,除了在民政部门登记注册的组织外,其他存在形式还包括:①单位内部组织;②依法不需要登记的组织;③参加中国人民政治协商会议的团体;④国务院机构编制机关核定,并经国务院批准免予登记的组织;⑤社区民间组织;⑥农村民间组织;⑦工商行政管理部门登记的组织;⑧中国公民到国外组建,又在国内活动的组织;⑨依附于一级民间组织而存在的组织;⑩网络组织。[3]王名等认为,处于"法外"的社会组织包括:工商注册的组织、城市社区基层组织、单位挂靠社团、农村社区发展组织、农村经济合作组织、农村社区的其他公益或互助组织、海外在华资助组织、海外在华项目组织、海外在华商会和协会、宗教社团等。[4]结合他人的研究成果,本研究认为在前述登记注册的社会组织之外,还存在以下六种类型的社会组织:

一是免予登记的社会组织。《社会团体登记管理条例》规定,①参加中国人民政治协商会议的人民团体;②由国务院机构编制管理机关核定,并经国务院批准免于登记的团体;③机关、团体、企业事业单位内部经本单位批准成立、在

---

① 陶传进、刘忠祥:《基金会导论》,中国社会出版社,2011年,第42页。

② 王名:《社会组织论纲》,社会科学文献出版社,2013年,第8页。

③ 刘培峰:《扩张中的公民结社权》,载王名:《中国民间组织30年——走向公民社会》,社会科学文献出版社,2008年,第63~64页。

④ 王名:《"清华NGO研究丛书"总序》,载贾西津:《第三次改革——中国非营利部门战略研究》,清华大学出版社,2005年,序言第6~9页。

本单位内部活动的团体,都不属于条例规定登记的范围。①其中:①包括中华全国总工会、中国共产主义青年团、中华全国妇女联合会、中华全国工商业联合会、中华全国台湾同胞联谊会、中华全国归国华侨联合会、中华全国青年联合会、中国科学技术协会;②包括中国文学艺术界联合会、中国作家协会、中华全国新闻工作者协会、中国人民对外友好协会、中国人民外交学会、中国国际贸易促进会、中国残疾人联合会、宋庆龄基金会、中国法学会、中国红十字总会、中国职工思想政治工作研究会、欧美同学会、黄埔军校同学会、中华职业教育社。这22个组织日常也被称为人民团体。这仅仅是全国层次的组织,事实上这些组织大多形成了从中央到基层的组织系统,从而它们的数量也比较庞大。据统计,中国各级人民团体的机构总数约700万家。②单位内部社团数量也是无法掌握的一部分,其规模同样也十分可观。比如高校内部社团,在21世纪以来发展非常迅速。2004年12月,北京高等学校学生社团联合会成立时,北京各高校正式注册学生社团达2235个;③而天津大学2012年初学生社团注册数量为108个,到2013年新生入学时,学生社团已经达到了326个,一年多的时间里新增了200个以上。④

二是工商行政管理部门登记的社会组织。面对社会团体登记注册的高门槛,一些社会组织为了获得合法身份而选择在工商行政管理部门登记。这是一种便利的做法,也切实为部分组织提供了重要的支持。比如,在妇女权益保护领域有重要影响的红枫妇女心理咨询服务中心,其前身"中国管理科学研究院妇女研究所"因各种原因而失去合法身份后,现在的身份是1996年在北京市工商局登记注册后启用的。这类组织的规模当前仍然无法掌握。

三是城市基层社区组织。指由居民自发成立,主要在社区范围内开展活动的各种社会组织。它们一般规模不大,影响有限,现行法规也并未就其登记和监管作出明确的规定。⑤随着社区建设的推进和居民对公共服务需求的不断增加,

---

① 《社会团体登记管理条例》,1998年10月25日国务院令第250号发布。

② 王名:《社会组织概论》,中国社会出版社,2010年,第20页。

③ 李江涛:《北京普通高校现有学生社团超过2000个》,新华网,http://news.xinhuanet.com/school/2004-12/10/content_2315921.htm.

④ 《天津大学一年新增200个学生社团,学生自主创建占9成》,人民网·天津视窗,http://www.022net.com/2013/9-10/505768203037178.html.

⑤ 王名:《"清华NGO研究丛书"总序》,载贾西津:《第三次改革——中国非营利部门战略研究》,清华大学出版社,2005年,序言第7页。

社区组织越来越受到重视,地方政府也在不断探索这类组织的合法出路,"备案制"就是其中之一。"备案制"确实在一定程度上推动了社区组织的发展。比如,在较早实行"备案"试点改革的青岛,截至2013年6月,其正式登记的社会组织为8442家,社区备案的社会组织也达3206家。①

四是农村基层社会组织。广大农村地区活跃着各种经济发展、公益服务、邻里互助、兴趣爱好、文化传统等类型的社会组织。这些组织的活动范围一般比较小,不少组织也没有完整的结构和规范,通过登记注册取得合法身份的就更少了。农民专业合作社是农村经济发展的产物,在现代农业与市场的结合中发挥着重要作用。虽然有相应的法规来指导和规范这些组织,但它们大部分也没有在民政部门登记注册。农村基层社会组织的数量也无法准确掌握,但从一些现实案例中就可见一斑。如俞可平20世纪90年代末在福建漳州东升村调查时就发现,该村当时有各种社会组织18个,包括村民委员会、团支部、妇代会、老年协会、果树研究会、治保会、计划生育协会、调解会、经济合作社、人口学校、老年学校、民兵营、村民小组、村民代表会议、庙会、能人会、村务公开民主管理工作小组、村民理财小组。②另外,本课题组在四川仪陇燎原村调查时,发现该村的社会组织包括村民(代表)大会、百人议事会、监督委员会、生猪养殖专业合作社、畜禽养殖合作社、食用菌合作社、养兔协会、老人文艺队、互助合作社以及在该村开展活动的国际小母牛组织。③

五是境外在华社会组织。指在境外成立或登记注册,长期且稳定在中国大陆开展活动的社会组织,包括主要提供各种资金支持的组织、开展各种公益项目的组织,以及与经济活动密切相关的行业协会商会。④这些组织虽然长期在中国开展活动,有的还与中国官方建立起比较紧密的合作关系,但它们登记注册不在中国,在中国获得的合法身份也主要来自官方的认可,或者按照相关法规开展活动,故这类组织并不在民政部门登记之列。

六是网络社会组织。网络技术的迅猛发展为社会组织提供了新的广阔空

---

① 庄慧:《全国社会组织建设创新示范区创建活动座谈会在青召开》,大众网,http://qingdao.dzwww.com/xinwen/qingdaonews/201306/t20130616_8510316.htm.

② 俞可平:《中国农村的民间组织与治理的变迁》,载俞可平:《中国公民社会的兴起与治理的变迁》,社会科学文献出版社,2002年,第1~28页。

③ 郭道久、陈冕:《走向复合治理:农村民间组织发展与乡村治理变革》,《理论与改革》,2014年第2期。

④ 王名:《社会组织论纲》,社会科学文献出版社,2013年,第19页。

间,从而也诞生了一大批依靠网络而建立并开展活动的组织。网络本身就具有虚拟特征,依靠网络建立的社会组织也是一种虚拟的组织。对很多网络组织成员、乃至组织的核心成员,现实世界中他们可能根本没有见过面,但这丝毫不影响组织的存在和运作。在目前的环境下,网络社会组织的数量也是无法准确掌握的,但从一些相关资料可以看到此类组织的端倪。据统计,目前依托腾讯QQ软件的QQ群已有5000万个之多,百度贴吧平均每天新建贴吧8000余个,他们通过长期交流无形中形成了一个网络社会组织;各类社交类网站也是网络社会组织的重要促进剂,如开心网逾5000万的注册用户,垄断在校大学生市场的校内网,搜狐博客11800多个圈子,豆瓣网2.2多万个讨论群组等。[①]

三、社会组织发展的主要特点

中国社会组织发展的基本背景是改革开放,同时这一发展进程与中国社会政治生活是交织在一起的, 故必然会具有不同于其他国家社会组织发展的特点。本研究对这些特点的总结,不是着眼于社会组织本身,而是社会组织的发展进程。

第一,社会组织呈现阶段性、波浪式发展进程。总体而言,改革开放以来社会组织呈快速发展的态势,不管是整体数量还是社会影响力,都有显著增加。但是,社会组织的发展也不是平稳推进的,受政治事件和政府管理活动的影响比较明显,发展的高潮和低潮交替出现。正如前述对社会组织发展历程的分析所呈现的,从1978年至1988年是社会组织发展的第一个高潮期,但随后受1989年政治风波的影响,政府对社会组织进行清理整顿,社会组织发展也随之陷入低潮;从1992年至1999年, 社会组织在市场经济的大潮中再度掀起发展高潮,但"法轮功"等事件导致的政府对社会组织的再次清理整顿让其数量明显减少;21世纪初加入WTO、服务型政府建设等为社会组织再次带来了发展机遇,和谐社会建设、汶川地震中的抗震救灾再度强化了这一发展趋势,但"颜色革命"等事件使社会组织的发展进程也受到影响。这表明,作为一种社会现象,社会组织发展与中国的政治生活有着紧密联系,而不仅仅是社会领域的问题,这也决定了对社会组织进行政治分析的必要性。

第二,社会组织的发展受多重因素的影响。除了上述市场经济建设、政治活

---

① 《网络NGO走到十字路口》,民主与法制网,http://www.mzyfz.com/news/mag/c/20100408/142543.shtml.

动对社会组织发展的影响之外,各地不同的历史文化传统,不同地域、公众的思想认识水平和公益观念等,都对社会组织的发展构成影响。比如,托克维尔认为美国人有"结社的艺术",①所以美国的各种民间组织非常发达。中国一些地方也有类似的传统:江浙、福建一带商业气息较浓,商人有联合的传统,所以商会组织比较发达;杭州在南宋王朝时期就有士大夫与平民共同治理的传统,所以这里的公民参与较多,民间社会组织比较发达。公众对社会组织的认识和接受也需要一个过程。20世纪90年代之前,公众甚至都没有接触过非政府组织,指望公众参与、推动、组建各种社会组织显然不现实。公益慈善更是如此,只有公众认识到公益服务、慈善行为是公民的"责任"、现代公共精神的要求后,公益捐助、志愿服务才会逐渐增多,社会组织才能获得发展的社会基础。总体而言,中国社会组织发展的各种影响因素正在逐步聚合,但这显然需要一个过程。

第三,社会组织发展不平衡。社会组织包括经济类、政治类、社会公益类、文化类、学术类等不同类型。这些类型的组织在中国的发展明显不平衡。20世纪八九十年代,与市场经济相关的社会组织发展迅速,如80年代的行业协会,90年代的各种市场中介组织、民间商会。进入21世纪,与公共服务和社会管理相关的社会组织得到快速发展,各种民间公益组织、社区服务组织等,已经成为公共服务和社会治理中的重要参与力量。与此同时,具有一定敏感性的政治类组织、文化类组织则增长比较缓慢,公益服务组织中的环保组织、维权组织等也因为容易受到其他势力的干扰而影响了发展。另外,社会组织发展的地域差距也比较明显。②总体上,经济发展程度较高的东部地区社会组织发展较快。比如,北京作为政治经济文化中心,是各种社会组织集中的地方;上海、浙江、福建、广东等地,经济发展水平高,各种经济服务型、社会公益型组织发展都比较快;云南、贵州等边远地区,由于境外社会组织、国内各种扶贫支教助困组织等长期开展项目等因素,促使当地社会组织有较快发展,社会组织的活动也比较频繁。

第四,社会组织发展与社会整体需求不一致。虽然社会组织在改革开放以来获得快速发展,但从整体来看,当前社会组织的数量、能力等还难以满足社会快速发展的需求。萨拉蒙主持的约翰·霍普金斯大学非营利部门比较项目从能力、可持续性和影响力三个维度对全球36个国家的公民社会发展进行比较研

---

① ［法］托克维尔:《论美国的民主》(下卷),董国良译,商务印书馆,1988年,第635页。

② 黄晓勇:《中国民间组织报告(2009—2010)》,社会科学文献出版社,2009年,第8页。

究,从而构建出"全球公民社会指数",以评价各国社会组织发展等状况。其中排名第1的荷兰综合指数为74,排名第34的巴基斯坦综合指数只有19。[①]2003年,清华大学NGO研究所承接了这一项目关于中国的研究,得出的基本结论为:在中国公民社会指数四个维度中,结构为33.3,环境为39.3,影响为52.3,价值为59.9,表明中国公民社会发展水平总体不高。[②]社会组织作为公民社会的主要成分,某种意义上就是公民社会发展状况的反映。另一方面,当前中国社会对社会组织的需求却是不断增长的:转变政府职能还没有达到预期目标,社会组织还需要承接大量政府转移出来的职能;政府的公共服务和社会管理压力增大,需要社会组织分担部分压力;社会分化和利益多元化仍然持续进展,社会组织需要在意见表达等方面发挥积极作用;环境保护、慈善事业、应急管理等领域也需要社会组织有所作为;国家治理的目标最终也需要社会组织的参与。所以,社会组织需要持续发展并不断提高自身的能力,才能适应现实的需求。

第五,双重管理体制抑制了社会组织的发展。双重管理体制是中国社会组织管理相关制度规范的总体特征。按照《社会团体登记管理条例》的规定,"成立社会团体,应当经其业务主管单位审查同意,并依照本条例的规定进行登记","国务院民政部门和县级以上地方各级人民政府民政部门是本级人民政府的社会团体登记管理机关","国务院有关部门和县级以上地方各级人民政府有关部门、国务院或者县级以上地方各级人民政府授权的组织,是有关行业、学科或者业务范围内社会团体的业务主管单位"。这一规定是双重管理体制的核心内容,即成立任何社会组织都需要先找"业务主管单位",然后才可能在登记管理机关登记注册。对众多组织而言,要找到业务主管单位难度不小,同时登记注册要符合资金、人员、住所等条件,还得符合"唯一性原则"(在同一行政区域内已有业务范围相同或者相似的社会团体则没有必要成立)。这些规定是从规范管理社会组织的角度出发的,但现实中它确实成为限制社会组织发展的重要因素。

四、对社会组织的评价

社会组织在快速发展的同时,也吸引了各方面的关注,从而引发了对社

---

① ［美］萨拉蒙、［美］索可洛斯基:《全球公民社会:非营利部门国际指数》,陈一梅等译,北京大学出版社,2007年,第87~88页。

② 潘建会:《中国公民社会指数(CSI)实地调研的分析报告》,清华大学硕士学位论文,2005年,第79页。

组织的评价。总体而言,对社会组织的肯定和批评是并存的,甚至可以说评价不一致,存在争议。

1. 社会组织的数量与质量的争议

争议之一围绕数量与质量展开。从数量的角度看,改革开放以来中国社会组织的发展无疑取得了巨大的成就,但数量增多与实际效果之间并不能画等号。从一些政府官员和研究者的角度看,数量增多就是社会组织发展创新的标志。[①]诚然,数量是基础,没有大量的社会组织存在,其他方面都无从谈起。但是,光有数量也不意味着中国的社会组织发展达到了较高的水平,社会组织实际发挥的作用,以及与此相关的、作为社会组织发展基础的公民精神的养成,才是更为深刻的因素。从这一点来看,中国社会仍然存在不少问题。目前,公民个人欠缺公共意识、社会公共道德滑坡、社会参与不足,都是影响社会组织质量的因素。

2. 社会组织的积极功能与消极影响的争议

从整体上看,社会组织的发展与改革开放的进程相伴随,因而也可以被认为是改革开放的重要成果之一:社会组织在改革洪流中跌宕起伏,也为改革的渐次推进和社会转型提供了必要的条件和基础。[②]

社会组织获得的肯定主要基于其实际功能和作用。按照王名的看法,社会组织的功能主要集中于动员资源、提供公益服务、协调与治理、政策倡导与影响四个方面。[③]这是对其功能的高度概括,因为比较抽象而难以迅速转化为公众对社会组织的认同和支持。如果从具体的组织和活动出发,可能更利于对社会组织作用和影响的认识。比如,"希望工程"自1989年实施以来,截至2013年,累计募集捐款97.57亿元人民币,资助农村家庭经济困难学生逾490万名,建设希望小学18335所,建设希望工程图书室20604个,配备希望工程快乐体育园地5959套、希望工程快乐音乐教室924个、快乐美术教室320个、希望工程电脑教室926个、希望工程快乐电影放映设备565套,建设希望厨房2850个,培训农村小学教师近8万名,建设希望社区5个,建设希望医院22所,建设希望卫生室507个。[④]"希望工程"的巨大成就使其发起者——中国青少年发展基金会这一社会组织获得了社

---

① 韩俊魁:《NGO参与汶川地震紧急救援研究》,北京大学出版社,2009年,第21页。

② 王名:《中国民间组织30年——走向公民社会》,社会科学文献出版社,2008年,第1页。

③ 王名:《非营利组织的社会功能及其分类》,《学术月刊》,2006年第9期。

④ 中国青少年发展基金会网站,http://www.cydf.org.cn/.

会的高度关注和认同。2008年汶川地震中的抗震救灾则是中国社会组织的一次集体亮相。正如媒体评论的："一场惨痛的灾难,一夜间令大部分中国地下NGO都站到亮处,承担救灾义务。"①正是社会组织积极展示自身的作用,才获得了官方和公众的认可。2006年《中共中央关于构建社会主义和谐社会若干重大问题的决定》中明确提出："健全社会组织,增强服务社会功能","发挥各类社会组织提供服务、反映诉求、规范行为的作用"。

在社会组织的发展过程中,也存在一些不规范、甚至违反法律法规的现象,这也导致对其有所批评。有些社会组织的财务管理比较混乱,组织负责人甚至存在通过组织敛财等问题,比如当时引起很大争议的"中国母亲胡曼莉"事件;②有些社会组织利用自身处于国家与市场中介的地位,成为权钱交易、腐败的"工具";③一些社会组织在处理社会公益目标和社会正常秩序的关系时没有把握好尺度,过度强调公益而导致对正常秩序和社会管理的破坏,如京哈高速公路拦车救狗事件所引发的争议;④一些组织因为各种原因接受境外社会组织乃至其他机构的支助,从而沦为境外一些势力手中的工具。正是基于这些事件,中国政府一方面强调要发挥社会组织在公共服务和社会管理中的积极作用,另一方面也要注意防止社会组织的发展偏离正确方向,甚至对国家安全造成危害。

3. 社会组织"官民二重性"争议

关于中国社会组织的特点,不少研究者都会提到社会组织的官方色彩,认为社会组织由于"挂靠单位"或"业务主管单位"的因素,必然与相关政府部门保持比较紧密的联系;同时,社会组织作为"第三部门",自然具有一定的民间性,

---

① 李永峰、张洁平、朱一心、张晓雅：《大地震唤醒中国人心,废墟中站起公民力量》,《亚洲周刊》,2008年5月24日。转引自韩俊魁：《NGO参与汶川地震紧急救援研究》,北京大学出版社,2009年,前言第1页。

② 1999年,中华绿荫儿童村的创始者胡曼莉在美国慈善机构"妈妈联谊会"会长张春华的许可下,以代理人身份在云南丽江建设孤儿学校。但孤儿学校的管理及对慈善捐款的使用被张春华及外界多次质疑,由此拉开了"美国妈妈"与"中国母亲"的7年战争。详见傅连暐：《官方报告揭示"中国母亲"真相,"美国妈妈"打赢七年慈善战争》,《南方周末》,2007年4月11日。

③ 滕兴才：《一些中介组织正在沦为腐败中介》,《中国青年报》,2009年2月2日。

④ 2011年4月15日,一辆载有520只待宰狗的卡车在京哈高速公路被动物保护志愿者拦下,随后一些动物保护组织介入其中。经警方和动物卫生监督部门调查,该车持有真实有效的检疫运载证明,没有扣车理由。志愿者的行为已影响正常经营生活,违反法律,事后也导致动物的救助、养护等诸多问题。详见《志愿者高速拦车救狗引争议,闹剧还是事业？》,《羊城晚报》,2011年4月21日。

从而形成了具有中国特色的社会组织的"官民二重性",或称"半官半民"。景跃进认为,所谓"半官半民",指的是社团的一种双重性质,即既包括官方的因素,也含有民间的特征。①王颖等对社会组织"官民二重性"的解释为:"社团为了生存和发展,为了获得所需的资源(权力、资金、技术、财力等),必须借助政府或政府所属企事业单位组织的力量,必须与原组织体系形成一种稳定的整合关系。我们之所以称这一时期的社团具有半官半民特征,恰恰是因为他们与以政府为中心的原组织体系存在挂靠关系、主管关系、人员交叉关系、经费划拨关系等。也就是说,表现在组织关系与组织形式上。"②

中国社会组织的产生方式与西方国家不同,不是内生型,而是在政府的扶植或直接操纵下诞生的,对政府存在"体制依赖"③,表现在三个方面:其一,部分组织是由政府创立的,尽管后来从组织上脱离了创办者,但联系仍然密切,创办者仍然是主管单位。其二,许多组织由从现职退下来的党政干部担任领导职务,尽管是为劳苦功高者"发挥余热",但领导余威尤存,自觉或不自觉地与政府保持高度一致,从日常管理到行为方式,从日常称谓到辞令语气,甚至筹建组织时,还要考虑给组织定级别。其三,部分组织的活动经费靠政府拨款,因为资金上的依赖而充当政府的"助手"。正是这种"剪不断"的关系,助长了社会组织的官方色彩,而削弱了其民间性质。

社会组织的官民二重性,向来是公众和研究者批评的对象,④甚至有国外研究者和驻中国的机构据此认为中国没有真正意义上的社会组织,对此也需要进行辨析。首先,官民二重性并不是所有中国社会组织的特点。正如王颖等人在分析时强调的,官方性的人民团体、半官方的行业协会,加上公募基金会等,确实与政府的关系密切,从而也体现出较明显的"官民二重性"。但是这些真正意义上的草根组织,自然不存在官民二重性的问题,哪怕它们通过正规渠道登记注册成为合法组织,它们与政府的联系也仅限于年检、监管、项目合作等方面,官

---

① 景跃进:《国家与社会关系视野下的中国社团——评〈社会中间层〉》,社会学人类学中国网,http://www.sachina.edu.cn/Htmldata/article/2005/11/483.html.

② 王颖、折晓叶、孙炳耀:《社会中间层:改革与中国的社团组织》,中国发展出版社,1993年,第143页。

③ 吴锦良:《政府改革与第三部门发展》,中国社会科学出版社,2001年,第342页。

④ 许多学者都指出了这一问题,如李景鹏《中国现阶段社会团体状况分析》,《唯实》,1999年第8期;齐炳文编:《民间组织:管理·建设·发展》,山东大学出版社,2000年,第68~69页;吴锦良:《政府改革与第三部门发展》,中国社会科学出版社,2001年,第251页。

方色彩很淡。其次，对官民二重性也需要辩证地看待，不能一味地批评否定。一方面，它是特定时期的产物，是政府加强对社会组织的管理、防止社会组织偏离正确发展轨道的一种方法；另一方面，官民二重性也让社会组织与政府的关系比较紧密，有利于社会组织获得合法性支持，同时在承担公共服务和社会管理职能方面，也比较容易获得政府的认可。

4.社会组织公信力争议

公信力是社会组织的生命力。所谓公信力，是指社会组织通过自身的公益性活动而获得社会公众的认同和支持，建立起信用保证，并因此而获得权威性。一般来讲，社会组织的合法化主要有两条渠道：一是基于政府的法律法规而获得"合法"身份，二是基于组织自身的公益性活动而获得社会公信度。基于法律法规获得身份是一种硬性约束，它可以在一定程度上增强社会组织的法律合法性。①但是从长远来看，仅依据法律法规还不能保证社会组织的社会合法性，通过自身的公益活动而获得足够的社会公信度，才是决定社会组织发展前途的"生命线"。

对当前中国的社会组织来讲，社会公信力主要涉及三个因素：一是规范性。在当前社会组织处于发展初期的特定环境下，来自政府的支持是其规范性的重要因素。这可以从两方面理解。一方面，通过政府的法律法规确定了相关标准，符合这些标准的组织取得合法身份，成为"正规"的组织。另一方面，社会公众对政府权威的依赖心理，也是政府支持存在的重要因素。面对众多的社会组织，公众选择信任谁，往往受政府权威的影响，即公众更倾向于信任政府赋予其资格的机构。当然，正规性还涉及诸多方面，包括组织是否有专业的管理团队和从业人员、完整的组织机构、健全的财务等管理制度等。

二是专业性。专业性是权威的重要来源，它首先要求具有正规性。比如从事认证、鉴定行为的民办非企业单位必须要有相应的实验设备、场所和工作人员，即必须是正常运作的组织，同时认证、鉴定必须要遵守通行的标准和严格的操作程序。只有这样，才能保证认证和鉴定的准确性，才能避免误导社会公众。比如2006年发生的"全国牙防组"事件，牙防组的正规程度比较低，这直接影响到其社会公信度：缺少必要的办公场所和实验设备，只有两张办公桌，没有认证和鉴定产品所必需的仪器设备；没有专业的工作人员，兼职人员中也只有两人"比

---

① 高丙中：《社会团体的合法性问题》，《中国社会科学》，2000年第2期。

较偏向牙防组工作";认证的标准也是牙防组内部制定的,没有行业通行的标准;认证程序不规范,鉴定用的样品由企业选送等。①

三是公益性。公益性是社会组织的重要属性,是其获得社会公众认同的直接影响因素。而当前一些社会组织存在的追求营利倾向,在很大程度上损害了其形象,降低了社会公众对它们的信任和认同。比如"郭美美事件"之所以对红十字会产生如此大的影响,主要就是公众因为郭美美的"炫富"而怀疑捐献给红十字会的款项中饱了某些人的"私囊",将红十字会当作了某些人的"致富"工具。

社会组织公信力问题的争议,并不是围绕其是否具有公信力,而是在社会组织公信力存在不足的情况下,公众如何对待社会组织。对部分公众而言,因为社会组织公信力缺失,可能导致自己的捐款捐物无法应用于既定的公益目标,甚至可能落入某些人的口袋,因此他们选择不信任社会组织,包括拒绝向社会组织捐款,不参加社会组织的活动。其实,公信力不足肯定是社会组织的缺陷,但就此否定社会组织存在和发展的合理性和必要性,也有以偏概全之嫌。另一个引起争议的是政府对陷入公信力危机的社会组织的处理方式。2006年,"全国牙防组"和中国消费者协会(因"欧典地板"事件)因为认证问题先后陷入信任危机,官方处理的结果是:"全国牙防组"因此被撤销,而中国消费者协会却变成财政全额拨款单位。②相似的事件,完全不同的处理结果,自然容易引起各方的争议,特别是消费者协会升级为事业单位后,更是与改革的目标不一致。对社会组织而言,公信力不能依靠行政权力赋予,只能依靠公益服务行为获取。违背这一点,社会组织的公信力都只能是暂时的。

第二节　社会组织的政治功能

中国社会组织是在改革开放的大环境中发展起来的,所以社会组织的发展与改革进程紧密关联。改革进程的每一次推进,都为社会组织提供着新的发展动力;同时,社会组织也会在不同的改革阶段发挥特定的作用。从政治领域看,改革是渐进式推进的,每一个阶段都有改革的重心,这也决定了与改革进程相

---

①《看一个"权威"机构的倒掉——全国牙防组被诉案追踪》,南方网,http://www.southcn.com/news/community/shzt06/teeth/.

② 杨格文:《中消协变身的示范效应》,《南风窗》,2007年第10期。

一致的社会组织发展,也会与特定阶段的社会政治生活的主题和重心紧密结合,并发挥侧重点不同的政治功能。

一、社会组织与政府职能转变

中国社会组织的发展与政府职能转变有着紧密关系,一方面,社会组织发展是政府职能向社会转移的结果;另一方面,社会组织的发展又为政府职能转变提供了条件,促进了政府职能转移的进程。

转变政府职能的思想最早出现于1984年,1986年中央《关于第七个五年计划的报告》中,正式提出"政府机构管理经济的职能转变"。[①]这一时期,改革的取向是经济管理部门的"简政放权",因为改革之前,计划经济体制下政府按照国民经济体系分门别类地设立了众多职能部门,这种管理体制难以适应改革开放和市场导向的商品经济的需求。1988年的机构改革,基本导向就是政府的经济管理部门要从直接管理为主转变为间接管理为主,强化宏观管理职能,淡化微观管理职能,具体做法则是以经济管理部门为重点,合并、裁减专业管理部门和综合管理部门内部的专业机构。[②]按照王名等人的总结,政府经济管理职能转变的路径主要有三种:一是政府的管理职能直接由政府向民间组织转移,行业协会等组织承接政府职能;二是政府的管理职能由行政组织向官办中介组织、市场营利性中介组织转移,会计师事务所、律师事务所等经济鉴证类组织承接政府职能;三是政府的管理职能由事业单位向民间组织和市场营利性服务组织转移。[③]

政府经济管理职能的转变催生了一大批社会组织,其中行业协会最为典型。作为政府退出企业内部经济事务管理、变直接管理为行业管理的产物,行业协会的地位和职能最初是由政府直接赋予的。比如,贺立平对中国包装技术协会的研究表明,该行业协会是由原国家经济委员会推动建立的,其职能是国务院国办通〔1988〕12号文件关于"中国包装技术协会主要职责和任务"的批复确定的,包括积极协助政府有关部门做好包装行业的管理工作、对包装行业的发展提出

---

① 朱光磊、于丹:《建设服务型政府是转变政府职能的新阶段——对中国政府转变职能过程的回顾与展望》,《政治学研究》,2008年第6期。

② 康晓光:《行业协会何去何从》,《中国改革》,2001年第4期。

③ 王名:《中国非政府公共部门》,清华大学出版社,2004年,第37~44页。

规划和建议、制定行规行约、推动包装行业的技术进步等。①

社会组织成立后，迅速成为各领域发挥意见表达、政策参与、行业监督等作用的主要力量。比如，上述中国包装技术协会，在成立不久后的1984年就具体承担了由国务院领导、国家经委领导、中央各部委局参加的、全国范围内开展的第一次包装大检查。②经过多年的发展后，中国包装协会在实践中承担的职能已经发展为：①落实国家包装行业方针政策，协助国务院有关部门全面开展包装行业管理和指导工作；②制定包装行业国家五年发展规划；③开展全行业调查研究，提出有关经济发展政策和立法方面的意见和建议；④经政府主管部门同意和授权进行行业统计、发布行业信息；⑤创办刊物，开展咨询；⑥组织人才、技术、职业培训；⑦组织技术交流会、展览会等；⑧经政府部门同意，参与质量管理和监督工作；⑨指导、帮助企业改善经营管理；⑩组织科技成果鉴定和推广应用；⑪开展国内外经济技术交流与合作；⑫制定并监督执行行规行约，规范行业行为；协调同行价格争议，维护公平竞争；⑬反映会员要求，协调会员关系，维护会员的合法权益；⑭经政府部门授权和委托，参与国家投资或国家控股企业重大技术改造、技术引进、投资与开发项目的前期论证；⑮受政府有关部门委托，组织、修订国家标准和行业标准，并组织贯彻实施；⑯受政府有关部门委托，参与行业生产、经营许可证发放有关工作，参与企业产品从业人员的资质审查；⑰参与指导包装产品市场的建设；⑱发展行业和社会公益事业；⑲承担政府部门委托的其他任务等。③

可见，行业协会成立和发展起来后，不仅能够承担推动其成立的政府部门赋予它们的职能，还能根据市场和行业发展的需要，不断开拓自身的职能范围，在经济服务和行业发展方面发挥更为广泛的作用。这使得政府可以集中精力于宏观经济调控、社会管理和公共服务等方面，为转变政府职能奠定较为坚实的基础。从目前的情况看，这些在政府职能转变过程中成立的行业协会等组织，仍然与推动其成立的政府部门（或机构改革后重新组建的相关部门）保持较为密切的关系，或由这些政府部门担任其业务主管单位（参见表1-3），或开展业务合作。

① 贺立平：《让渡空间与拓展空间——政府职能转变中的半官方社团研究》，中国社会科学出版社，2007年，第71页。

② 李文驹：《时代所需 众望所归：回顾中国包装技术协会成立前后》，《中国包装》，1996年第1期。

③ 中国包装联合会网站，http://www.cpta.org.cn/aboutUs/index.jsp.

表1-3　部分国务院组成部门主管的社会组织简况表

部门	社会组织名称
国家发展和改革委员会（共15个）	中国小企业协会；中国招标投标协会；中国信息协会；中国投资协会；中国施工企业管理协会；中国设备管理协会；中国人力资源开发研究会；中国开发区协会；中国经济体制改革研究会；中国交通运输协会；中国价格协会；中国宏观经济学会；中国工程咨询协会；中国产业海外发展和规划协会；中国产业发展促进会
农业部（共56个）	中国种子协会；中国种子贸易协会；中国植物营养与肥料学会；中国沼气学会；中国原子能农学会；中国渔业协会；中国渔业互保协会；中国渔船渔机渔具行业协会；中国优质农产品开发服务协会；中国养蜂学会；中国畜牧业协会；中国畜产品加工研究会；中国小康建设研究会；中国小动物保护协会；中国乡镇企业协会；中国鸵鸟养殖开发协会；中国甜菊协会；中国天然橡胶协会；中国饲料工业协会；中国水产流通与加工协会；中国盆景艺术家协会；中国农用塑料应用技术学会；中国农业资源与区划学会；中国农业展览协会；中国农业生物技术学会；中国农业生态环境保护协会；中国农业科技国际交流协会；中国农业科技管理研究会；中国农业经济学会；中国农业经济法研究会；中国农业技术推广协会；中国农业技术经济研究会；中国农业会计学会；中国农业国际交流协会；中国农业国际合作促进会；中国农药发展与应用协会；中国农民体育协会；中国农民企业家联谊会；中国农垦经贸流通协会；中国农垦经济研究会；中国农机鉴定检测协会；中国农村能源行业协会；中国农村合作经济管理学会；中国农产品市场协会；中国奶业协会；中国马业协会；中国绿色食品协会；中国合作经济学会；中国海藻工业协会；中国国际茶文化研究会；中国柑桔学会；中国动物保健品协会；中国大豆产业协会；中国村社发展促进会；中国插花花艺协会；海峡两岸农业交流协会
国家卫生和计划生育委员会（共38个）	中日医学科技交流协会；中华口腔医学会；中国足部反射区健康法研究会；中国中药协会；中国优生优育协会；中国优生科学协会；中国医院协会；中国医药生物技术协会；中国医学装备协会；中国医学影像技术研究会；中国医师协会；中国医疗保健国际交流促进会；中国药物滥用防治协会；中国学生营养与健康促进会；中国性学会；中国性病艾滋病防治协会；中国卫生信息学会；中国卫生思想政治工作促进会；中国卫生摄影协会；中国卫生经济学会；中国水利电力医学科学技术学会；中国鼠害与卫生虫害防制协会；中国输血协会；中国生命关怀协会；中国社区卫生协会；中国女医师协会；中国农村卫生协会；中国民族卫生协会；中国老年保健医学研究会；中国老年保健协会；中国控制吸烟协会；中国抗癫痫协会；中国健康教育协会；中国地方病协会；中国保健协会；中德医学会；全国卫生产业企业管理协会；海峡两岸医药卫生交流协会

资料来源：根据中国社会组织网2013年社会团体年检结果公告整理。

政府职能转变同时伴随着机构改革，社会组织在促进政府职能转变时，也为机构改革做出了积极贡献。[1]比如，在1998年开始的国务院机构改革中，国家经贸委所属国家国内贸易局、国家冶金工业局、国家建筑材料工业局、国家纺织工业局、国家轻工业局、国家机械工业局、国家石油和化学工业局、国家有色金属工业局、国家煤炭工业局9个国家局于2001年撤销，经过职能调整和机构整合后，国家经贸委成立10个直接管理的行业协会和商业联合会，包括中国商业联合会、中国物资流动协会、中国钢铁工业协会、中国建筑材料工业协会、中国纺织工业协会、中国轻工行业协会联合会、中国机械工业联合会、中国石油和化学

---

① 参见吴锦良：《政府改革与第三部门发展》，中国社会科学出版社，2001年。

协会、中国有色金属工业协会、中国煤炭工业协会。国内贸易局撤销后,中国商业联合会组建,成为国家经贸委直接管理的具有社团法人资格的全国性综合性行业组织,原属国内贸易局的多个事业单位,包括报刊、出版社和信息机构等,整体划归中国商业联合会。其他8个国家局的转制也基本采取类似的原班人马整体转移方式。

社会组织在转变政府职能中的重要角色表明,社会组织与市场经济之间存在紧密联系。转变政府职能其实是中国特色社会主义市场经济建设的重要内容,要改变计划体制下全能政府模式,减少政府对经济活动特别是微观经济行为的干预,发挥市场在经济调节、资源配置等环节中的作用。社会组织从承接政府转移的职能开始,在政府和市场之间发挥中介作用,并因为政府和市场各自在服务经济发展、提供公共服务等方面存在不足而逐步成为市场经济体制不可或缺的、政府和市场之外的第三方主体。[①]

二、社会组织与服务型政府

建设服务型政府是21世纪以来中国改革发展进程的重大转变,它对社会政治生活的影响十分深刻。正如有学者指出的,由于改革开放以来,中国政府一直将经济发展放在首要位置,政府管理上也停留在管制型政府的官本位、权力本位的理念之下,地方政府的"单边主义"和信用缺失现象比较严重,由此导致的政府官僚主义使得政府与公众之间的关系渐行渐远。此外,伴随着经济社会的全面转型,广大群众日益迫切地要求政府能够为他们提供基本而有保障的公共产品和有效的公共管理、公共服务;广大群众越来越期望建设一个公开、透明和没有腐败的政府。[②]服务型政府建设正是在这种背景下开启的。在如何建设服务型政府的问题上,不少学者都认为应该发挥包括社会组织在内的各种社会力量的"合力"。朱光磊等从理论上论证了社会组织在公共服务体系中的地位,即从服务型政府建设的基本规律——"双向互动"的角度看,社会组织是政府主导、多元主体参与中多元主体的重要角色;[③]丁元竹通过具体案例详细考察了当前

① 陈剑:《第三部门与市场经济体制的发展》,《新视野》,2005年第5期。

② 朱光磊、孙涛:《"规制—服务型"地方政府:定位、内涵与建设》,《中国人民大学学报》,2005年第1期。

③ 朱光磊、薛立强:《建设服务型政府的几个问题》,《人民日报》,2007年7月27日。

社会组织提供公共服务的状况，并给予了肯定的评价。①王名则明确将提供公益服务作为社会组织的四大职能之一。②实践中，社会组织在公共服务的各个领域都发挥着特定的作用，不管是官方色彩较浓的人民团体，还是纯民间的草根组织，抑或具有一定营利性的民办非企业单位，以慈善事业为宗旨的基金会，都是服务型政府建设的参与者和特定公共服务的供给者。

由于中国社会组织具有显著的"官民二重性"，作为体制内的组织与作为体制外的组织在提供公共服务的资源占有、方式、社会认同程度和社会影响等方面都存在差异。以体制内的公共服务供给者身份存在的社会组织，一般或者具有政府部门的性质（如各人民团体），或者与政府部门存在隶属关系、指导关系、业务联系等，这种关系决定它们在提供公共服务方面具有以下特点：①被纳入公共服务供给的整体规划，承担公共服务的责任。作为体制内因素，这些社会组织在一定程度上被政府视为自己的职能部门或者"腿"，政府在构筑公共服务的供给体系时，会自觉或不自觉地考虑它们，将其作为应当的公共服务供给主体。所以，这些社会组织提供公共服务，一定程度上是在完成政府交付的"任务"。作为理论上的非政府组织和现实的体制内因素，它们的行为总是自觉或不自觉地以政府为基础，在提供公共服务的问题上也倾向于以政府的名义或以政府委托的名义进行。比如，中国青少年基金会实施的"希望工程""保卫母亲河（绿色希望工程）""希望医院"等公共服务项目，与政府提供的公共服务比较接近（除了资源来源于社会捐助外）。②社会认同程度相对较高。体制内的社会组织获得社会公众的认同相对要高，并不是因为这些组织都能够提供完善的公共服务，而是基于它们所拥有的政府权威的支持。公众传统上对政府权威的依赖成功传递到了社会组织身上，这是那些体制外的组织所无法享有的资源。③资源相对有保障，有一定的稳定性和持续性。政府背景让这些社会组织在合法性、资金保障等方面也能够得到政府的支持，为它们提供公共服务奠定了基础，从而能够成为公共服务的相对稳定和持续的供给来源。比如在社会捐资方面，多数捐助人选择将资金捐给这类组织。

体制外的社会组织大多都具有公益性，是以某种公共利益为目标建立起来的，其主要活动也围绕着特定的公共利益展开，所以它们是重要的公共服务的

---

① 参见丁元竹：《非政府公共部门与公共服务：中国非政府公共服务状况研究》，中国经济出版社，2005年。

② 王名：《非营利组织的社会功能及其分类》，《学术月刊》，2006年第9期。

供给者。在提供公共服务方面,体制外的社会组织具有如下特点:①民间性。它们在组织、人员、资金、活动等方面都来自社会而非官方,是真正意义上的公共服务社会化。②广泛性和灵活性。从数量上看,这种类型的组织没有限制(如果不考虑登记注册门槛),只要有需求、有资源,就可以建立组织。与政府部门或者政府控制的组织相比,它们有更广泛的存在基础。由于是非官方组织,其活动方式相对比较灵活,可以根据社会需求、条件等方面的变化,迅速调整公共服务的数量、种类、供给方式等。③积极性。相对于政府和体制内的社会组织而言,这些组织的专业性比较强,而且建立在志愿和兴趣的基础上,对提供具体公共服务有着共同的认识,也有比较一致的价值追求,所以它们提供公共服务的积极性比较高,而不像体制内的组织,有完成政府"任务"的一面。④满足多样化需求。在当今社会高度分化的背景下,公众对公共服务的需求日益多样化,而政府在提供公共服务时,限于人力、物力和财力,并考虑到整体性、公平性和覆盖率,很难充分照顾这种多样化的需求。体制外的社会组织则可以满足多样化的需求。一般来说,社会组织都有特定的目标人群,为不同阶层、不同群体提供公共服务,加上其广泛性和灵活性的特征,可以在很大程度上满足公共服务的多样化需求。⑤资源优化配置和成本优势。相对于政府提供公共服务来讲,体制外的社会组织依靠社会资源,在资源配置上依据供求状况,能够使资源流向需求最大、效益最高的领域,在相同的条件下能够提供尽可能多的公共服务,实现资源优化配置。通过优化配置资源和多样化的供给渠道,也在一定程度上节约了成本。①

　　在社会组织参与服务型政府建设的具体形式上,目前关注最多的是政府购买公共服务。作为公共服务市场化和社会化的重要"工具",政府购买公共服务在20世纪70年代开始成为政府改革的重要方向。中国在探索服务型政府建设的路径时,也逐步认识到购买公共服务是激发社会组织活力的有效措施。贾西津等认为,政府向社会组织购买公共服务,就是"政府与社会组织签立合同,使用财政资金,由社会组织承包服务,实现特定的公共服务目标的机制。它的核心意义是公共服务提供的契约化,政府与社会组织之间构成平等、独立的契约双方"②。王浦劬等对全国多个城市政府购买公共服务的实践研究表明,在居家养老、农

---

① 郭道久:《第三部门公共服务供给的"二重性"及发展方向》,《中国人民大学学报》,2009年第2期。

② 贾西津:《公共服务购买——政府与社会组织的伙伴关系》,中国社会组织网,http://www.chinan-po.gov.cn/web/index.do.

村医疗、残疾人服务、社区服务、城市管理、社会救助等领域，政府购买公共服务已经取得较大进展，社会组织作用和公共服务水平提升呈现双赢的局面。[①]曾永和对上海市闸北区临汾路街道社区事务工作站的研究表明，自从采取了"一站多居"的购买模式之后，居委会工作从135项减少到66项，每年为街道节省工作经费30多万元，效果明显。[②]

三、社会组织与社会管理、和谐社会建设

《中共中央关于构建社会主义和谐社会若干重大问题的决定》中明确指出，要"支持社会组织参与社会管理和公共服务"，从而将社会组织与社会管理、和谐社会紧密联系在一起。《决定》同时明确提出"健全党委领导、政府负责、社会协同、公众参与的社会管理格局"，明确了社会组织在社会管理与和谐社会建设中的地位，即社会组织是"四位一体"格局中发挥"协同"作用的社会力量之一。

按照何增科等人的理解，社会管理内容丰富，涉及当前主要的社会问题，包括：社会矛盾冲突和利益协调、收入分配调节、社会保障体制、流动人口管理、社会组织管理、基层社会管理、公共服务、社会应急管理、社会治安管理等。[③]在这些社会问题的管理中，社会组织是一种重要的协同参与力量，且它们的专业性较强，贴近公众、灵活性强，这让它们更能适应社会纷繁复杂的事务。社会组织可以充分发挥其非政府、非营利的优势，广泛发动公众，连接公众和政府，表达公众利益诉求、动员社会资源、提供公共服务、影响公共政策、缓解社会矛盾。

从和谐社会的角度讲，社会组织除了参与社会管理、解决当前的社会问题之外，它还是一种重要的社会矛盾调解、缓和机制，有着重要的"减压阀"功能。社会组织作为一种非强制性的公共组织，一方面与公众联系紧密，以维护和实现公众（或成员）的普遍利益为目标；另一方面又不拥有强制性手段，主要通过社会化的方式处理问题，所以社会组织不像政府那样具有强制性，从而更容易得到公众的认同和支持。在社会组织比较发达的地方，它们就成为政府与公众之间的"缓冲带"和"减压阀"，承担起调和政府与公众矛盾的任务：其非官方性

---

① 参见王浦劬、[美]莱斯特·萨拉蒙：《政府向社会组织购买公共服务研究——中国与全球经验分析》，北京大学出版社，2010年。

② 曾永和：《城市政府购买服务与新型政社关系的构建——以上海市政府购买民间组织服务的实践与探索为例》，*Journal Of ShangHai Polytechnic College Of Urban Management*，2008年第17期。

③ 参见何增科：《中国社会管理体制改革路线图》，国家行政学院出版社，2009年。

质使它更容易为公众接受,而不会像政府一样,公众基于一种本能的对立情绪从而拉开了双方的距离;它代表着公众的利益,虽然这种利益代表与公众的具体利益要求间可能存在差距,但从根本上说,它是在为公众"说话";它作为组织化力量,在与政府的接触中,比单个公众的影响大,政府不能轻易忽视它的存在;它与政府间往往存在各种联系,业务的、资金的等,使它比较容易与政府沟通;在矛盾状态下,政府也需要中间调节,它的出现对地方政府也是一种应急之需。综合各方面的因素,社会组织作为政府与公众之间的矛盾协调者是合适的。建设这样一种缓冲地带,在政府与公众的"刚性"结构间加入弹性机制,政府从过去直接与公众接触变为通过社会与公众间接发生联系,减少直接对抗的机会,对整个体制而言都是一种进步。

四、社会组织与协商民主

协商民主是社会主义民主的两种形式之一。党的十八大报告提出,要"健全社会主义协商民主制度","要完善协商民主制度和工作机制,推进协商民主广泛、多层、制度化发展"。社会主义协商民主建设中,社会组织是需要充分调动的要素之一。

社会组织是协商民主所需的社会基础的重要组成部分。在民主所需的各种条件中,市民社会一直受到重视,甚至被认为是民主发展的基础和动力。正如有学者强调的,"在民主化进程的所有阶段上,一个有活力、独立的市民社会的价值都是无可估量的"[1]。虽然进一步的研究表明,市民社会也存在质量差异,"好的"市民社会是民主的促进因素,"坏的"市民社会则可能与民族主义、纳粹主义等非民主的东西有关联。[2]但是,作为现代社会的一种结构性要素,市民社会仍然为广大的民主研究者所关注,特别是与之相关的社会中间层、公民文化和公民精神等,仍然是民主发展所不可或缺的。协商民主作为民主的一种形式,自然也离不开市民社会所发挥的基础性作用。协商民主要在实践中发生并良好运行,显然需要一定的场域,这个场域不仅提供协商的空间,还提供协商民主所必须的价值和理念,健康的市民社会被认为是协商民主的基本场域。[3]市民社会既

---

① [日]猪口孝、[美]纽曼、[英]基恩:《变动中的民主》,林猛等译,吉林人民出版社,1999年,第61页。

② S.Chambers,J.Kopstein,Bad Civil Society,*Political Theory*,Vol.29,No.6,Dec. 2001,pp.837-865.

③ 陈家刚:《多元主义、公民社会与理性:协商民主要素分析》,《天津行政学院学报》,2008年第7期。

是一个相对独立于国家的领域，同时也是由各种主体构筑而成的行为体，社会组织则是市民社会的主要力量。从这个角度讲，社会组织也是协商民主发展所依赖的社会基础。

社会组织是协商民主的重要协商主体。中国的协商民主包括党派团体、政协组织、国家政权机关、政府、基层社会五大体系，每一个体系的协商民主虽然有各自的侧重点，但协商都离不开参与主体，在政协组织、政府和基层社会的协商民主中，社会组织都是重要的协商主体。政协组织的协商民主主要形式为34个界别之间的协商，其中8个团体界别就是社会组织的代表；在政府治理中，社会组织首先是意见表达的主体，也是政府召开的各种调研会、听证会、协调会的重要参与者；在基层社会的协商民主中，社会组织的作用更加直接和突出，在诸如民主恳谈、社区论坛、民主评议、网络议事等协商民主形式中，社会组织往往以专业性、广泛性、灵活性等特点而备受瞩目。

社会组织是协商民主发展的桥梁和纽带。中国协商民主的发展，不仅要为各党派团体、政治要素之间建立协商机制，更要为公众搭建参与、表达和协商的平台与渠道，使公民能够平等参与涉及自身利益的事务的协商。社会组织在这方面具有自身的优势。从本质上讲，社会组织是公众自己的组织形式，其目的是维护和实现公众的普遍利益，所以它们理应将公众组织起来，将分散的公众的利益诉求集中起来，并通过相应的渠道与政府进行协商。它们不仅是政府和公众进行协商的桥梁和纽带，更是一种重要的社会整合机制。

五、社会组织与灾害救助

现代风险社会，各种灾害爆发的可能性增加。面对灾害，政府、公众和社会都需要积极予以救助，其中社会组织是灾害救助的重要力量。这在1995年日本的阪神大地震、1999年中国台湾9·21大地震后的救灾过程中都得到了验证。

政府对灾害的救助负有主要责任，但政府的资源和力量是有限的，不可能独自完成救助工作，所以公众和社会必须进行自救，通过自身的努力形成更完善和有效的救助方式。作为公众的自组织，社会组织首要的是为公众和组织的利益服务，在风险和灾害到来时首先考虑公众的利益。更重要的是，社会组织的广泛性几乎可以将每一个公众都纳入救助对象，形成一种广泛的社会保护网，这是其他组织做不到的。通过社会组织富有公益性和志愿性的活动，可以降低灾害的损失，提高灾害救助的成效。社会组织参与灾害救助，具体优势体现为：

它们往往以特定的目标群体为工作对象,在目标对象确定、信息收集、工作方式等方面相对便利,易于在最短时间内为需要服务的对象提供急需的服务,避免政策死角出现;它们组织结构更趋于扁平化,工作流程清晰,便于快速反应;它们重视团队合作,往往以专业团队的形式从事某项工作;另外,它们在资源筹集、信息交流等方面也具有自身的优势。①2008年汶川地震后的抗震救灾中,社会组织的表现充分说明了这一点。

汶川地震被很多人视为中国社会组织首次集体抗震救灾,是中国社会组织的一次集体亮相。从地震发生的5月12日到16日,共154家社会组织发表联合声明,参与抗震救灾(部分组织和行动方式参见表1-4),其中许多组织是此前不为人知的草根组织。韩俊魁等则以日志的形式,详细梳理了从5月12日至6月12日,近500家社会组织在四川参与抗震救灾的具体经历。②

表1-4　汶川地震参与抗震救灾的部分社会组织简况表

	机构名称	行动方式
1	南都公益基金会	以项目招标申请方式,为民间组织参与救灾和灾后重建项目提供1000万元人民币资金支持
2	中国扶贫基金会	接受爱心企业、机构及公众认捐;向四川地震重灾区送牛奶、方便食品、瓶装水、羽绒服、太空被、毛巾被和药品等物资。在四川德阳设立物资储备库,统一接收、管理全国各地通过航空、铁路和公路发往四川的物资,根据灾区实际需要,转运、分发到各灾区
3	中国青少年发展基金会	启动"希望工程紧急救灾劝募行动",号召社会各界,伸出援助之手,救助四川地震灾区受灾学生,帮助抢修灾毁学校
4	中国红十字基金会	大力组织紧急救灾物资调运灾区,重点关注灾后重建,依托已实施的"红十字天使计划"和"博爱助学计划"项目,结合地震灾区实际需求,呼吁爱心企业和爱心人士继续积极参与,奉献爱心
5	中国初级保健卫生基金会	接受现金捐赠及医疗设备、药品的捐赠
6	友成企业家扶贫基金会	联络资源,筹集资金
7	华民慈善基金会	志愿者服务——救援
8	中国儿童少年基金会	接受捐赠、捐款;灾区直接提供捐款,用于生活必需品、孤残儿童、灾后学校重建;志愿者服务——心理咨询、教育、妇女儿童等
9	中国人口福利基金会	志愿者服务——妇女儿童;5月17日下午两点在北京梅地亚中心举办了"爱心援助,抗震救灾"公益发布会,呼吁"援助汶川妈妈——因地震失去孩子的母亲"
10	万通公益基金会	为灾区捐助价值20万的应急灯和节能灯,募集饮用水、帐篷,在灾后重建的过程中捐赠节能灯,倡导绿色社区理念,并与其他公益组织一同捐赠孤儿院等,协助灾区重建家园。

资料来源:《中国民间组织抗震救灾行动民间组织联系方式》,搜狐网,http://news.sohu.com/20080516/n256902489.shtml.

① 张强、陆奇斌、张欢等:《巨灾与NGO:全球视野下的挑战与应对》,北京大学出版社,2009年,第10~13页。
② 王名:《汶川地震公民行动报告——紧急救援中的NGO》,社会科学文献出版社,2009年,第183~349页。

第三节　社会组织发展相关理论评价

中国社会组织发展的时间还比较短，虽然它们有自身的特点，在发展中也形成了具有中国特色的发展路径、功能定位、与政府关系状态等，但是总体上，日常使用的与社会组织发展相关的理论主要来源于西方学者。这些理论在西方国家已经比较成熟，但将它们移植到中国的实践中，就可能出现不适应的现象。这里就"失灵"理论和治理理论作简要分析。

一、失灵理论及其适用性

"失灵"理论是西方学者解释社会组织生成问题的主流理论之一。近年来，随着中国社会组织的兴起和发展，一些学者尝试引入"失灵"理论来解释中国社会组织的生成和发展问题。这种理论上的"引进"有其成功的地方，但是我们必须认识到，"失灵"理论是在西方国家特定的环境下产生的，它有适用的范围和条件，脱离了特定的环境，"失灵"理论就不能充分解释当代中国社会组织的生成和发展问题。

1."失灵"理论的基本内容

1974年，美国经济学家韦斯布罗德（Burton Weisbrod）提出了"政府失灵"理论，其核心是用传统经济学的分析方法来解释社会组织存在的必要性，[1]主要观点包括：

（1）公共物品。与其他许多研究制度经济学、政府经济学的学者一样，韦斯布罗德的"失灵"理论也是从对公共物品的关注开始的。由于公共物品具有非排他性和非竞争性等特征，使得公共物品的供给成为一个难题，传统经济学的供给—需求理论已经无法解释公共物品的供给问题。

（2）市场失灵。公共物品的特殊性导致"搭便车"现象：非排他性和非竞争性导致花钱购买公共物品者与不花钱购买者在消费公共物品的权利上并无二致，花钱消费者无力阻止不花钱者消费公共物品，这自然导致人们都希望别人出钱购买公共物品，而自己不花钱购买却可以享受同样的好处。如果"搭便车"的人

---

[1]　Burton Weisbrod, Toward a Theory of the Voluntary Nonprofit Sector in Three-Sector Economy, E. Phelps, *Altruism Morality and Economic Theory*, Russel Sage Foundation, 1974, pp.171-195.

多了,最终将没有人提供公共物品。显然,公共物品的特性与市场机制是相矛盾的,公共物品无法通过市场体系,即个别消费者与生产者之间的交易来提供,这就产生了所谓的"市场失灵"。

(3)政府失灵。"市场失灵"证明了政府干预的必要性。公共物品是不可缺少的,在存在"市场失灵"的条件下,必须为公共物品寻求新的供给者。作为公共利益的承担者,政府需要承担公共物品供给的责任。但是,政府本身在提供公共物品上也存在局限,它很难满足每一个人对公共物品的需求。个人对公共物品的偏好不一样,而政府提供的公共物品是由政治决策过程决定的,投票过程往往只反映了"中位"选民的需求,过度需求、特殊需求很难在投票过程中得到满足,即使是在加权投票的情况下, 也仍然不能完全满足异质性较强的消费者的需求。这就是韦斯布罗德所说的"政府失灵"。综合其他研究者的观点,政府失灵还体现在高成本低效率、腐败、破坏市场机制、外部性等方面。

(4)社会组织。市场失灵和政府失灵为社会组织提供了生成的前提条件。正是由于市场和政府在提供公共物品上都存在局限,促使在二者之外寻求新的公共物品的供给主体,社会组织就是这样一种替代性选择。社会组织是专门提供集体类型物品的部门,它能够满足人们因对政府价格体系不满而产生的对公共物品的需求,人们的这种不满越多,社会组织的规模越大。同时,社会组织的非营利性和志愿性也有利于克服政府的低效率和高成本问题,以特殊的热情满足人们对公共物品的需求。市场、政府和社会组织是提供公共物品的三种机制,它们之间存在相互替代性,特别是社会组织,是基于市场和政府的局限和不足而产生的。

市场失灵和政府失灵理论后来又得到发展。1980年,美国经济学家汉斯曼(Henry B. Hansmann)提出"契约失灵"(contract failure)问题[①],进一步丰富了失灵理论。他认为在市场机制下,由于信息不对称,导致仅仅依据生产者与消费者之间的契约难以防止生产者坑害消费者的机会主义行为出现, 而社会组织受"非分配约束",不以营利为目的,因而出现契约失灵的可能较小。社会组织实际是对契约失灵的一种制度反应,通过非营利主体提供公共物品来弥补市场机制的不足。

当然,社会组织也不是万能的,萨拉蒙就提出了社会组织自身存在的"志愿

---

① Henry B. Hansmann, The Role of Nonprofit Enterprise, *Yale Law Journal*, 1980,(89),pp.835–901.

失灵"(voluntary failure)问题。①社会组织也存在慈善供给不足、狭隘性、家长作风和业余性等缺陷。由于社会组织也存在志愿失灵问题,所以它不可能独立满足公共物品的供给需求,它与政府、市场之间不是相互排斥的,相反,它们之间需要建立合作关系,相互补充,共同完成公共物品的供给。

2."失灵"理论的假设条件

"失灵"理论是西方学者为解释西方国家社会组织的生成和发展问题而提出的,它有特定的前提条件。这些条件主要包括:

(1)市场经济。"市场失灵"的前提是存在一个发展成熟、运行正常的市场经济体制,市场规律是基本的经济运行规律,而"失灵"则是指公共物品的供给不能用市场经济下的供求关系理论来解释。显然,市场失灵是对西方国家市场经济实际运行中出现的问题的总结,其基本逻辑是先有市场经济的发展,而后才发现市场经济体制不能解决的问题,从而得出"市场失灵"的结论。

(2)选举民主。韦斯布罗德所谓的"政府失灵"指的是民主选举产生的政府只代表中位选民的意见,而不能满足所有选民的需求。显然,这个政府特指选举产生的政府,就政治环境而言,民主政治体制特别是选举民主,是"政府失灵"理论的前提条件。韦斯布罗德等人是从美国等西方国家的政治现实出发来解释社会组织的生成问题的,而在那里,政府与选民的关系是政治的重要问题,民主也是一种"竞取"选民选票的方法,政府为了获取相对多的选票而不得不放弃部分选民的需求,对于特殊需求的选民来讲,政府就"失灵"了。

(3)社会自治。韦斯布罗德认为,当政府不能满足部分选民的特殊需求时,社会组织作为一种替代就出现了,代替政府向特定的公众提供公共物品和服务。这里隐含着一个前提条件:社会具备提供公共物品和服务的能力,它不依赖于政府,而是具有一定自治能力,否则,即使政府不能提供特殊的公共物品和服务,社会自身也无法解决。社会自治之所以是作为隐含的前提条件而不被韦斯布罗德等所提及,与西方国家和社会关系的发展状况有密切关系。在那里,自基督教作为一种宗教获得相对独立于政治国家的地位开始,社会就逐步走上了与国家相分离的状态,社会的自治能力也逐步增强,到20世纪80年代,社会已经具备了不依赖政府而向公众提供公共物品和服务的能力。

---

① Lester M. Salamon, Rethinking Public Management: Third-party Government and the Changing Forms of Government Action, *Public Policy*, 1981, 29(3), pp.255—275.

(4)独立性的社会组织。与社会自治相一致,在西方国家,社会组织从产生的时候起,就是相对独立于国家的。虽然是作为政府提供公共物品和服务的替代性选择,但社会组织也不从属于政府,不是体制内的公共物品供给者。韦斯布罗德等人在谈论社会组织时,没有专门强调其独立性问题,是因为这本身就是它区别于政府和市场的基本因素。在特定的社会政治语境中,独立性也是一个隐含条件。

3. 当代中国的现实

面对社会组织不断发展的现实,一些学者尝试引入西方的"失灵"理论来解释这一现象。我们并不否定这种努力的必要性和可行性,但是引进一种理论的同时也必须考虑该理论的基本条件,只有在基本条件符合的前提下,理论才具有解释力。为此,我们必须注意到在当代中国与社会组织的产生和发展相关的几个事实:

(1)关于市场经济。改革开放前,中国实行的是计划经济体制,政企不分、政社不分、全能政府模式,不可能为社会组织提供存在的空间,所以计划经济休制下中国并不存在现代意义上的社会组织,即使像工青妇这类团体也发挥着政府职能部门的作用。中国的社会组织实际是在计划经济体制向市场经济体制转变的过程中生成的,政企分开、政社分开让政府从"万能"状态中解脱出来,同时也为社会组织提供了生存的空间。从这个角度看,如果没有计划经济体制的转变,也就不会有社会组织的出现,所以中国的社会组织是"计划失灵"①的产物。

从市场经济体制的发展程度上看,当代中国搞社会主义市场经济建设才短短十几年,即使从改革开放算起也才三十几年,与西方国家几百年的市场经济历程相比,中国的市场经济体制远未发展成熟,所以也就谈不上像西方国家那样,因为市场经济的"失灵"而促使社会组织出现。从中国社会组织的发展进程看,它是随着市场经济发展而发展的:计划经济体制的改制促成了社会组织在20世纪80年代的萌生,而社会主义市场经济体制建设带来了社会组织在20世纪90年代以来的迅速发展。

(2)关于选举民主。从政治体制上看,当代中国与西方国家也存在重大区别。改革开放之前,中国实行的是与计划经济体制相适应的集权政治体制,在这种政治体制下,政府掌控着资源配置的全权,并依靠各级政府机构和公有制企

---

① 康晓光:《转型时期的中国社团》,《中国社会科学季刊》(香港),1999年冬季号。

事业单位实现对全社会的控制,不允许社会组织的存在。改革开放以来,随着集权体制的松动,社会组织才获得发展的机会。所以说,中国的社会组织不是因为民主政治体制的"失灵"而产生的,而是因为集权体制的转变而获得了发展空间。①

另外,中国的民主体制与西方国家也不相同。西方的政府失灵理论认为,因为在选举民主下,选举产生的政府不能满足选民多样化的、特殊的需求,才导致了社会组织的出现,而中国并没有实行西方国家的那种选举民主,政府也不需要为迎合多数中位选民的需求而忽视其他选民的需求,所以中国不存在因投票决策方式而导致的政府失灵。②即使是改革开放以来,如果说政治体制改革为社会组织的发展提供了推动力的话,那也应该体现在民主政治发展所提供的相对宽松的环境、政府职能转变对新的职能载体的需求,以及国家与社会关系的变化等方面。从这个角度说,民主政治体制对中国社会组织的发展更多的是起到促进作用,而不是因为民主政治体制的失灵才导致社会组织的产生。

(3)关于社会组织发展的主动性。改革初期发展起来的社会组织,基本都是党和政府组建或者有意识推动的结果。比如,为了适应职能转变、机构改革的需要,政府组建、扶持了一批社会组织性质的组织,像多数行业协会就是政府为了推动行业自律、促进技术交流而组建的;也有一部分组织是党和政府为了与国外的社会组织和非政府机构交流而建立的,是对外开放政策中与西方国家联系与合作的需要,利用它们的"民间"身份。可见,这些社会组织都是"被动"产生的,其产生本身就具有一定的盲目性,有的甚至是政府为了"转移职能"而"转移"、为了"精简机构"而"精简"的结果。而西方国家的社会组织则是自治社会为应对市场失灵和政府失灵而采取的主动反应,是内生型的。

(4)关于社会组织的独立性。中国社会组织的产生方式决定了它对政府存在依赖,表现在三个方面:其一,由政府创立的组织,即使后来从形式上脱离了创办者,联系仍然密切,创办者往往还是主管单位。如中国青少年发展基金会与团中央、中华慈善总会与民政部的关系。其二,许多组织由从现职退下来的党政干部担任领导职务,尽管是为劳苦功高者"发挥余热",但领导余威尤存,自觉或不自觉地与政府保持高度一致,从日常管理到行为方式,从日常称谓到辞令语气。还可能出现这样的现象:筹建组织时,还要考虑给组织定级别,仅定副部级

① 邢以群、马隽:《中国"第三部门"起源的经济分析》,《浙江社会科学》,2005年第1期。

② 田凯:《国外非营利组织理论述评》,《中国行政管理》,2003年第6期。

还不合适,还要定正部级。其三,部分组织的活动经费全靠政府拨款,受人钱财,就得替人办事,只好充当政府的"助手"。所以,与西方国家内生型的社会组织不一样,中国的社会组织缺乏独立性,这也直接影响到其作用的发挥。

4. 总结

对比西方"失灵"理论的假设条件和当代中国的现实,可以发现,在当代中国并不存在用"失灵"理论来解释社会组织生成和发展所必须具备的基本条件,由此,我们可以得出以下四个结论:①"市场失灵"不是导致中国社会组织生成的原因,相反,从某种意义上讲,恰恰是市场经济建设为中国社会组织的生成和发展提供了可能性和基本条件。②韦斯布罗德认为的政府失灵并不存在于当代中国,也不能用它来解释当代中国社会组织的生成和发展问题。就多数社会组织是在政府主导下建立起来的这一现实而言,是政府的积极作为(不管是出于何种考虑)而不是"失灵"促成了社会组织的生成。③政府失灵可以解释部分自发型的社会组织的生成和发展问题,如环保组织。正是由于政府管不了、管不好,才导致社会组织承担部分社会管理和服务职能。④当代中国的社会组织还处于初始阶段,还没有完全展示出其作为现代社会一个相对独立的领域的基本属性,对社会组织作定论为时尚早。

综上所述,当代中国的现实与西方"失灵"理论的前提条件并不一致,所以"失灵"理论并不能完全解释当代中国社会组织的生成和发展问题。依据中国的实际情况,政治体制改革、市场经济建设、政府职能转变、公共服务需求等因素对社会组织产生和发展的影响更为显著。

二、治理理论及其适用性

近十年来,"治理"一词在中国大行其道,大到国家层面,小到班级、宿舍,都在讲"治理"。作为与强制为标志的"统治"相对应的一种形式,治理不仅显得柔和,而且充满现代民主、自由、平等理念,受到推崇也是自然的。正因为此,在有关社会组织的研究中,特别是在探讨社会组织的功能时,治理是必然被提及的。诚然,从治理的角度来解析社会组织,确实具有现实的合理性,但是应用治理理论的一些前提条件也需要重视,这有助于准确定位中国社会组织的实际作用。

1. 治理理论的内容

治理作为一个常见的词汇,在20世纪90年代被赋予了新的内涵而广为传播。1989年,世界银行发布的《南撒哈拉非洲:从危机走向可持续增长》的报告提出"治理"概念，认为这些地方需解决"治理危机"。1992年，世界银行在《治理与发展》报告中系统阐释了治理的观点。1995年，全球治理委员会给出治理的定义：治理是各种公共的或私人的个人或机构管理其共同事务的诸多方式的总和，它使相互冲突的或不同的利益得以调和。①实际上，治理在政治学、管理学、经济学、社会学、哲学等多个领域都被使用，因而具有丰富的含义：罗茨（R. Rhodes）归纳了六种治理定义，②斯托克总结了五种治理理论，③克斯伯根等则总结了治理的九种用法。④

总结来看，治理理论主要包括以下内容：

（1）治理主体多元化。治理是相对于统治而言的。在统治模式下，政府是唯一的主体，垄断公共权力，并将其他主体都置于统治对象的位置。作为对统治模式的超越，治理强调主体的多元化，在政府组织之外，社会组织、企业组织和公民个人等，都是管理公共事务的主体。它们不仅要参与公共事务的管理，还要承担各自的责任。治理主体之间是一种平等的伙伴关系，相互依赖，互动合作，在沟通交流中实现治理的"合力"。传统统治模式下，权力是自上而下单向运行的，政府垄断权力的行使，其他主体都是权力的对象。治理模式改变了权力的这种单向运行模式，由于社会组织、企业和公民的参与而产生了自下而上的权力运行模式。同时，各主体之间也存在互动。

（2）治理手段多样化。传统的统治模式下，政府主要依靠权威和强制来管理公共事务，治理则依靠多样化的手段和工具。休斯将治理工具区分为政府供应、政府补贴、政府生产和政府管制四种。⑤萨瓦斯则将治理工具概括为政府服务、政府出售、政府间协议、合同承包、特许经营、政府补贴、凭单制、自由市场、志愿服务、自我服务十种。⑥可见，在社会组织、企业、公民等主体都参与的情况下，治

①　参见俞可平：《引论：治理和善治》，载俞可平主编：《治理与善治》，社会科学文献出版社，2000年，第1页。

②　[英]罗茨：《新的治理》，载俞可平主编：《治理与善治》，社会科学文献出版社，2000年，第86~106页。

③　[英]斯托克：《作为理论的治理》，载俞可平主编：《治理与善治》，社会科学文献出版社，2000年，第31~49页。

④　杨雪冬编译：《"治理"的九种用法》，《经济社会体制比较》，2005年第2期。

⑤　[澳]休斯：《公共管理导论》，彭和平等译，中国人民大学出版社，2001年，第99页。

⑥　[美]萨瓦斯：《民营化与公私部门的伙伴关系》，周志忍等译，中国人民大学出版社，2002年，第69~90页。

理的途径和工具已经走向社会化、市场化,而不再局限于政治工具。

(3)社会自组织网络。治理的多元主体每一个都是独立的权利主体,拥有自身的资源和优势,这是它们参与治理的基础和前提。在治理过程中,各主体不是独自行动,而是经常性的协商和互动,通过对话增进彼此理解和相互信任,从而建立起持续的相互依赖、自主合作关系。这样,多元主体之间就构建起一种自主自治的网络。治理的关键,就是政府和其他主体能够构建这种自组织网络,并在此基础上形成相互依赖和信任关系、建立合作方式。①

2. 治理理论的前提条件

治理理论是西方国家公共行政领域针对19世纪以来以政治—行政二分法和科层制为基础的主导范式的超越,是与西方国家后工业社会的公共行政需求相适应的。从实践看,治理理论首先应用于西方发达国家的公共行政改革中。正因为此,治理理论蕴含着一些前提条件,主要涉及:

(1)社会的多元化。经过工业化的快速发展,进入后工业化阶段的西方发达国家已经实现社会的彻底分化,社会多元化格局确定。治理理论就是建立在这种社会多元化基础上的。治理理论首先要求包括政府在内的多元主体的参与,这意味着社会必须存在多元主体。只有在政治、经济、社会、文化等领域实现分离、各领域都培育出成熟的行为主体的背景下,才能出现多元化的社会主体、利益格局、思想观点和价值取向,相对独立的多元主体参与治理过程才能实现。

(2)公共管理社会化。作为传统的公共管理主体的政府要摒弃对公共权力的独占思维,改变对公共管理和服务大包大揽的做法,接纳各种主体作为治理参与者。同时,公共管理的流程、信息等要公开透明,为公众和社会提供平等的了解和参与的机会。

(3)成熟的公民。治理的过程必然伴随着各种主体相互协商和合作,要达到这个目的,要求公民具有平等、包容、妥协的精神,他们需要相互合作、彼此信任、理性参与、有节制地干预他人不良行为等。②

(4)发达的社会组织。治理对社会组织和社会力量提出了较高的要求。它们必须具备动员社会资源、承担公共管理职能的能力,否则,治理就可能陷入政府独大的局面。毕竟,在多元参与的治理格局中,社会组织相较于营利性的企业,

① 张军涛、曹煜玲:《第三部门管理》,东北财经大学出版社,2010年,第30页。
② 李萍:《论公共精神的培养》,《北京行政学院学报》,2004年第2期。

有更广阔的发展空间。

（5）方法论上的社会中心论。治理理论要求国家(政府)与其他经济社会主体处于平等的地位，共同参与、合作完成公共事务的管理。显然，这是与国家中心论完全对立的社会中心主义。①西方国家一直延续着自然权利、社会契约的观点，社会中心论不过是这一传统的延续。

3. 治理理论的适用性

自20世纪90年代末治理理论被引入中国以来，它迅速在学界和官方获得高度认同，成为应用最广泛的理论之一。但是，关于治理理论在中国的适用性问题的讨论一直没有间断。2001年《中国行政管理》就刊登了俞可平等人关于"中国离'善治'有多远"的讨论，其中不少学者表达了对治理在中国发展的慎重态度。②有关治理理论在中国适用性的探讨可以从两个方面展开：

一是治理理论的条件在中国是否具备。关于多元社会，中国自改革开放以来，确实出现了社会成员的"大分化、新组合"③，但到目前为止，中国的社会分化远未达到彻底的程度，多元社会仅出现这种趋势；关于各种社会主体之间的关系，当前中国仍然处于政府主导的阶段，其他社会主体处于辅助地位，伙伴关系远未形成；关于公民的成熟度，目前的状况是，社会信用体系缺失，公民的公共精神欠缺，公民的参与和合作都不足；关于社会组织的发展程度，当前只能说社会组织仍然处于发展初期，离成熟的社会组织还有相当的距离；另外，中国一直以来也不存在社会中心论的传统。这些现实情况决定了治理理论在中国应用时，可能面临条件不具备的问题。

二是过度追求治理是否会导致对国家权力的影响。中国当前还处于转型阶段，政府主导的改革进程仍然是最显著的特征。客观地讲，中国的改革向深入推进需要政府发挥主导作用，虽然这一进程并不排斥其他主体发挥作用，但过于强调其他主体可能会削弱政府的影响力。"在中国现代政治还没有完全成型之前，对国家权力回归社会的过分呼唤，会使中国重新掉入政治浪漫主义的陷阱。"④治理理论建立在社会中心主义的基础上，对西方国家的治理模式的追求的确可

---

① 杨雪冬：《论治理的制度基础》，《天津社会科学》，2002年第2期。

② 俞可平等：《中国离"善治"有多远——"治理与善治"学术笔谈》，《中国行政管理》，2001年第9期。

③ 参见朱光磊等：《当代中国社会各阶层分析》，天津人民出版社，2007年。

④ 刘建军：《治理缓行：跳出国家权力回归社会陷阱》，《理论文萃》，2003年第4期。

能会影响到国家权力在中国社会的影响力。

鉴于此,对治理理论在中国的应用应该坚持适合中国国情的立场,而不是简单地套取西方的经验。在治理的各种条件尚不完全具备,甚至某些条件不可能和西方国家完全一样的情况下,治理在中国首先是政府公共管理的一种目标追求,需要政府和各种主体共同努力来推进,而不是强求在短期内必须实现。当然,也不能因为条件不具备而否定治理的可能性,从某种意义上讲,在中国推行治理正是要弥补此前不符合的各种"条件"。因此,郁建兴等提出用"策略性—关系性"的分析路径来解决治理理论的适应性问题,[①]认可各种制度结构存在的"弹性",利用这些弹性空间逐步推进制度变革,并在实践中逐步探索可能的措施。具体来讲,就是避免绝对化的是与否判断,既不因为迫切的期待而简单地照搬治理理论,也不因为条件的差别而回避治理,而是根据当前中国的制度结构和现实空间,在可能的范围内逐步推动治理前行。

失灵理论和治理理论都是社会组织研究中经常使用的。显然,这些源自西方的理论都有其特定的条件限制,而这些条件在中国不一定具备,从而使这些理论在中国的适用性打了折扣。同时,这些理论也只是侧重于解释社会组织的某个方面或产生、或作用,而不是全面分析社会组织与社会政治生活关系的理论。故此,对社会组织发展进行政治分析,还需要建立新的分析框架。

---

① 郁建兴:《治理理论的中国适用性》,《哲学研究》,2010年第11期。

第二章

国家与社会关系的"双强"模式

社会组织作为一种社会现象、社会主体,必然与其他行为主体产生联系。而要对社会组织进行政治分析,其基本的问题是社会组织与权力、国家、政府这些政治要素之间的关系,因此国家与社会关系就成为对社会组织进行政治分析的基本框架。作为政治学的基本命题,国家与社会经历了从早期国家与社会不分的一元化到国家与社会分离的二元化、再到现代国家—市场—社会的三元模式的演变,国家与社会关系也从主要强调分离对立到当前以互动共强为主的变化。具体到中国的现实,历史传统和政府主导的改革进程等因素,决定了"强国家—强社会"这种"双强"模式更适合于分析社会组织的发展。

第一节　国家与社会的分离和对立

传统的国家与社会关系理论围绕着市民社会问题展开,强调市民社会相对独立于国家的特点,从而形成国家与市民社会相分离、市民社会对抗国家的基本观点。

一、市民社会:国家与社会从一体走向分离

国家与社会关系的核心是政治共同体与它的个体之间的关系。从古希腊罗马到中世纪,这一问题并不突出,原因在于彼时国家与社会并没有明确的分野,而是融为一体的。在亚里士多德等人的思想中,也存在市民社会的最初观念,但是此时的市民社会显然不是与政治国家相对应的存在,而是与自然状态相对应

的政治社会、文明社会。①亚里士多德等没有刻意像现代市民社会理论一样在国家与社会之间作出区分,相反,他们强调城邦作为一种"至高无上"的善,承载着正义、美德、平等等理想。同时,城邦又是公民个人日常生活的场所,公民只有进入城邦生活才能实现各种"善",所以"人类自然是趋向于城邦生活的动物"②。公民个人生活与城邦事务的高度一致性,导致公民个人不存在不同于城邦的利益,城邦的事业就是个人的事业,故伯里克利强调:"一个不关心政治的人,我们不说他是一个只注重自己事务的人,而说他根本没有事务。"城邦完全涵盖了国家和社会,既是国家性质的组织,又是除家庭之外的唯一社会机构。鉴于此,斯特劳斯(Leo Strauss)才说:"'国家'和'社会'的区别对于亚里士多德的思维方式来说是陌生的。"③

古罗马的国家与社会关系状况与古希腊类似,没有明确的国家与社会的区分,市民社会的含义是相对于自然状态而言的文明社会。比如,在西塞罗那里,市民社会"不仅意指单个国家,而且也指业已发达到出现城市的文明政治共同体的生活状况"④。虽然罗马城市共和国已经不是古希腊的小规模的城邦,但是具备公民身份的仍然只限于罗马城及其周边地区的罗马人,他们才享有参加政治生活的权利,也是市民社会的主体。正是由于城市公民组成的市民社会融合了国家和社会,才能避免个人利益与国家利益由于冲突而可能出现的混乱,发达的城市共和国才能持续。

国家与社会一体的状态在中世纪因为神权政治等因素而达到最高点。马克思因而评价到,在中世纪"市民社会就是政治社会,因为市民社会的有机原则就是国家的原则"⑤。即使是近代社会契约论者如霍布斯、洛克、卢梭等人,他们虽然有了比较明确的市民社会的观念,但其思想中的市民社会意指自然人通过建立契约摆脱自然状态、建立国家后进入的政治社会,仍然不是相对于政治国家的存在,而是与政治国家合二为一的。比如,洛克认为人们为了摆脱自然状态下

---

① 伍俊斌:《公民社会基础理论研究》,人民出版社,2010年,第22页。

② [古希腊]亚里士多德:《政治学》,吴寿彭译,商务印书馆,1965年,第7页。

③ [美]斯特劳斯、[美]克罗波西:《政治哲学史》(上册),李天然等译,河北人民出版社,1993年,第142页。

④ [英]戴维·米勒、[英]波格丹诺:《布莱克维尔政治学百科全书》(修订版),邓正来主编,中国政法大学出版社,2002年,第132页。

⑤ 《马克思恩格斯全集》(第3卷),人民出版社,2002年,第90页。

的孤独和不安全而缔结契约,进入政治社会,"政治社会都起源于自愿的结合和人们自由地选择他们的统治者和政府形式的相互协议"①。而"政治社会"与"市民社会"是同义的。②政治社会的目的是保护人们的生命和财产,市民社会也正是受到保护的人们身处其中的社会状态。洛克认为:"政治社会本身如果不具备保护所有物的权力,从而可以处罚这个社会中一切人的犯罪行为,就不成其为政治社会,也不能继续存在"。他同时又指出:"凡结合成为一个团体的许多人,具有共同制定的法律,以及可以向其申诉的、有权判决他们之间的纠纷和处罚罪犯的司法机关,他们彼此都处在公民社会中",否则就是"纯粹的自然状态"③。

启蒙时期的社会契约论者虽然强调了公民个人权利让渡产生政治共同体、公民因而相对国家具有"第一性"的优势,但他们并没有因此而阐发出公民的自主领域相对政治国家的独立性。随着封建制生产关系的确立和商业活动的发展,个人自由和私人活动领域逐步诞生,市民社会也逐渐脱离政治国家而获得独立地位。资本主义生产关系使个人获得了更多的自由空间,资产阶级革命胜利后建立的政治制度则为市民社会的发展提供了制度和法律保障,市民社会也因而取得相对国家的独立地位。

黑格尔和马克思是现代市民社会与国家相分离理论的代表。在他们之前,一些思想家已经对市民社会与政治国家融为一体的观念表达了不同见解,弗格森(Adam Ferguson)和潘恩(Thomas Paine)是其中的代表。在弗格森生活的时期,英国等国家由于商业活动的迅速发展而出现了政治生活与私人生活日益分离的趋势,这显然与此前有关"文明社会"的观点是不一致的。弗格森认为市民社会与国家的分离将导致公民美德的丧失,"人们认为只考虑财富才是最聪明的。对公益事业撒手不管,对人类事务漠不关心被认为是节制、美德,从而得到人们的赞许"④。俞可平在总结西方市民社会理论时,对弗格森的评价是:"把市民社会与政治国家高度重合的古希腊和罗马当作文明社会的典范,则把在当时市民社会与政治国家的分离程度最高的英国斥之为社会堕落的榜样。"⑤弗格森虽然对这种偏离"文明"的现象并不赞同,但他认识到这是一种客观存在的事实。从

---

① [英]洛克:《政府论》(下篇),叶启芳、瞿菊农译,商务印书馆,1964年,第63页。

② 伍俊斌:《公民社会基础理论研究》,人民出版社,2010年,第57页。

③ [英]洛克:《政府论》(下篇),叶启芳、瞿菊农译,商务印书馆,1964年,第53页。

④ [英]弗格森:《文明社会史论》,林本椿、王绍祥译,辽宁教育出版社,1999年,第283页。

⑤ 俞可平:《马克思的市民社会理论及其历史地位》,《中国社会科学》,1993年第4期。

第二，潘恩将市民社会与国家的分离视为历史的进步。与弗格森对于国家与社会呈现的分离趋势表示出的忧虑不一样，潘恩明确肯定了这种分离，将其视为历史的进步。与弗格森认为国家与社会的分离将导致公民美德和文明的丧失不同，在潘恩看来，国家和社会分离后，国家（政府）和社会都以不同的形式在增进人们的幸福。市民社会能够解决自然状态下孤立的个人无法满足的基本生存需求，并能增进人们的自由权利和幸福；国家（政府）则通过法律等形式来监督人们之间为获取自然权利订立的各种契约，从而在事实上保障和促进了人们的自由权利和对幸福的追求。

第三，潘恩提出市民社会对抗国家的思想。潘恩将国家视为"免不了的祸害""破坏社会秩序的罪魁祸首"①。虽然国家也可以"消极"地增进幸福，但是国家也经常干扰和破坏社会的自然秩序，使用暴力将所谓的规则强加给社会，损害社会福利。②所以，潘恩对市民社会予以极力的褒扬，而对国家则无情鞭笞。潘恩继承了近代社会契约论者的观点，认为国家（政府）是基于人们的权利让渡产生的，所以人们有权决定政府，政府"只能为全社会所有，因为它是由全社会出资维持的"，"一国的国民任何时候都具有一种不可剥夺的固有权利去废除任何一种它认为不合适的政府，并建立一个符合它的利益、意愿和幸福的政府"。③相应的，"社会先于国家""社会外在于国家"，社会是本原，国家是派生，国家受社会委托管理事务。"在人类中占支配地位的秩序，多半不是政府造成的结果。这个秩序发端于社会的原则和人的天性。它在政府产生之前就存在了，而且即使政府的那一套取消了，它还会存在下去。""政府的必要性，最多在于解决社会和文明所不便解决的少数事务，众多的事例表明，凡是政府行之有效的事，社会都已无需政府的参与而一致同意地做到了。"所以，在政府被"废除"时，"社会在组织上委托给政府的那一部分，又会移归它自己负责，并通过它发挥作用"④。在潘恩的思想中，市民社会相对国家具有绝对的优先权，在二者的关系上，市民社会越完善，对国家的需求就越少，因而呈现出此消彼长的状态。正是基于这种认识，潘恩明确地界分了国家与社会，并形成"市民社会对抗国家"的命题。

---

① 《潘恩选集》，马清槐等译，商务印书馆，1981年，第3、233页。

② 同上，第232~233页。

③ 同上，第215页。

④ 同上，第230~231页。

潘恩关于国家与社会分离对立的观点对后续的研究、对自由主义思想的发展，以及对现代市民社会理论都产生了重要影响。在分离的国家与社会中谁处于主导地位的问题上，现代市民社会理论也有不同的认识，有的强调国家的主导地位和决定性，形成国家决定论；有的认为社会处于主导地位，社会决定国家，从而形成社会决定论。这两种不同的观点在国家与社会关系理论中都有深远影响。

三、国家决定市民社会

国家与社会关系中的国家中心论强调国家的主导地位和控制作用，经济生活、社会文化等都要纳入国家强制力的范围。①国家中心论的代表是黑格尔，他是完成正式意义上的市民社会与政治国家分离的第一人，并提出了现代意义上的市民社会的概念。正如查尔斯·泰勒（Charles Taylor）指出的，"黑格尔的市民社会并不是那个使用了数个世纪的与'政治社会'具有相同含义的古老概念，而是体现在黑格尔哲学中的一个比较性概念。这一意义上的市民社会与国家相对，并部分独立于国家。它包括了那些不能与国家相混淆或者不能为国家所湮没的社会生活领域"②。

在《法哲学原理》这本具有代表性的著作中，黑格尔比较完整地表述了其市民社会的观点，明确指出市民社会是由各自独立而彼此互相依赖的"原子式"的个人为单位所组成的联合体，是"各个成员作为独立的单个人的联合"③，是社会成员满足个人需要的场所，而国家则是市民社会整体利益和秩序的保障。他首先反对传统哲学，特别是社会契约论者将国家和市民社会混为一谈的观点，认为"如果把国家同市民社会混淆起来，而把它的使命规定为保证和保护所有权和个人自由，那么单个人本身的利益就成为这些人结合的最后目的。由此产生的结果是，成为国家成员是任意的事"④。接着他提出国家决定市民社会的论点，并从"正反合"的辩证结构中加以理论论证。他认为社会伦理包含了三个环节，

---

① 曾俊：《公共秩序的制度安排——国家与社会关系的框架及其应用》，学林出版社，2005年，第43~44页。

② ［美］泰勒：《市民社会的模式》，载邓正来、［英］亚历山大主编：《国家与市民社会——一种社会理论研究的途径》，中央编译出版社，1999年，第87页。

③ ［德］黑格尔：《法哲学原理》，范扬等译，商务印书馆，1961年，第174页。

④ 同上，第253~254页。

即家庭、市民社会和国家,家庭(正)代表普遍性,是直接的伦理精神,市民社会(反)则代表特殊性,而国家(合)就是普遍性和特殊性的统一。按照黑格尔的解释,正、反、合三者中,合是真理、是大全、是根据,所以国家就成为家庭和市民社会的"真实基础"和"最高权力",是它们的目的,而家庭和市民社会只是达到国家的中介。

黑格尔市民社会理论的中心论点是国家决定市民社会。从家庭、市民社会和国家的历史演进来看,市民社会从家庭演变而来,国家从市民社会演变而来,市民社会具有时间优先性,而在逻辑上,黑格尔却认为国家比市民社会具有逻辑优先性,"在现实中国家本身倒是最初的东西,在国家内部家庭才发展为市民社会而且也是国家的理念本身才划分自身为两个环节的"①。所以,市民社会的存在要以国家为前提,国家是市民社会得以形成的逻辑前提和理论预设,没有国家就没有市民社会。②

在黑格尔那里,国家高于个人和市民社会,这是某些人将他与"极权主义"联系起来的原因。虽然黑格尔也承认个人的自由和利益,但他强调国家的观点与自由主义限制国家、主张自由市场经济的观点还是存在冲突。即使如此,黑格尔将国家置于中心位置的观点还是对国家与社会关系、乃至政治学的研究产生了深远的影响,国家一直成为政治学研究的主要对象,国家中心主义也成为主要的方法论。这种现象直到20世纪五六十年代行为主义的兴起才发生改变。

四、市民社会决定国家

从黑格尔那里,市民社会成为一个独立于国家且与国家相对应的概念。黑格尔提出的"市民社会与国家相分离"这一具有"划时代"意义的命题,后来为马克思批判地继承,并在此基础上创立了唯物史观。与黑格尔不同的是,马克思认为是市民社会决定国家,而不是黑格尔所强调的国家决定市民社会。

马克思对黑格尔市民社会理论的怀疑和批判是从一系列经验事实开始的。这些事实包括:"莱茵省议会关于林木盗窃和地产析分的讨论,当时的莱茵省总督冯·沙培尔先生就摩塞尔农民状况同《莱茵报》展开的官方论战,最后,关于自

---

① 〔德〕黑格尔:《法哲学原理》,范扬等译,商务印书馆,1961年,第251页。
② 王增福、李文全:《黑格尔政治哲学中的市民社会与国家关系》,《人民论坛》,2014年1月中旬,总第429期。

由贸易和保护关税的辩论。"①通过对这些案例的分析，马克思深切地认识到，国家并不是普遍利益的代表者，而是实际的、物质利益的工具。在这个过程中，是物质利益决定着国家，而物质利益，其实就是"物质的生活关系，这种物质的生活关系的总和，黑格尔按照十八世纪英国人和法国人的先例，称之为'市民社会'"②，所以应该是市民社会决定国家，而不是国家决定市民社会。

随后马克思对市民社会决定国家这一建立在经验事实基础的结论进行了理论上的论证。马克思首先意识到黑格尔国家决定市民社会观点的理论前提的错误，并应用费尔巴哈的唯物主义认识路线，即思维来自于存在的理论，批判了黑格尔的理性国家观的前提，认为并不是理念决定现实，而是现实决定观念，从而将黑格尔颠倒了的思维与存在的关系重新颠倒过来。在此基础，马克思得出结论："家庭和市民社会本身把自己变成国家。它们才是原动力"，"家庭和市民社会是国家的前提，它们才是真正的活动者"，"政治国家没有家庭的天然基础和市民社会的人为基础就不可能存在"。③这是与黑格尔完全相反的结论：市民社会决定国家。而且，马克思还努力从历史事实中寻求检验。通过对欧洲许多国家历史的考察以及对卢梭、孟德斯鸠等资产阶级启蒙学者思想的研究，马克思的市民社会决定国家的观点得到了进一步证实。

马克思关于市民社会决定国家的理论包括以下内容和特点：

第一，继承前人的成果，坚持市民社会与国家分离的正确前提。正如前面指出的，马克思的市民社会理论，很大程度上受益于黑格尔。这种受益是两方面的。一方面是直接的理论延续，即马克思接受并发挥了黑格尔关于市民社会与国家相分离的观点。虽然马克思在后来的研究中批判了黑格尔的观点，但是对于其正确的方面，马克思却是毫不保留地接受了。这对于马克思后来得出正确的结论非常重要，如果没有接受黑格尔正确的方面（这种观点也是黑格尔刚提出的，此前的研究中没有人提出过类似的观点，作为在批判黑格尔的基础上展开的研究，抛弃市民社会与国家分离的正确观点也是很正常的），也许马克思的研究就不能顺利地进行。

第二，从经济关系和经济发展出发探讨市民社会。马克思将经济因素纳入

---

①　《马克思恩格斯选集》（第二卷），人民出版社，1956年，第81页。

②　同上，第82页。

③　《马克思恩格斯全集》（第1卷），人民出版社，1956年，第251、250～252、252页。

对市民社会与国家关系的分析当中，为社会和国家的分离寻找到了现实的物质基础。在这一点上，马克思超越了洛克、黑格尔等所有的市民社会理论家。马克思认为，国家是经济发展到一定阶段、社会分化为阶级的产物，同样的，市民社会的发展也是个人利益发展到阶级利益，特殊利益和普遍利益相分离和对立的产物。在经济关系发展到资本主义之前，市民生活的各要素如财产、家庭、劳动方式等，都是与国家一体的，只有在商品经济发展到一定程度，要求以价值规律作为市场的调节机制，排斥国家对经济的干预，要求以平等的市场原则替代等级的政治原则，市民社会才获得了外在于国家的独立性。

第三，提出市民社会决定国家的核心命题，确立了社会本位观。由人的生产、交换关系构成的市民社会是政治国家的基础，实在的社会和抽象的国家是内容和形式的关系，社会的经济结构决定着国家的组织形式。这是马克思市民社会决定国家的社会本位观的基本内容。马克思在认同黑格尔关于特殊利益与普遍利益分离的看法的基础上，颠倒了二者的关系，从而推翻了国家本位的观念，建立了社会本位的观念：市民社会在有阶级以来就存在，只不过限于经济发展程度而无法摆脱政治国家而获得独立性，商品经济的发展则使市民社会在经济领域摆脱了国家的全面控制而获得了独立的地位和权利。这种社会本位的观念具有非常重大的历史意义，是马克思主义唯物史观的基础。

第四，以唯物主义为指导，探讨市民社会的本质。马克思把市民社会归结为在摆脱封建伦理、宗教和政治等方面的种种束缚的基础上，形成起来的以独立自主地追求经济利益为目标的各种社会关系的领域，它本质上是"物质的生活关系的总和"。马克思认为，社会成员彼此相互联系的纽带是利益，这种交往形式的联系是现实的市民生活，而不是政治生活。市民生活是建立在满足各自利益为目标的基础上的生产、交换、消费等活动。国家则根源于物质的生活关系，即市民社会。由此，马克思不仅揭示了市民社会作为一种物质生活关系的经济本质，还将国家看作第二性的，确立了市民社会在历史唯物主义中的地位。

第五，探讨了"人类解放"与消除市民社会和国家的分离、全面实现人的本质的功能问题。马克思还探讨了消除政治国家和市民社会的分离和矛盾的条件。从洛克到黑格尔的市民社会理论探讨了市民社会的发展方向，一是用社会消灭国家，一是用国家取代社会，马克思则运用历史唯物主义的方法考察社会发展的规律，认为市民社会和国家都必将随着国家的消灭而消亡，其途径是超越政治解放的局限，实现"人类解放"。消除市民社会与国家的分离，实现人类解放,需要通过两方面的改造:一是改造利己主义、个人主义,消除两极分化;二是改造政治国家,实现共产主义的社会模式。在"人类解放"的社会中,人将"作为一个完整的人占有自己的全面的本质"①。

马克思的市民社会理论主要用于对资本主义生产关系和社会现实的描述与批判,这与他整个思想体系的目的有关,作为他思想一部分的市民社会理论必须与总体目标一致。但是,在人类历史上,马克思首次将市民社会定义为与政治国家相对的"私人利益的体系",认为它包括了处于政治国家之外的社会生活的一切领域,②并从唯物主义的立场出发,揭示出市民社会决定国家这一本质规定,从而建立起历史唯物主义的大厦。这是人类思想史上的里程碑。

第二节 国家与社会的互动和共治

市民社会与国家的二分法将国家与社会分离开来,相对于国家与社会融为一体,这是一种进步,也符合商品经济发展条件的社会现实。但是二分法在国家与社会关系上是一种"零和"思维,认为国家与社会处于非大即小、非强即弱的对应状态。这在一定程度上限制了国家和社会关系的发展。特别是随着国家—市场—社会三元结构的建立,人类文明进入后工业社会,国家与社会关系逐步突破对立状态,转而强调二者的互动和共强关系。

一、从"二元"到"三元"

在市民社会与国家的二元结构中,市民社会主要指经济领域,至少包括经济领域。正如查尔斯·泰勒的评价:"马克思援用了黑格尔的概念,并把它几乎完全地化约为经济领域;而且,从某种角度讲,正是由于马克思这种化约观点的影响,'市民社会'才一直被人们从纯粹经济的层面加以界定。"③将经济领域从市民社会中分离出来最早源自葛兰西。在《狱中杂记》中,葛兰西主要从文化意识的角度界定市民社会,认为经济领域不属于市民社会,从而初步形成政治国

---

① [德]马克思:《1844年经济学哲学手稿》,人民出版社,1985年,第80页。

② 《马克思恩格斯全集》(第1卷),人民出版社,1956年,第249~253页。

③ [美]泰勒:《市民社会的模式》,载邓正来、[英]亚历山大主编:《国家与市民社会—— 一种社会理论研究的途径》,中央编译出版社,1999年,第19页。

家—经济—市民社会的分析框架。

20世纪80年代，市民社会理论在西方国家再次受到关注，其内涵也发生了重大变化。哈贝马斯在"公共领域"理论中，主要从公共生活、交往行为等方面界定市民社会，从而将市民社会与国家和经济两个子系统区分开来。柯亨和阿雷托进一步明确指出："市民社会是介入经济与国家之间的一个社会互动领域，主要由私人领域（尤其是家庭）、团体的领域（尤其是自愿性社团）、社会运动以及各种公共交往形式构成。"[①]他们特别强调将市民社会与政治国家和经济领域区分开来的重要性。至此，国家—经济领域—市民社会的三元结构成为分析国家与社会关系的基本框架。

三元结构虽然没有明确国家与社会之间是一种互动关系，但它已经跳出了国家和市民社会二分与对立的思维模式，并且三元论的思想家已经认识到，国家、经济领域和市民社会之间并不是截然分开的，而是存在相互关系。在哈贝马斯的公共领域理论中，就存在政治公共领域和文化公共领域之分，且二者间存在相互沟通。柯亨和阿雷托也认为国家—经济领域—市民社会三元结构的关键是它们之间的互动关系，这是三元结构能够应用于现实问题分析的基础。[②]

二、社会中的国家

20世纪90年代，国家与社会关系中的互动关系和非零和博弈理论逐步形成。这种理论既突破了传统的关于国家与社会间对立关系的认识，又是对20世纪七八十年代国家中心主义的超越。基于对20世纪50年代以来行为主义在政治学研究中主导地位的反思，埃文斯（Peter Evans）、斯考克波（Theda Skocpol）等人强调政治学研究要回归到以国家为中心，注重对国家自主性、国家能力等问题的研究。米格代尔（Joel S. Migdal）等人认为国家中心主义过于强调国家自主性和国家能力，而现实中国家很可能无法主导经济发展、控制社会。相反，社会可能对国家产生显著的影响，从而在国家与社会之间形成相互影响的关系，而不仅仅是国家影响和控制社会。

1988年，米格代尔在《强社会与弱国家》一书中针对当时势头迅猛的国家中

---

① Jean L.Cohen, Andrew Arato, *Civil Society and Political Theory*, MIT Press, 1992, p.ix.

② ［美］科恩、［美］阿雷托：《社会理论与市民社会》，时和兴译，载邓正来、［英］亚历山大主编：《国家与市民社会——一种社会理论的研究路径》，中央编译出版社，1999年，第201页。

心主义,提出自己分析第三世界国家与社会关系的路径,即"社会中的国家"。他将国家理解为社会结构的组成部分,认为第三世界一些"国家领导者无力取得国家对社会的强势地位"①。1994 年,米格代尔、科利(Atul Kohli)和许惠文(Vivienne Shue)主编《国家权力与社会力量》一书,是"社会中的国家"研究路径的具体应用,几位作者以"社会中的国家"为基本出发点,探讨了国家和社会相互冲突、适应和创造的复杂关系。②2001 年,米格代尔出版《社会中的国家》一书,对"社会中的国家"这一研究路径进行总结。他不仅详细呈现了"社会中的国家"这一研究路径的发展变迁,更是构建了理解国家与社会关系的新模型,即国家与社会的相互改变和相互构成。③

　　"社会中的国家"理论是针对国家中心主义而产生的,其立论基础来源于各国的实践。米格代尔等通过研究发现,塞拉利昂、巴勒斯坦等第三世界国家并不像传统的理论所认识的那样,对社会有高度的控制而无所不能;相反,"国家领导人在追求国家强势地位时,面对来自酋长、地主、老板、富农、部落首领通过其各种社会组织的抵制形成的难以逾越的障碍时,往往显得无能为力"④。这些现象促使米格代尔思考新的国家与社会关系的解释框架。他认为韦伯关于国家是"由许多为国家领导层(行政权威)所领导和协调的机构组成,拥有在特定疆域内指定和执行对所有民众有约束力的规则的能力或权威,同时也是其他社会组织制订规则的限制因素"的定义是一种"理想型定义",⑤而"真实的国家是由两种元素塑造的,即观念和实践"⑥。"观念"中的国家是"一个内聚的、有很强社会控制力",但"实践常是与观念相抵触的",因为实践中"国家的自主性、政策倾

　　①④　[美]米格代尔:《强社会与弱国家:第三世界的国家社会关系及国家能力》,张长东等译,江苏人民出版社,2009年,第35页。

　　②　Joel S. Migdal, Atul Kohli, Vivienne Shue(ed.), *State Power and Social Forces: Domination and Transformation in the Third World*, Cambridge University Press, 1994.

　　③　参见[美]米格代尔:《社会中的国家:国家与社会如何相互改变与相互构成》,李杨等译,江苏人民出版社,2013年。

　　⑤　[美]米格代尔:《强社会与弱国家:第三世界的国家社会关系及国家能力》,张长东等译,江苏人民出版社,2009年,第21页。

　　⑥　[美]米格代尔:《社会中的国家:国家与社会如何相互改变与相互构成》,李杨等译,江苏人民出版社,2013年,第16页。

向、国家领导者的当务之急，以及国家的凝聚力都极大地受到其管理的社会的影响"，"政治领导者们在推行这种社会控制的过程中遇到了巨大的障碍，并常常以失败告终"。①简言之，理论上国家是能够完全控制和支配整个社会的，但实践中国家往往不是唯一的中心角色，难以实现这种控制和支配。

"社会中的国家"就是以观念和实践两个层面的国家概念为基础的，强调国家也是社会的一部分，包括国家在内的社会组织混合体是"共生共存"的。在国家与社会的关系中，一方面是社会影响、限制国家，"一个隐藏在边远地区的小社会组织的社会控制都会极大地限制国家。也就是说，国家被这些内在力量包围了，或者实际上是被其改变着"。另一方面，"社会也同时被国家改变着"。总之，"国家和其他社会形式的相互作用是一个持续变化的过程。国家不是固定不变的实体，社会也不是。它们共同在相互作用的过程中改变各自的结构、目标、规划以及社会控制"。"它们是持续相互影响的。"②

至于国家与社会相互影响的结果，李姿姿根据米格代尔的研究将其总结为四种，即国家全面控制社会、国家与社会合作、社会改变国家、国家与社会隔离。在现实生活中，大部分表现为第二种和第三种模式，即国家与社会处于相互形塑的过程当中。③

三、国家与社会协同

"社会中的国家"理论已经破除了国家与社会相互对立、零和博弈的关系模式，主张从整体的视角分析二者在实践中的相互影响。在此基础上，"国家与社会协同"理论进一步将国家与社会关系提升为良性互动、相互形塑的"共治"状态。

1997 年，埃文斯（Peter Evans）主编的《国家与社会协同》④一书，通过对一些国家公共服务和社区建设项目的研究，发现国家与社会的协同合作将使项目运行良好，从而得出国家与社会协同治理的结论。在这本书中，林（Wai Fung Lam）

---

① ［美］米格代尔：《社会中的国家：国家与社会如何相互改变与相互构成》，李杨等译，江苏人民出版社，2013年，第19、58、51页。

② 同上，第58页。

③ 李姿姿：《中国农民专业合作组织研究——基于国家与社会关系的视角》，中央编译出版社，2011年，第36页。

④ Peter B. Evans(ed.), *State-Society Synergy: Government and Social Capital in Development*, University of California, 1997.

通过对台湾地区的水利灌溉的研究发现,国家(官方身份的灌溉协会)与社会(当地农民等)之间是一种合作关系,灌溉协会需要当地农民的技术和劳动,农民需要灌溉协会的资金和组织保障,双方的协作保证水利灌溉能够良好运行;[1]赫尔勒(Patrick Heller)通过对印度克拉拉邦产业工人的研究发现,社会资本是国家介入和社会动员间的产物,其存在能够促进国家与社会间良好地互动;[2]奥斯特罗姆(Elinor Ostrom)则通过对巴西东北部供水和卫生服务于尼日利亚的小学教育的比较研究,得出国家与社会合作更加有效的结论。[3]埃文斯对国家与社会的协同进行了理论总结,他将国家与社会之间的协同关系分为两种模式:第一种是互补性,即国家提供私人不能提供的公共物品来培育人们的合作。第二种是嵌入性,即指政府官员参与社区的日常生活,通过塑造自己的社区成员身份,获得社区成员的信任和认同。嵌入性需要以公私之间的分工为前提,即政府和社区团体负责不同的公共产品的提供;互补性需要嵌入性来保障,也就是要建立国家与社会之间的社会关系网络以及在此基础上形成的规范和信任。[4]

四、公共服务中的伙伴

国家与社会的互动合作,从而实现良好的治理效果,这在各国公共服务实践中得到了践行和验证。20世纪80年代末90年代初,西方发达国家开始推行一套以市场为导向的行政改革运动,强调在公共管理和公共服务中要引入企业精神,以市场化的方式解决公共服务供给。这种方式摒弃了传统的将政府作为公共管理和服务的单一主体思维,而将企业、社会组织等都纳入其中,强调通过

①　Wai Fung Lam, Institutional Design of Public Agencies and Coporduction: A Study of Irrigation Associa-tions in Taiwan, in Peter B. Evans (ed.), *State-Society Synergy: Government and Social Capital in Development*, University of California, 1997, pp.11-47.

②　Patrick Heller, Social Capital as a Product of Class Mobilization and State Intervention: Industrial Work-ers in Kerala, India, in Peter B. Evans (ed.), *State-Society Synergy: Government and Social Capital in Develop-ment*, University of California, 1997, pp.48-84.

③　Elinor Ostrom, Crossing the Great Divide: Coproduction, Synergy and Development, in Peter B. Evans (ed.), *State-Society Synergy: Government and Social Capital in Development*, University of California, 1997, pp. 85-118.

④　参见李姿姿:《中国农民专业合作组织研究——基于国家与社会关系的视角》,中央编译出版社,2011年,第37~38页。

购买服务等形式,发挥政府之外的主体在公共管理和服务中的积极作用。显然,新公共管理运动将在国家与社会之间塑造一种新的关系,萨拉蒙将其称为"伙伴"关系。

萨拉蒙的研究对象是政府和社会组织(非营利部门),即将国家与社会都明确到具体的行为主体。他认为,传统观念"都采用强调政府与非营利部门之间固有冲突的范式来看待这两个部门。根据这个范式,由于政府在明显增长,由此很容易认为非营利部门正在萎缩"①。而事实却是社会组织正在迅速发展,为此,他认为需要提出新的理论来解析政府和社会组织的这种关系,而不是沿用建立在二者对立关系上的福利国家理论和非营利部门理论。这种新的理论就是"第三方治理"——"在人类服务领域,政府——特别是联邦政府——本身做得很少,它是通过其他机构——州政府、市政府、县政府、银行、制造业企业、医院、高等教育机构、研究机构等——来做的。结果就形成了复杂的'第三方治理'模式。"②

"第三方"包括多种组织形式,社会组织是其中重要组成部分。萨拉蒙的研究表明,在美国的公共服务中,社会组织发挥着重要作用:"实际上,每五个服务业从业人员中大约就有一个在非营利组织工作。在许多领域中,这种主导地位更为明显。非营利组织占了所有综合医院的54%,所有博物馆的53%,所有四年制大学中的70%,以及所有社会服务机构从业人员中的50%以上。"③

在公共服务中,政府和社会组织间形成一种新的"伙伴关系"。伙伴关系建立的基础是政府和社会组织在公共服务中的"互补","志愿部门的弱点正好是政府的长处,反之亦然"。政府能够提供更为可靠的资源,能够在民主的基础上确立需要优先考虑的公共服务事项,并通过制定标准保证服务质量;而社会组织则能提供更为个人化的服务,并根据服务对象的需求加以调整,还可以在服务者之间形成一定程度的竞争。"在这种情况下,无论是志愿部门替代政府,还是政府替代志愿部门,都没有二者之间的合作有意义。"④正是基于这种现实的需求,政府与社会组织在公共服务中逐步形成一种伙伴关系。

---

① ［美］萨拉蒙:《公共服务中的伙伴——现代福利国家中政府与非营利组织的关系》,田凯译,商务印书馆,2008年,"简介"第2页。

② 同上,第199页。

③ 同上,第198页。

④ 同上,第151页。

第三节　"强国家—强社会"模式及其适用性

国家与社会关系作为一种普遍性的分析框架,在中国也具有其适用性。鉴于当前中国的实际,国家与社会间显然不是对立和对抗的关系,而是在分离基础上逐步形成的合作和共强关系。对社会组织发展的分析,适用于从"强国家—强社会"的模式出发,分析政府和社会组织之间的互动互促关系。

一、国家与社会从共治到共强

从国家与社会关系的演变进程看,将二者视为一种对立(对应)关系而强调相互零和博弈,是相当长一段时间内的主导看法。这种观点认为,一方强大意味着另一方的弱化,一方空间增加意味着另一方空间的缩小,甚至出现双方对抗。社会主义中国在处理国家与社会关系时主要受这种观点的影响。[1]虽然中国在历史上也存在一定程度的民间自治,但中国并没有发展起来强大的市场经济,也就不存在西方意义上的市民社会。1949 年以后,在计划经济时期,中国主要呈现为政社不分的状态,国家主导下社会发展的空间很小。改革开放初期,政社不分的模式逐步改变,社会获得一定的发展空间,但国家与社会对立的思维仍然有较强的影响力,它限制了社会的成长发育。随着改革的深入推进,中国的社会组织和社会力量获得较大的发展,并在社会生活中展示出一定的影响力。同时,在理论层面,国家与社会协同共治的观点逐步确立,它改变了以往认为二者对立、相互制约的传统看法,认为在现代社会,国家和社会之间是可以在合作的基础上相互促进、共同发展的。这也在现代治理理论中得以明确。[2]鉴于理论上国家与社会能够协同共治,而中国也已经改变了国家控制社会的全能国家状态,因此在分析中国社会组织的发展时,应该从国家与社会相对立的观点转变为国家与社会协同共治的观点。

在国家与社会对立的思维模式下, 作为在中国实践中处于强势的一方,国家自然会倾向于限制作为社会重要成分的社会组织的发展,因为国家担心社会组织的发展会侵占自己的"领地"、削弱自身的控制力。这种思维下,社会也不可

---

① 时和兴:《"市民社会"、现代国家以及中国的国家与社会的关系》,《北京大学学报》,1996年第6期。

② 郁建兴、周俊:《论当代资本主义国家与社会关系的变迁》,《中国社会科学》,2002年第6期。

能获得真正的发展空间。如果以国家与社会协同共治的思维来看待这一问题,国家对社会的这种"担心"就不复存在。从领域的角度看,国家本身就是"社会中的国家",即国家是社会的一部分,国家和社会不存在侵蚀对方领域的问题;从功能上看,二者也不是相互替代的关系,而是协同关系,即社会不会取代国家在社会管理、公共服务等方面的作用,社会的发育壮大可以帮助国家更好地完成其功能。因此,在国家与社会协同共治的思维模式下,国家应该倾向于支持、辅助社会的发展,将国家和社会双方的潜能都充分激发出来,共同完成社会治理的重任。在这种模式下,国家和社会的能力都可以得到充分的展示,从而形成"强国家—强社会"的关系状态。

不管是"共治"理论,还是"共强"模式,其基本特点就是改变了国家与社会关系上的单向思维,将从互动的角度认识二者的关系。在单向思维下,或者国家自上而下控制社会,或者社会自下而上影响、对抗国家,从而将国家与社会置于"非此即彼"的对立关系中,国家与社会只能一方强另一方弱。共治理论认为国家与社会之间的关系是双向的,国家可以利用其掌握的公共权力、资源等影响、限制、塑造社会,社会同样可以影响、塑造国家,二者间存在相互影响、相互形塑的过程。在这种关系中,国家与社会都处于"主动"地位,而不仅仅是被动的接受者。这样相互影响、相互促进的结果是,国家和社会都能够发挥自身的能力和影响力,实现共生共强。

二、为什么是"强国家—强社会"

1. 跳出"大小"的固有思维

在国家与社会关系的有关表述中,经常见到"大政府、小社会"和"小政府、大社会"等提法。虽然这些提法不是直接着眼于国家,而是具体到国家的行为主体——政府,且"大政府"也不一定对应着"大国家",但是这些提法还是隐含着国家与社会关系上固有的"大小"思维。

"大"和"小"的提法是国家与社会关系上对立思维的反映。着眼于"大小",首先隐含着领域的概念,即考虑各自的"地盘"。固然,国家(政府)与社会关系上,领域是比较直观的判断标准;在共同体规模既定的情况下,国家的领域大,意味着社会领域相应缩小。但是从前述相关理论看,20世纪末以来,国家与社会关系上,协同共治已经成为主流,同时也更贴近各国的实践。这也意味着传统的"大小"论已经不能概括国家与社会关系的实质,不能揭示国家与社会关系中的核心因素,即行为能力、影响力、控制力等能力问题。在思维国家与社会关系时,更为重要的因素是能力的强弱。

改革开放以来,针对计划经济时期的国家控制社会、全能政府、政社不分等问题,"小政府、大社会"成为中国改革的目标,强调要减少政府的职能范围,增强社会的自我管理和发展的能力。[①]"小政府"论的依据是,什么都管的政府往往什么都管不好,许多事情由政府管理反而不如由市场调节或社会组织管理,因此政府的职责范围必须有限;为了充分发挥市场机制在资源配置中的基础作用,充分发挥社会组织的能量,在政府职责和社会自治之间的边界划分上,应坚持社会自治范围最大化,把政府职责局限于弥补社会不足和市场失灵。[②]相应的,"小政府、大社会"改革的措施是,转变政府职能,改革政府机构,建立和完善市场机制,推动社会组织发展和基层社会自治等。但是,"小政府"改革并没有取得预期的成效,其中有多重影响因素。首要原因是现代政府对经济、社会生活负有不可推卸的责任,"小政府"倡导的政府放任的行为方式难以满足这种需求。实际情况是,改革开放以来,中国政府的职能范围、规模等确实减小了,但政府在经济发展、社会管理、公共服务等方面的能力并没有降低,而是增强了;同时,社会自我管理和服务的能力也在增强。这促使我们改变固有"大小"思维,不是简单地强调"小政府"和"大政府",转而从国家与社会的实际能力强弱的角度分析国家(政府)与社会关系,强调政府和社会在经济和社会发展中要有作为。

2. 中国现实中需要强国家、强社会

强国家、强社会不仅是一种理论模式,也是中国社会政治实践的需要。

中国在现实中需要一个强国家,是因为:①渐进式改革和社会转型的需要。转型是中国的基本国情,而转型一般都需要国家发挥重要作用,因为"政治约束条件看来在实际转型过程中已经扮演了主要的角色"[③];而且,中国渐进式改革道路需要国家发挥主心骨作用,充当改革的后盾。中国(政府)在政治动员、力量整合、政策推进等方面所具有的强大力量,是世界上任何国家都无法与之相比的。[④]这

---

① 曹志刚:《实践中的国家与社会的关系——读乔尔·S.米格代尔的〈强社会与弱国家〉》,《国外社会科学》,2012年第1期。

② 徐邦友:《社会变迁与政府行政模式转变》,《浙江学刊》,1999年第5期。

③ [比]热若尔·罗兰:《转型与经济学》,张帆等译,北京大学出版社,2002年,第39~40页。

④ 参见邹东涛主编:《中国经济发展和体制改革报告NO.3:金融危机考验中国模式(2008—2010)》,社会科学文献出版社,2010年,第32页。

既是改革的基本经验,也是中国的改革和转型能够继续推进的基础。②超大发展中国家的发展需要强国家。当前阶段,中国改革和社会转型的主要任务还是实现现代化,也即中国还是发展中国家;同时,中国地域广、人口多、地区差距大、社会政治关系日益复杂,如果没有一个社会动员和整合能力强的国家权威,将难以实现经济发展、社会秩序和政治稳定。③深厚的历史传统也是强国家的重要因素。中国历史上是一个专制社会,高度集中的统治方式导致强国家的普遍存在,"东方式社会"意味着"绝对的王权……以及主宰大规模经济活动的牢固的官僚政府"①。强国家的传统经久不衰:一个强有力的国家既是当政者的追求,也是社会公众的寄托。④应对巨大的外部压力要求强国家。中国的发展面临着巨大的外部压力,意识形态、国家利益、世界格局、国家统一等,都是中国与其他国家相比承受更大压力的重要因素,而应对这些压力只能依靠强有力的国家。②

当前中国的发展也需要社会能够更强更有活力。原因在于:①构建现代社会结构的要求。现代社会中国家—市场—社会的三元结构日益清晰。中国在实现现代化目标、逐步走向后现代化的过程中,也需要构建这种社会结构。从目前的现实看,社会领域相对处于偏弱的状况,增强社会领域是实现国家、市场和社会间平衡发展的重要方向。②缓解国家(政府)压力过大的要求。在当前的转型和发展过程中,不管是因为过去体制的延续还是渐进式改革的需要,国家(政府)事实上都处于"超负荷"状态,承担了过多的职能和责任。分担政府职能、缓解政府过大的压力,都需要社会能够发育成熟,有一定的自我管理和服务能力。③风险社会的要求。现代社会的风险程度越来越大,鉴于单一的政府主体难以独自承担重大责任、抵御风险,需要引入政府之外的市场和社会机制。③④社会分化和政治发展的结果。三十多年社会成员的快速分化,不仅导致一系列新阶层和群体的出现,更造就了社会成员与现行体制远近不同的关系状态,相当一部分社会成员成为真正意义上的"社会人";以他们为基础,自然会形成相对活跃和自主的社会领域与社会力量;同时,政治体制为了适应社会结构的这种变化,也在逐步增强自身的社会性因素。

---

①　John King Fairbank, *The United States and China*, Harvard University Press, 1979, p.28.

②　朱光磊:《服务型政府建设规律研究》,经济科学出版社,2013年,第94页。

③　杨雪冬:《全球化、风险社会与复合治理》,《马克思主义与现实》,2004年第4期。

三、"强国家—强社会"的内涵

在国家与社会关系上,我们经常用"强国家—弱社会"来概括中华人民共和国成立以来的基本状态,强调国家对社会的控制。本研究中的"强国家—强社会"是相对于"强国家—弱社会"而言的,即相较于国家侵蚀、控制社会而导致社会不发达的状态。改革开放以来,国家对社会的控制方式发生了变化,社会获得一定的发展空间,国家与社会间逐步形成相互影响、协同共进的新型关系。具体而言,"强国家—强社会"可以从以下方面来理解:

1. 国家有能力

国家的概念具有多种含义。如果从汉语和英语对应的角度看,英语中 state(主权国家)、nation(民族国家)和 country(强调领土、地理空间)都有"国家"的意思。这就要求我们在概念的使用上加以区分。"强国家"概念中的国家,主要是就政权、政治国家而言。这一含义下的国家是一种政治组织,掌握并行使公共权力;与其相对应的,则是公共权力的对象,即公民个人和经济社会组织;或者将国家理解为政治上层建筑,对应的则是经济基础。[①]"强国家"则主要关注国家政权组织的能力。米格代尔认为,"国家能力包括渗入社会的能力、调节社会关系、提取资源,以及以特定方式配置或运用资源四大能力"。"强国家是能够完成这些任务的国家,而弱国家则处在能力光谱的低端";强国家是"拥有强大的提取、渗透、规制和分配能力的国家"。[②]结合中国的实践,有能力的强国家主要体现为:

第一,国家要具备权威性。这里的权威性并不等同于威权国家,而是强调国家以公共权力为基础建立起来的社会影响力和认同度。按照丹尼斯·朗(Dennis Wrong)的理解,权威和强制都是权力的形式之一,权威的实质是"发布命令",体现为影响;而强制的实质是武力(或暴力)。[③]国家的权威性,就是它能够通过命令、说服、引导等与强制手段相比"要经济得多"[④]的方式来实现其统治,建立起社会成员的认同。权威性不仅意味着国家能够实现其目的,而且强调社会成员对国家是一种积极的认同,而不是消极的服从。

---

① 白平则:《强社会与强国家:中国国家与社会关系的重构》,知识产权出版社,2011年,第8页。

② [美]米格代尔:《强社会与弱国家:第三世界的国家社会关系及国家能力》,张长东等译,江苏人民出版社,2009年,第5、17页。

③ [美]丹尼斯·朗:《权力论》,陆震纶等译,中国社会科学出版社,2001年,第42、98页。

④ [美]达尔:《现代政治分析》,王沪宁等译,上海译文出版社,1987年,第78页。

第二，国家具有统治和管理能力。强国家意味着国家能够实现自身的意志；而且，对现代国家而言，其统治或者说国家意志往往是以非强制的社会化的形式来实现的，即要能够做到统治隐形化，国家意志普遍化，以管理和服务促进统治。这是强国家在另一层次的体现。强国家同时意味着高超的管理能力和管理艺术。现代国家显然要将维护社会秩序、协调社会关系、规制社会经济发展、提供公共物品等作为其主要职能。为了完成这些任务，国家需要制定诸多相应的规则，并能够使这些规则得到执行。从这个意义上讲，强国家意味着国家有自觉意识、成熟的手段和掌控能力来处理阶级性和社会性、阶级职能和社会职能问题，有能力在为社会公众提供良好的管理和服务的同时，自然地实现自身的意志和统治职能。

第三，国家具备汲取和分配资源的能力。国家实行统治和管理、提供服务等，都需要大量的资源，故资源汲取和分配能力将在很大程度上决定国家是否能够按照自己的意愿去做事。按照阿尔蒙德（Gabriel A. Almond）等人的看法，汲取能力与现代国家密不可分，汲取的对象包括金钱、产品、人员或服务等；现代国家汲取的首要形式是税收。[1]强国家意味着国家有足够的能力从社会汲取财政税收等资源，并按照一定标准对资源进行分配。

第四，国家具备社会整合和控制能力，嵌入社会。现代社会往往是高度分化的社会，国家要成为一个高效的"体系"，就需要具备良好的社会整合能力，将不同民族、地域、阶层的成员整合到一个共同体中，并形成各方面都认可的秩序。只有具备这种整合能力的国家才可能成为强国家，否则，就像米格代尔所说，国家的权威面临各种"强人"的挑战，只能是"弱国家"。强国家同时意味着高效的社会控制：在社会整合的基础上，国家建立起一套组织严密、协调良好的国家机构体系以实现其目标；国家建立高效的社会动员机制；国家以暴力为基础消除社会可能对自身行为的阻碍。[2]只有形成有效的整合和高度的社会控制，国家才能实现埃文斯等人所说的"嵌入"社会[3]，将自身真正融入到社会之中，国家才能

① ［美］阿尔蒙德、［美］鲍威尔：《比较政治学：体系、过程和政策》，曹沛霖等译，东方出版社，2007年，第299页。

② ［美］米格代尔：《强社会与弱国家：第三世界的国家社会关系及国家能力》，张长东等译，江苏人民出版社，2009年，第33~34页。

③ Peter B. Evans, Introduction: Development Strategies Across the Public-Private Divide, in Peter B. Evans (ed.), *State-Society Synergy: Government and Social Capital in Development*, University of California, 1997, pp.1-10.

成为"社会中的国家"。

"强国家—强社会"是就一国之内国家与社会关系而言的,其国家概念与作为国际法主体的国家并不一致,故强国家与国际比较中常用的"大国"等概念也不同。后者主要考虑国家实力、综合国力等,与本研究中的强国家在一些方面是共同的,但二者不能等同。另外,就现代国家而言,强国家有着较强的国家能力,包括强制能力和使用暴力的能力;但是有必要指出,有能力不等于滥用强制和武力。同时,强国家的主张之下也需要认识到国家的限度,承认国家的有限性。①

2. 社会有活力

"强社会"是相对于"弱社会"而言的。改革开放前,在中国"整体性社会"下,社会被纳入国家之中,从而导致"强国家—弱社会"的状况。改革开放以来,中国社会的各种变化已经很大程度上改变了"强国家—弱社会"的状况。为了突出这种变化,本研究将变化之后的状态称为"强国家—强社会"。用"强社会"的提法,是为了与此前的"弱社会"形成对比,而不是说当前社会已经与国家一样"强",乃至超过国家。具体而言,强社会意味着社会的自主性和活力,主要体现为:

第一,社会空间的存在。社会有活力首先要求社会有相对独立性,是相对独立于国家的存在。这一点对于中国社会的发展尤为重要。毕竟,在中国历史上,虽然也存在一定程度的社会自治,但是社会整体上是隶属于国家的,并没有独立于国家之外的社会领域。②中华人民共和国成立以来,计划体制、全能国家下社会也没有获得独立地位。随着改革逐步推进,国家与社会实现分离,这为"强国家—强社会"提供了可能,同时也只有这种分离趋势继续发展、社会的独立空间进一步扩大,有活力的社会才能真正实现。

第二,社会组织和社会力量的发展。有活力的社会必然要求各种社会力量

---

① 朱健刚:《城市街区的权力变迁:强国家与强社会模式——对一个街区权力结构的分析》,《战略与管理》,1997年第4期。

② 关于中国历史上是否存在相对独立的社会、是否存在市民社会,学界有不同看法。比如,卜正民、戴福士等认为中国至少在明朝以后就存在市民社会,西方的市民社会概念完全可以用来分析中国社会,参见[加]卜正民、[加]傅尧乐:《国家与社会》,张晓涵译,中央编译出版社,2014年。魏斐德、黄宗智等则认为近代中国不存在西方意义上的市民社会,参见[美]魏斐德:《清末与近代中国的公民社会》,载汪熙、魏斐德编:《中国现代化问题——一个多方位的考察》,复旦大学出版社,1994年;Philip C. C. Huang, "Public Sphere"/"Civil Society"in China? : The Third Realm between State and Society, *Modern China*, Vol.19, No.2, April 1993, pp.216–240.

作为其行为体。在改革和转型的过程中,社会组织已经获得相当的发展,成为社会力量中最引人注目的一部分;媒体成为社会力量的重要组成部分,其影响力日益增强,特别是网络等新媒体的出现,已经展示出改变传统社会的强大影响力;履行社会责任的企业、参与社会管理的公民,也是一种社会力量。

第三,社会活动的普遍性。有活力的社会还应包括社会力量在相对独立的空间开展的各种社会活动,这是社会活力的最集中体现。社会活动的范围较广,社会组织开展的扶贫、助学、环保、灾害救助等,基层社会的各种公共协商、论坛、媒体的公共舆论,社会组织与政府的合作等,都是社会活力的体现。

第四,社会具有自主性和自治能力。这是社会能够相对于国家而存在的基础,也可以看作社会"强"的具体体现。在相对独立的领域,社会积累了一定资源,其中包括各种社会资本;社会力量利用社会资源开展社会活动,实现社会公共利益。在国家公共权力不主动干预的情况下,社会也能够实现自我管理和自主治理。这是"强国家—强社会"模式对社会的基本要求,也是现代社会发展的趋势:当社会没有自治能力时,就很难形成健全的社会。①

3. 国家与社会相互形塑

"强国家—强社会"强调国家与社会之间的关系,而不是只关注国家或社会中的一方。在国家有能力、社会有活力的基础上,国家与社会的互动合作、相互影响、相互形塑,则是"强国家—强社会"的重要意蕴。

第一,国家与社会从零和到共赢。从字面上看,"强国家—强社会"模式已经改变了国家与社会间此强彼弱、零和竞争的关系,并构建起新型的共强共赢的关系。这既是一种观念上的改变,又是一种实践结果。只有国家和社会都转变了传统的"非此即彼"的竞争关系,才能在实践中采取合作思维处理相互关系,从而才可能实现双赢的结果。

第二,国家与社会的合作。国家与社会能够实现共赢,主要是缘于二者的合作。国家和社会之所以能合作,是因为双方的能力、特点等存在"互补性"②:私人和社会提供不了的公共物品国家可以提供,国家覆盖不到的角落社会可以弥

---

① 参见贾西津:《社会没有自治能力会非常危险》,http://www.aisixiang.com/data/81877.html.

② Peter B. Evans,Introduction:Development Strategies Across the Public-Private Divide,in Peter B. Evans (ed.),*State-Society Synergy:Government and Social Capital in Development*,University of California,1997,pp. 1-10.

补。在当前诸多的公共事务中,国家或者社会都不再是单一的主体,而是以双方合作来实现更好的公共事务治理之道。比如,在公共服务供给上,政府购买公共服务就很好地实现了国家与社会的合作,充分将国家的宏观布局、政策导向与社会的专业性、广泛性结合起来,从而提升公共服务的质量。

第三,国家与社会相互促进和形塑。国家与社会合作的结果是共生共强,因为双方都因为合作而得到提升。有活力的社会参与公共事务不仅能够促进良好的治理,还有利于国家力量的集中,从而使国家更有效能;国家放松并鼓励社会参与、推进社会自治,也会不断提升社会组织和社会力量的能力,增强社会的自主性,从而塑造更"强"的社会。

第四,国家与社会相互制约。国家与社会相互形塑的过程,一方面体现为双方的合作,另一方面也必然存在双方的相互制约。国家需要制定法律法规,对社会组织和社会力量进行监管,防止其不当行为的产生;社会也可以监督和制约国家的行为,防止权力滥用和不作为。这种制约对双方都是有利的,它不仅有利于国家和社会约束自身的行为,还能促使双方提升各自的能力,从而形成更为健康的伙伴关系。

四、"强国家—强社会"的应用

从国家与社会关系的角度分析中国问题,在历史学、政治学、社会学等学科领域已经是一个非常成熟的研究路径。在 20 世纪 90 年代之前,国家与社会,或者市民社会,并不是占主导的话语。在最初引入这一研究范式时,也存在不同争议,黄宗智、魏斐德等西方汉学家并不认可其在中国的"合法性"和适用性,[①]而卜正民等一些加拿大学者则较早认可这一研究范式。[②]不过,国家与社会关系这一研究范式最早被用于有关中国历史的研究中,主要关注从春秋战国到民国时期国家与社会的关系状况。随后,在有关中国政治和社会问题的研究中,国家与社会范式也被采用。比如许惠文就从国家与社会关系的角度,分析了改革开放前后中国社会的变化,认为改革开放前国家对社会生活实行全面控制,造成社会的"蜂窝状"结构,而地方主义、宗派主义则导致国家对社会的实际控制力减弱。[③]

---

① 参见[美]黄宗智:《中国研究的范式问题讨论》,社会科学文献出版社,2003年。

② 参见[加]卜正民、[加]傅尧乐:《国家与社会》,张晓涵译,中央编译出版社,2014年。

③ See Joel S. Migdal, Atul Kohli, Vivienne Shue (ed.), *State Power and Social Forces:Domination and Transformation in the Third World*,Cambridge University Press,1994.

国家与社会关系的研究范式也得到中国学者的响应。邓正来等人较早思考将国家与社会研究范式引进中国，并探讨中国的市民社会问题，在 20 世纪 90 年代形成市民社会研究的热潮。①在史学研究中，有关商会的研究和地方公共空间的研究都应用国家与社会范式，形成了"商会派"和"实证派"两种代表性研究路径。②在社会组织研究中，国家与社会关系也被郁建兴、李姿姿等人所采用。③

借鉴西方学者关于国家与社会协同共治理论，结合中国发展的实践，一些研究中国问题的学者如郑永年等提出转型期中国应该构建"强国家—强社会"的模式。④顾昕等则采用西方学者关于国家与社会共治的理论研究中国社会组织，认为社会组织的发展能够实现公民社会与国家的协同发展。郁建兴采用"社会中的国家"理论分析社会组织与国家的关系，认为随着社会组织的发展，"国家和社会正在通过交换界定相互的关系"⑤。

从上述分析可以看出，国家与社会范式已经在中国问题研究中获得比较广泛的认同。⑥在此基础上，部分研究者已经认识到，中国国家与社会关系演变的前景将是"强国家—强社会"，其中一个重要的论据就是社会组织的发展所带来的积极影响。正是基于上述研究基础，本研究对社会组织发展进行政治分析的理论框架为：在国家与社会协同共治的基础上，结合中国实践形成的"强国家—强社会"模式。在这一框架下，本研究需要解决的问题包括："强国家—强社会"的内涵是什么？"强国家—强社会"模式下的具体行为主体是什么？"强国家—强

---

①　邓正来、[英]亚历山大主编：《国家与市民社会——一种社会理论的研究路径》，中央编译出版社，1999年；邓正来：《市民社会理论的研究》，中国政法大学出版社，2002年；邓正来：《国家与市民社会：中国视角》，上海人民出版社，2011年。

②　朱英：《近代中国的"社会与国家"：研究回顾与思考》，《江苏社会科学》，2006年第4期。

③　郁建兴、吴宇：《中国民间组织的兴起与国家——社会关系理论的转型》，《人文杂志》，2003年第4期；李姿姿：《中国农民专业合作组织研究——基于国家与社会关系的视角》，中央编译出版社，2011年。

④　郑永年：《强政府、强社会当是中国社会管理的方向》，《联合早报》，2011年9月21日；白平则：《论我国国家与社会关系改革的目标模式："强社会、强国家"》，《科学社会主义》，2011年第3期；牛涛：《从"强国家弱社会"到"强国家强社会"》，《湖北行政学院学报》，2008年第4期。

⑤　郁建兴、吴宇：《中国民间组织的兴起与国家——社会关系理论的转型》，《人文杂志》，2003年第4期。

⑥　关于国家与社会范式在中国的适用性，肯定和批评都是存在的，这也是一种正常现象。作为从西方舶来的概念和理论，国家与社会范式要在中国问题研究中取得一致性的支持，基本是不可能的。即使是早期支持这一研究范式的学者，也有后来予以反思和批评的，比如邓正来。参见邓正来：《关于"国家与市民社会"框架的反思与批判》，《吉林大学社会科学学报》，2006年第3期。

社会"模式下政府和社会组织如何相互影响,从而实现共生共强? 政府与社会组织相互影响会导致社会治理发生什么样的变化? 解决这些问题的基本手段是案例分析,即通过具体的案例来解析相关问题,并从案例中总结经验,以促进政府和社会组织共强、国家与社会共治的模式发展。

第三章

"双强"模式下的政府与社会组织

　　"强国家—强社会"作为一种理论模式和分析框架,是整体性和理论性的。在这种框架下,国家和社会都被视为一个整体,而事实上,国家和社会都不是实体化的行为主体,这就决定了"强国家—强社会"模式要在实践中加以应用,还需要具体化,即分析具有行为能力的主体之间的关系。从国家权力的角度讲,国家的具体行为者是政府;而社会的具体行为者则比较丰富,社会组织则是其中之一,而且是现代社会非常重要的行为主体。故本研究在分析实际问题时,"强国家—强社会"模式就具体化为政府与社会组织,强调政府有作为和社会组织有活力。

第一节　政府有作为

　　与"强国家"相对应的是"强政府"。这里的"强",主要不是强制、权威等与国家权力关联在一起的特点,而是强调政府"有作为",能够调动社会资源、根据社会发展的需求作出恰当的决策,并推动社会政治经济生活的发展。

一、为什么需要有为政府

　　"什么样的政府是好政府?"这是一个经久不衰的命题,理论争鸣和实践创新也层出不穷。在西方国家,从早期重商主义的国家干预倾向,到自由资本主义的"管得最少的政府是最好的政府",再到凯恩斯主义的政府干预,以及福利资本主义、混合经济、新自由主义和新保守主义等,围绕着政府与市场关系,为在市场自主和政府干预间寻求适当配比而进行各种"实验"。在古典自由主义理论指导下,当时主要资本主义国家的政府的任何超市场的指导和干预都被严格限制,政府几乎放弃绝大多数的经济职能和部分社会管理职能,其规模也降到最小程度。英国在"十九世纪中叶时,政府的视野是很有限的,主要的兴趣就是外事活动和维护治安"①。在美国,直到 19 世纪中期前后,"除了授予建筑铁路用地,通过移民土地法,建立邮政系统和一些其他措施之外,政府在经济领域几乎没有起什么作用"②。"大政府"则主要是凯恩斯主义和福利国家的产物,它强调政府干预。不管是国家干预政策,还是福利国家,政府职责扩大和规模扩张都是主要特征,政府因为承担了许多经济和社会生活管理职责而变"大"。"大政府"模式下,政府应用一系列经济手段发展国家资本主义,增加政府投资和国有企业,加强对社会经济生活的调控,实行国民经济计划化,对社会财富进行二次分配,提高社会福利水平。

作为对政府实际效果的关注,"有效政府"在 20 世纪末成为一种新的政府定位模式。1997 年,世界银行发展报告指出,未来政府管理的方向应该是建立"有效政府","有效的政府——而不是小政府——是经济和社会发展的关键。政府的作用是补充市场,而不是替代市场"。有效政府是对传统"小政府""大政府"的超越。③它超越了传统对政府职能、政府规模等方面的纠结,重点关注政府行为的实际效果。

在中国,有关政府"大小""强弱"的讨论也一直存续。计划经济时期政府的全面控制导致了种种弊病,所以改革开放以来,转变政府职能、充分发挥市场作用的"小政府"模式得到较多的称赞。但事实证明,"小政府"其实是理想大于现实,在中国更是难以实现。在这种背景下,经济发展、服务型政府等目标就需要重新定位政府,既要充分发挥政府的主导作用,保证经济增长、公共服务事业的顺利推进,又要防止重蹈计划经济时期的全能政府模式。在经历了经济体制改革和社会转型、经济快速增长与服务型政府建设、经济全球化与加入 WTO 等诸多实践后,建立一种能力强的"有为政府"已经获得共识。④

建立有为政府是多方面因素决定的。首先是政府主导的改革和发展进程。

① [英]格林伍德、[英]威尔逊:《英国行政管理》,汪淑钧译,商务印书馆,1991年,第14页。

② [美]希尔斯曼:《美国是如何治理的》,曹大鹏译,商务印书馆,1990年,第500页。

③ 吴开松、张中祥:《有效政府的理论基础及其建构》,《中国行政管理》,2001年第10期。

④ 王兴於:《有为政府:现阶段我国地方政府职能的基本模式》,《学习月刊》,2009年第9期。

在这一进程中,政府一直扮演着主导角色,而改革的成功则说明强而有为的政府是必要的。其次,中国作为后发国家,要实现赶超战略,也需要政府发挥强而有为的作用。强而有为的政府能够制定有针对性的发展战略、统筹各种社会资源、提高资源利用效率、弥补市场不完善的不足。再次,改革和转型的整体环境决定了有为政府的存在。改革针对的是计划经济体制,但计划经济体制的思维方式和全能政府的模式不可能立即退出, 它们依然以各种形式影响改革进程。同时,改革和转型面临的是资源不足、发展不平衡的社会环境,如果没有强有力的政府来调动和分配资源、调节地区和群体差异,改革的推进肯定受到影响。最后,改革和发展的国际环境也需要有为政府。出于国家利益、意识形态等多种因素的考虑,发达国家和周边国家并不希望中国迅速发展壮大,因而会给中国的发展设置种种障碍。应对国际变幻莫测的国际事态、排除干扰等需要一个强有力政府,否则,改革和发展的目标将难以实现。

有为政府并不意味着要发展成为"大政府", 但也不是简单地强调"小政府"。"大政府"为社会所无法承受,也不符合公众对政府的审美需求;"小政府"不符合国情,是不够用的。政府在总体的政策导向和宣传导向上,要避开非此即彼的"大政府"与"小政府"之争,在中国的条件下,关键是要有一个偏强一些的政府,即既有较强的统治和管理能力,又有较高的政治自觉性,能够有效约束自身活动。也就是说,本书所论及的"有为政府",不是指高度集权的政府,不是指大包大揽的政府,也不是指放肆推行"单边主义"的政府,而是指在经济和政治发展中有作为的政府。①

二、政府有作为的表现

在国际国内学界,中国政府都被认为是"强政府"。这里的"强",不仅是政治统治和管理方面,也体现为政府的能力,即政府"能做什么"。本研究将中国政府定位为偏强一些的有为政府, 其主要着眼点是实践中政府是能力强的"强政府",以及在此基础上政府能够有作为。其中,政府能力强是对中国政府的整体评估,在此基础上,政府的有作为还具体体现在推动经济发展、提升公共服务水平、完善政府自身建设等方面。

---

① 朱光磊:《服务型政府建设规律研究》,经济科学出版社,2013年,第77页。

1. 政府能力强

政府能力是指政府在管理国家和社会事务中的实际行为能力。政府能力主要包括四个方面：一是政府获取社会经济资源的能力，即"汲取能力"；二是政府配置资源、管理社会的能力，即"调控能力"；三是政府获得社会认同巩固其统治地位的能力，即"合法化能力"；四是政府运用暴力或暴力威胁维持其统治地位的能力，即"强制能力"。①

政府能力是评价一个政府"强弱"的重要指标，也是政府有作为的基础。当一个政府被认为是"强政府"时，不管是从其实施社会管理、提供公共服务的角度出发，还是从其巩固统治地位的角度出发，都意味着政府的这些能力很强。本研究之所以将政府定位为强而有为的政府，基础就是中国政府拥有较强的汲取、调控、合法化和强制能力。

在政府的这几种能力中，汲取能力是基础性的，是政府能力的基石，而财力则是政府汲取能力的直接体现。政府的任何作为，国防建设、公共服务、社会管理、政府机构和官僚队伍建设等，都需有相当的物质基础，需要有财力作为后盾。而政府的财力来源中，税收是根本。"赋税是喂养政府的奶娘"②，政府通过征税来提升财政能力，进而履行自身的各项职能。一般而言，政府的财政能力会随着经济发展水平而提升，经济越发达，政府的财政能力越强。改革开放以来，中国的经济发展水平持续增长，与此相一致，政府的财政能力也在不断提升（见表3-1）。同时，中国政府的合法化能力、强制能力和调控能力也较强。据爱德曼公司发布的2015年度全球信任度调查报告显示，中国政府的信任度达82%。③这是中国政府合法化能力强的直接体现。强制能力方面，中国政府一方面能够调动强大的武装部队、警察等国家机器和媒体等宣传手段，另一方面也建立起紧密高效的政府体系，保证政令畅通。调控能力则是改革开放以来中国政府明显增强的能力，不仅包括政府调动分配资源的能力、管理社会和提供服务的能力，还包括政府综合应用经济、行政、法律等各种方式的能力。政府能力的提升为政府有所作为奠定了基础。

---

① 参见胡鞍钢、王绍光：《中国国家能力报告》，辽宁人民出版社，1993年。

② 《马克思恩格斯全集》(第7卷)，人民出版社，1959年，第94页。

③ 《全球信任度调查：中国人更愿付出信任》，http://j.news.163.com/docs/99/2015020608/AHOPO17H00014MTN.html.

表3-1 中国政府财政收入(不含债务收入)简况表 (单位:亿元)

年份	国内生产总值	财政收入	中央财政收入	公共财政收入增长速度(%)	财政收入占国内生产总值的比重(%)
1978	3645.2	1132.26	175.77	29.5	31.06
1980	4545.6	1159.93	284.45	1.2	25.52
1985	9016.0	2004.82	769.63	22.0	22.24
1990	18667.8	2937.10	992.42	10.2	15.73
1995	60793.7	6242.2	3256.62	19.6	10.27
2000	99214.6	13395.23	6989.17	17.0	13.50
2005	184937.4	31649.29	16548.53	19.9	17.11
2006	216314.4	38760.20	20456.62	22.5	17.92
2007	265810.3	51321.78	27749.16	32.4	19.31
2008	314045.4	61330.35	32680.56	19.5	19.53
2009	340902.8	68518.30	35915.71	11.7	20.10
2010	401512.8	83101.51	42488.47	21.3	20.70
2011	473104.0	103874.43	51327.32	25.0	21.96
2012	519470.1	117253.52	56175.23	12.9	22.57
2013	568845.2	129209.64	60198.48	10.2	22.71

资料来源:《中国统计年鉴》(2014),中国统计出版社,2014年,第50、190页。

2. 政府推动经济发展取得巨大成就

社会经济发展是中国政府有作为的主要体现,这在改革开放前后都有显著体现。现代中国长期以来是一个社会经济极其落后的国家。到1949年,中国经济仍然"接近世界发展排名表的最底层",人均国民生产总值只有约50美元;经济基本是前工业和农业性质,现代工业部门的增长对于全国经济状况而言仅有相对小的影响;农业劳动生产率很低,技术停滞,但却面临着有限的耕地和巨大的人口压力。①中华人民共和国成立后,在很大程度上扭转了上述情况:中国政府迅速建立起较为完整的工业体系,重工业以及为其服务的基础部门快速发展,农业和轻工业也取得了进展。中国政府在经济和社会方面的举措取得了引人注目的累积效果,在第三世界国家中创造了较好的记录。

1978年开始的改革开放则是中国政府推动经济发展能力更为直观的体现。在"发展才是硬道理"的理念下,中国全面实施改革开放政策,实现国民经济蓬勃发展,经济总量连续上新台阶(见表3-2)。首先是经济保持快速增长,年均经济增速高达9%以上,创造了人类社会经济发展史上的新奇迹;其次是经济总量连上新台阶,综合国力大幅度提升。2013年中国GDP总量达568845.2亿元,是1978年

---

① [美]汤森等:《中国政治》,顾肃等译,江苏人民出版社,1996年,第53~55页。

的 156 倍;2008 年中国 GDP 总量超过德国位居世界第三,2010 年超越日本位居世界第二。最后是人均 GDP 不断提高。2013 年中国人均 GDP 达到 41908 元,基本实现从低收入国家向上中等收入国家的跨越。经济快速发展是多种因素共同作用的结果,但中国政府在其中发挥着重要作用,是政府有作为的有力证明。

表3-2 改革开放以来中国经济发展主要指标简况表 (单位:亿元)

年份	GDP总量	GDP增长率	人均GDP(元)	财政收入	进出口总额	居民消费水平(元)
1978	3645.2		381	1132.26	355	184
1980	4545.6	7.8	463	1159.93	570	238
1985	9016.0	13.5	858	2004.82	2066.7	446
1990	18667.8	3.8	1644	2937.10	5560.1	833
1995	60793.7	10.5	5046	6242.2	23499.9	2355
2000	99214.6	8.0	7858	13395.23	39273.2	3632
2005	184937.4	10.4	14185	31649.29	116921.8	5596
2006	216314.4	11.6	16500	38760.20	140971.5	6299
2007	265810.3	11.9	20169	51321.78	166740.2	7310
2008	314045.4	9.6	23708	61330.35	179921.5	8430
2009	340902.8	9.2	25608	68518.30	130648.1	9283
2010	401512.8	10.4	30015	83101.51	201722.1	10522
2011	473104.0	9.2	35198	103874.43	236402.0	12570
2012	519470.1	7.8	38420	117253.52	244160.2	14110
2013	568845.2	7.7	41908	129209.64	258168.9	15632

资料来源:《中国统计年鉴》(2014),中国统计出版社,2014年,第50、190、329、73页。

3. 显著提升公共服务和社会管理水平

公共服务和社会管理是政府的主要职能,在这方面表现好坏显然也是评价政府是否有作为的重要指标。改革开放以来,中国政府在公共服务和社会管理方面的投入持续增长,特别是 2003 年开始服务型政府建设进程后,这方面的投入增长十分显著(见表3-3),取得的成就也非常瞩目。比如,在教育方面,2013年全国各级各类学历教育在校学生:高等教育为 39443960 人,中等教育为88582754人,初中阶段教育为 44883526 人,初等教育为 94848050 人,特殊教育为 368103人,学前教育为 38946903 人;[①]在社会保障方面,到 2013 年底,全国社会服务事业费支出 4276.5 亿元,比 2012 年增长 16.1%,占国家财政支出比重为 3.1%;全国各类养老服务机构 42475 个,拥有床位 493.7 万张,比上年增长 18.9%;全国

---

① 《2013年教育统计数据》,教育部网站,http://www.moe.gov.cn/publicfiles/business/htmlfiles/moe/s8493/201412/181593.html.

共有为残疾人提供服务的机构 18227 个。①在转变政府职能、建设服务型政府的背景下，"'有为政府'的品牌是服务"②，这也是"有为政府"区别于计划经济时期的全能政府和其他强势政府的主要特征。

表3-3　近年来中国政府主要公共服务项目支出情况表　　（单位：亿元）

年份 项目	2007	2008	2009	2010	2011	2012	2013
一般公共服务	8514.24	9795.92	9164.21	9337.16	10987.78	12700.46	13755.13
公共安全	3486.16	4059.76	4744.09	5517.70	6304.27	7111.60	7786.78
教育	7122.32	9010.21	10437.54	12550.02	16497.33	21242.10	22001.76
科学技术	1783.04	2129.21	2744.52	3250.18	3828.02	4452.63	5084.30
文化体育与传媒	898.64	1095.74	1393.07	1542.70	1893.36	2268.35	2544.39
社会保障和就业	5447.16	6804.29	7606.68	9130.62	11109.49	12585.52	14490.54
医疗卫生	1989.96	2757.04	3994.19	4804.12	6429.51	7245.11	8279.90
环境保护	995.82	1451.36	1934.04	2441.98	2640.98	2963.46	3435.15
城乡社区事务	3244.69	4206.14	5107.66	5987.38	7620.55	9079.12	11165.57
住房保障	—	—	725.97	2376.88	3820.69	4479.62	4480.55

说明：资料来源于《中国统计年鉴》(2008—2014)(中国统计出版社，2008—2014年)中"中央和地方公共财政主要支出项目"一栏。由于统计年鉴2008年之前"财政支出"项的统计方式为粗口径，其中只有"文教、科学、卫生支出"和"抚恤和社会福利救济费"明显对应公共服务支出，故表中数据始于2007年。另外，表中"医疗卫生"项2013年统计为"医疗卫生与计划生育"，"环境保护"项2012年以后统计为"节能环保"，"住房保障"项2009年统计为"保障性住房支出"。

4. 政府主导改革并在资源配置中发挥"软约束"作用

在中国，政府有作为的一个重要表现就是主导改革开放和社会发展进程。改革一般都需要政治（政府）发挥重要作用。从转型国家的实践看，改革一般不是自发发生的，它或者是政府发起的，或者与政府有密切关系。正如著名转型经济学家热若尔·罗兰所说："在政治决策的现实中，政治约束条件是不能忽视的"，"政治约束条件看来在实际转型过程中已经扮演了主要的角色"，俄罗斯私有化中采用无偿分发国有资产政策、匈牙利的私有化是通过建立国家私有化局来推动的。③不仅仅是改革的起始动力与政治（政府）关系密切，改革过程也需要政府的支持和引导。不管是目标结果明确的改革，还是探索性改革，都离不开政府，"由于转型导致的大量变化，为防止政策逆转，在改革过程中必须自始至终

---

① 《2013年社会服务发展统计公报》，民政部网站，http://www.mca.gov.cn/article/zwgk/mzyw/201406/20140600654488.shtml.

② 王增军、刘伟：《"有为政府"的品牌是服务》，新浪网http://news.sina.com.cn/o/2006-05-28/05099045552s.shtml.

③ ［比］热若尔·罗兰：《转型与经济学》，张帆等译，北京大学出版社，2002年，第39~40页。

保持政治上的支持"①。正是因为如此,中国的改革明显具有政府主导的特征,这种主导是避免改革发生偏离甚至逆转的保证。同时,中国采取渐进式改革道路,这一改革道路对政府有着强烈的需求。渐进式改革的特点是边改革边摸索,在长远计划的指导下分步骤进行,努力做到扎扎实实,避免剧烈变革带来的震荡。渐进式改革是分层次、分阶段的,一步一步向前推进,在不同阶段会采取不同措施,后一种措施会建立在前一项改革成果(或经验教训)的基础上。这样有步骤地推进,改革将处于一种连续状态,但总不会停止。在这种模式下,为了保证改革的连续性,就需要政府发挥主导作用。事实上,中国改革的起点是高度集权的计划经济体制,政府几乎全面控制着人力、物力、财力等所有资源,在这种情形下要寻求变动,政府已经扮演了改革的第一推动力的角色。②在随后的改革中,经验的总结、新目标的制定、路径的选择等,也都具有明显的政府主导的特征。改革也不会是一帆风顺的,政府扮演着经受改革风浪的"主心骨"的角色。

政府主导与政府在资源配置中的特殊地位有密切关系。中国人口多、底子薄、发展速度快等因素决定了资源的稀缺性非常高,几乎所有资源都稀缺,从而也就决定了政府在资源配置中的地位。毕竟,在资源高度稀缺的情况下,单纯依靠市场来配置资源,很可能面临一系列难题,比如集中力量办大事,应对金融风暴、举办奥运会等,都可能没办法实现。所以,在充分发挥市场在资源配置中的基础性作用的同时,政府在资源配置中的调控和补充作用也很重要。如果从推进公共服务事业的角度讲,政府的资源配置的地位应该是主导性和基础性的,毕竟公共服务不能单纯地以市场规律来引导,越是市场不能引导资源流向的领域越需要政府的投入。所以,"有为政府"为推进公共服务事业,需要在资源配置中发挥枢纽作用,在特定的历史时期甚至需要围绕政府来构建公共服务的资源配置体系,其他市场化、社会化的资源配置方式则是辅助性的。

5. 政府不断转变和优化自身的职能

评价政府是否有作为显然需要依据政府做了什么,即职能问题。中国政府有为的表现,同时也是重要基础就是政府在不断转变和优化自身的职能。在解决政府"不该管、管不了、管不好"问题的思路下,转变政府职能从1984年至今已经推行了三十多年。在政企分开、机构改革、行政管理体制改革、深化政府职

---

① [比]热若尔·罗兰:《转型与经济学》,张帆等译,北京大学出版社,2002年,第17页。

② 苏振华:《中国转型的性质与未来路径选择》,《社会科学战线》,2008年第3期。

能转变等措施下,中国政府职能范围已经发生了巨大变化,在总体上应该做什么已经比较清楚,现存的主要是一些结构性和操作性问题。①从政府职能的角度看,"有为政府"主要体现为以下方面:

一是纠正政府职能失衡。由于改革开放前30年的先富政策、效率优先,导致政府对公平有所忽视,政策力度不够,贫富差距等问题凸显。为了改变这种失衡,"有为政府"通过财政政策、社会保障政策等,提高公共服务水平,逐步实现基本公共服务均等化。

二是优化政府职责。主要针对政府职责偏多的问题,特别是政府承担较多的经济方面的职责,类似招商引资、干预企业日常运行的行为,使其逐步脱离政府。在调整政府职能的同时优化职能结构,主要体现为收缩政治统治方面的职责,加强社会管理和服务职责,减少经济管理方面的职责,增加社会、文化方面的职责。

三是理顺不同层级政府间的关系。针对"职责同构"现象,近年来政府一直在努力实现不同层次政府各自负责特定的事情,构建政府职责体系。

四是提高政府绩效。真正的"有为"政府,不仅要敢做敢为,大力承担职责,还要做事有效率,能产生实际效果。随着中国政府管理的制度化和规范化,政府绩效评估和绩效管理日益成为一项重要工作。从20世纪80年代开始,机构改革就一直围绕着精简机构、提高效率展开。在这个过程中,西方国家各种绩效评估的方法也被逐步引进,比如,公民参与评估方面,1999年珠海市举行"万人评政府",2001年杭州市开展"满意不满意评选活动"等;第三方评估方面,2004年甘肃省将全省14个市、州级政府及省政府39个职能部门的绩效评价工作委托给兰州大学中国地方政府绩效评价中心组织实施,2006年武汉市政府邀请全球最大的管理咨询机构麦肯锡公司为第三方机构对政府绩效进行评估;平衡计分卡方法应用方面,2006年中组部领导干部考试与测评中心牵头在黑龙江省海林市、四川省乐山市五通桥区等地开展试点,开启了其本土化实践与探索。②

---

① 朱光磊、于丹:《建设服务型政府是转变政府职能的新阶段——对中国政府转变职能过程的回顾与展望》,《政治学研究》,2008年第6期。

② 鲍春雷、陈建辉、姜俊凯:《我国政府绩效评估的回顾与前瞻》,《中国人事报》,2008年10月24日。

三、政府在社会组织发展中的作用

从"强政府"的角度看,在涉及社会组织时,一般将其理解为政府对社会组织的控制,限制社会组织作用的发挥。从中国的实际情况看,改革开放以来,政府对社会组织的"强"和"有作为"主要不是体现在控制方面,而是引导社会组织的发展,并对社会组织实施监管。当然,这其中依然存在一定程度的控制,但是这种控制与改革开放之前相比已经有了显著变化。总体而言,政府在社会组织发展中的作用主要体现为提供合法性支持、制定政策法规、提供一定的资金、实施监管等方面。

1. 为社会组织提供合法性支持

社会组织是否得到认可是其合法性的核心内容。从认可的主体看,它可能是国家、政府部门、单位、其他组织和个人。鉴于不同的主体为社会组织提供合法性支持的差异,社会组织的合法性可以区分为社会合法性、政治合法性、行政合法性和法律合法性。[①]就某个组织而言,这些合法性可能是相互独立的,也可能是相互融合的。政府为社会组织提供的合法性支持,主要体现为法律合法性和形式合法性。法律合法性是基于政府的政策法规而获得,将在下面具体分析;形式合法性则是政府通过某种"形式"而为社会组织提供的合法性支持。在不同的组织那里,来自政府的形式合法性差异非常显著。政府为社会组织提供形式合法性的具体形式主要体现为以下五种:

(1)组织获得行政级别。严格地讲,社会组织都是社会性的,不存在行政级别问题,但是中国的主要人民团体由于特殊的历史传统和现实职能定位,往往享有一定的行政级别。如共青团中央、全国总工会、全国妇联、中国科协等是正部级。社会组织的"级别"一般并没有明确的规定,但现实中因为其领导人、政治待遇等因素而存在。对社会组织而言,获得级别显然是政府提供的重要合法性支持。

(2)政府官员(或退休官员)担任组织的顾问、名誉会长、正式领导人等。中国的一些人民团体、行业协会一般都会由现任(或退休)官员担任领导人,如现任全国总工会主席李建国为中共中央政治局委员、全国人大常委会副委员长;全国妇联主席沈跃跃是中共中央委员、全国人大常委会副委员长;中国消费者

---

① 高丙中:《社会团体的合法性问题》,《中国社会科学》,2000年第2期。

协会会长张平是全国人大常委会副委员长、常务副会长张茅是工商总局局长，还有来自中央国家机关、部门、人民团体的多名副部级领导担任副会长。一些学会、研究会甚至民间性较强的社会组织也会邀请现任或退休官员担任顾问、名誉或实际领导人，如中国经济体制改革研究会的曾经名誉会长就有全国人大常委会原副委员长李铁映、国家体改委原副主任安志文和高尚全。由前任或现任政府官员担任社会组织的领导，其宣示的就是组织来自官方的合法性支持。

(3)领导人为组织题词。领导人为某个社会组织题词，意味着领导人对组织的支持，所以现实中社会组织会想方设法获得来自领导人的这种支持，而且其效果也非常显著。比如，1992年邓小平为希望工程亲笔题词，对希望工程的发展所起的作用，是其他从事教育扶贫事业的组织所无法比拟的。

(4)获得政府的奖励。现在，政府相关部门往往会就某个领域、专题、活动等进行评价和奖励。对社会组织而言，获得这种奖励不仅是对自身工作的肯定，更是意味着组织受到政府的认可。比如，2010年民政部决定授予中国企业联合会等595个社会团体、民办非企业单位和基金会"全国先进社会组织"称号。对受表彰的社会组织而言，意味着它们获得了来自政府的形式合法性。

(5)领导人视察工作等形式。对社会组织而言，如果领导人能够亲自来视察工作、与组织成员合影、为组织捐款等，都意味着官方的支持。比如，曾经引起争议的"中国母亲"胡曼莉就将她与某位副总理的合影悬挂在自己创办的丽江孤儿院，以彰显其"合法性"。①此外，社会组织还可能选择官员的父母、子女等亲属担任组织的领导人或者邀请他们加入组织、悬挂官员照片或题词，诸如此类的形式都是为了间接从政府获得形式合法性。

2. 制定社会组织相关法律法规和政策

社会组织的发展需要有相应的法律法规、政策来规范和引导，而这些工作都是由广义的政府来完成的。当前，中国政府已经制定了一系列有关社会组织的法律法规和政策文件(见表3-4)，且相关法律法规和政策仍然处于不断发展和完善之中。与社会组织有关的法律法规和政策主要有四种类型：一是人大或常委会制定的、内容涉及或适用于社会组织的法律，如《中华人民共和国合同法》对社会组织的各种契约行为的规范、《中华人民共和国企业所得税法》对社

---

① 甄茜：《跨国调查"中国母亲"胡曼莉》，《南方周末》，2001年12月13日。

会组织税收缴纳、减免等问题的规范;也可能是直接规范某类社会组织的法律,如《中华人民共和国工会法》《中华人民共和国红十字会法》等。二是国务院制定的规范社会组织的法律法规,如《社会团体登记管理条例》《民办非企业单位登记管理暂行条例》《基金会管理条例》等。三是国务院组成部门制定的法规和政策,如民政部制定的《民办非企业单位年度检查办法》、民政部和公安部制定的《社会团体印章管理规定》。四是地方政府制定的适用于本地社会组织的政策法规,如2015年5月广西壮族自治区民政厅制定出台了《广西四类社会组织直接登记管理暂行办法》(桂民发〔2015〕25号),规范和推进行业协会商会类、科技类、公益慈善类、城乡社区服务类四类社会组织直接登记管理工作。

表3-4 中国有关社会组织的法律法规简况表

序号	名称	颁布部门	时间
1	红十字会法	全国人大	1993
2	公益事业捐赠法	全国人大	1999
3	工会法	全国人大	2001
4	民办教育促进法	全国人大	2002
5	农民专业合作社法	全国人大	2006
6	企业所得税法	全国人大	2007
7	社会团体登记管理条例	国务院	1998
8	民办非企业单位管理暂行条例	国务院	1998
9	基金会管理条例	国务院	2004
10	事业单位登记管理暂行条例	国务院	2004
11	外国商会管理暂行规定	国务院	1989
12	国务院关于促进慈善事业健康发展的指导意见	国务院	2014
13	企业所得税法实施条例	国务院	2007
14	关于部门领导同志不兼任社会团体领导职务问题的通知	国务院办公厅	1994
15	关于党政机关领导干部不兼任社会团体领导职务的通知	中共中央办公厅、国务院办公厅	1998
16	关于加快推进行业协会商会改革和发展的若干意见	国务院办公厅	2007
17	关于政府向社会力量购买服务的指导意见	国务院办公厅	2013
18	民政部关于社会团体清理整顿工作有关问题的通知	民政部	1999
19	民办非企业单位年度检查办法	民政部	2005
20	关于公益性捐赠税前扣除有关问题的通知	财政部	2008
21	社会团体公益性捐赠税前扣除资格认定工作指引	民政部	2009
22	全国性社会团体公益性捐赠税前扣除资格初审暂行办法	民政部	2011
23	关于规范社会团体开展合作活动若干问题的规定	民政部	2012
24	关于探索建立社会组织第三方评估机制的指导意见	民政部	2015
25	社会团体印章管理规定	民政部、公安部	1993
26	关于社会团体开展经营活动有关问题的通知	民政部、工商总局	1995

续表

27	关于调整社会团体会费政策等有关问题的通知	民政部、财政部	2003
28	关于进一步明确社会团体会费政策的通知	民政部、财政部	2006
29	关于支持和规范社会组织承接政府购买服务的通知	财政部、民政部	2014
30	关于促进助残社会组织发展的指导意见	残联、民政部	2014
31	关于事业单位社会团体征收企业所得税有关问题的通知	财政部、税务总局	1997
32	关于对社会团体收取的会费收入不征收营业税的通知	财政部、税务总局	1997
33	事业单位、社会团体、民办非企业单位企业所得税征收管理办法	税务总局	1999
34	关于公益性捐赠税前扣除有关问题的通知	财政部	2008
35	党政机关、事业单位和社会组织网上名称管理暂行办法	中编办、工信部	2014
36	宗教社会团体登记管理实施办法	宗教局、民政部	1991
37	专业法学社会团体审批办法	司法部	1993
38	民政部主管的社会团体管理暂行办法	民政部	1998
39	交通部社会团体管理暂行办法	交通部	1999
40	国防科学技术工业委员会主管的社会团体管理暂行办法	国防科工委	1999
41	教育部主管的社会团体管理暂行办法	教育部	2001
42	国家民委社会团体管理办法	国家民委	2002
43	文化部社会团体管理暂行办法	文化部	2004
44	卫生部业务主管社会团体换届工作管理办法	卫生部	2006
45	工业和信息化部社会团体管理暂行办法	工信部	2010

资料来源:根据网络资料整理。

3. 为社会组织提供部分资金

社会组织虽然具有志愿性特征,但它所需资金并不都来自社会自愿捐款,来自政府部门的资金也是其重要的资金来源。萨拉蒙等对多个国家进行比较研究后得出结论:社会组织的"收入"来源前两位为会费收费和公共部门,其中来自公共部门的各种资金占40%。[①]在中国,政府为社会组织提供的资金支持主要有三种形式:

一是直接财政拨款。在中国的社会组织中,主要人民团体由国家财政拨付行政事业费,其专职工作人员参照公务员管理;另外有一些社会组织是以增幅全额拨款或非全额拨款的事业单位形式存在的,如一些行业协会,它们也享受着直接财政拨款。

二是间接使用财政资金。一些社会组织本身不享受财政拨款,但是由于它们与政府部门、享受财政拨款的事业单位有千丝万缕的联系,从而它们在事实上也使用了财政资金。比如一些行业协会、检测机构名义上是社会组织,但它们

---

① [美]萨拉蒙等:《全球公民社会——非营利部门视界》,贾西津等译,社会科学文献出版社,2007年,第21页。

是从政府部门中分离出来的,在组织结构、人员构成、行为方式等方面仍然没有完全脱离政府部门,从而也可以间接使用财政资金;另外,像高校的校友会等组织,由于与高校的紧密关系,从而也在事实上使用了高校的财政资金。

三是政府购买服务资金。近几年,向社会组织购买公共服务成为服务型政府建设中非常重要的形式,其直接的结果之一就是社会组织因此而获得了来自政府的资金。2012年,中央财政首次划拨2亿元专项资金,用于向社会组织购买公共服务;民政部据此开展"2012年中央财政支持社会组织参与社会服务项目评审",最终全国有86个项目成为社会工作服务示范项目,如云南省青少年发展基金会"希望'心'(先心病患儿)生命救助计划示范项目"就获得了50万元财政资金支持。2013年,中央财政再次拨款2亿元用于购买社会组织服务。根据相关统计,2013年政府用于向社会组织购买公共服务的资金总量约为150亿元。①

4. 对社会组织实施监管

监管是政府对社会组织施加的常规性和持续性的影响。虽然社会组织以自治性为主要特征之一,但是政府对组织宗旨的实现程度、活动的合法与否、资金的使用等也承担着监督责任,为此,政府需要对社会组织实施监管。当前,政府对社会组织的监管主要体现在以下六个方面:

一是组织建立时依法审查。社会团体、民办非企业单位、基金会等组织在成立时,法律都规定了相应的条件,作为登记机关,民政部门都会据此对预成立的组织实施审查。这种监管虽然不是常规性的,但对社会组织的影响却很显著。

二是年检。按照相关法律法规的规定,社会组织的登记管理机关要对其实施年检,内容包括组织基本情况、自身建设、党组织建设、业务开展情况、财务管理状况等。而且,社会组织的业务主管单位需要对组织的年检进行初审,即业务主管单位也对年检负有责任。年检不通过的社会组织将被取消资格。

三是日常活动的监管。按照相关法律法规的规定,社会组织的业务主管单位要对社会组织遵守宪法、法律、法规政策,以及组织章程等实施监督、协助登记管理机关和其他部门查处社会组织的违法行为、审查社会组织变更、注销等事宜,并参与指导社会组织的清算工作。

四是审查社会组织重大活动。按照《社会团体登记管理条例》等法规的要

① 《社科院报告:民间组织越来越多资金来自国内》,中国新闻网,http://www.chinanews.com/gn/2014/12-25/6912726.shtml.

求,社会组织的重大事项需要向政府部门报告,相应的政府需要对其重大活动实施审查和监管。这些重大事项包括社会组织党组织会议、成立大会、换届会议、重大政治经济方面的学术会议、重要募捐活动、参与投标、创办实体、涉外活动等。

五是社会组织的资金和税收监管。政府相关部门会对社会组织的数额较大的资金来源和使用情况等实施监督,既要防止来历不明或有特殊目的的资金,又要防止资金滥用和腐败现象。税务部门还需要对社会组织的免税进行审查,符合条件的将依据《企业所得税法》等法律法规予以减免。

六是在社会组织中建立党组织。1998年中共中央组织部、民政部发布《关于在社会团体中建立党组织有关问题的通知》,提出要在社会组织中建立党组织;2009年党的十七届四中全会报告中提出"加大在中介机构、协会、学会以及各类新社会组织中建立党组织力度",将社会组织党建工作推向新高度。截至2013年底,11.5万个社会组织已建立党组织,占社会组织总数的41.9%。[1]在社会组织中建立党组织,主要是发挥党组织的领导作用,保证社会组织的发展方向,它事实上起到对社会组织实施监管的作用。

由于不同社会组织的存在形式差异较大,政府的监管也会因此而有程度差异。类似工青妇等主要人民团体,由于具有"准政府"的性质,政府一般不会对其实施"监管",而是直接纳入政府体制内;在民政部门登记而获得合法身份的社会组织,政府部门将依据相关法律法规对其实施全面监管;单位内设的社会组织,则主要由单位监管;对没有在民政部门登记取得合法身份的草根组织的监管则差别较大,在政府部门备案的组织会受到一定监管,纯粹的草根组织则可能处于无法监管的状态。

第二节 社会组织有活力

在"强政府—强社会"的模式中,强社会的重要内容之一就是社会组织发达到一定程度并能够承担社会功能、扮演社会角色。改革开放以来,中国的社会组织获得长足发展,从而可能成为社会共同体中的"一元",并与政府间形成相互

---

① 《截至2013年底中国共产党党员总数为8668.6万名》,凤凰网,http://finance.ifeng.com/a/20140701/12630855_0.shtml.

影响的关系状态。

一、社会组织有活力的表现

1. 社会组织获得发展空间并具有一定规模

社会组织的发展首先需要一定的空间。这一条件在改革开放以来的中国逐步具备。改革开放以前,中国全能体制下社会组织没有发展空间。首先,国家控制社会导致政社不分。计划体制和全能社会的基本要求是国家的整体控制和调配,这样国家政权的触角触及全社会各个领域,政府承担着诸多社会职能,而社会则附着于政府。其次,国家掌握并分配资源。作为国家控制社会的重要手段,国家(政府)掌握着几乎全部资源,并以计划的方式对资源进行分配;相应的,社会组织缺乏生存所必须的社会资源,少量社会组织也只能依附于政府而存在。最后,单位体制和人民公社体制是国家控制社会的基础。在城市,单位作为"行政末梢",承担着一系列政治、经济、社会职能,在成为成员归属的同时也帮助国家实现对城市基层社会的控制;[①]在农村,人民公社也发挥着类似单位的作用,在政治、经济、社会方面全面发挥作用的同时实现对社员的控制。

改革开放以来,国家对社会的全面控制逐步松动。高度集中的计划经济体制逐步向社会主义市场经济体制过渡,政企分开、政社分开给企业和社会组织带来发展空间和自主权;非公有制企业发展、公民收入和财富增长带来社会资源的增加;人民公社体制不复存在,单位体制逐步弱化,"单位人"复归"社会人"。在这种环境下,社会开始发育,社会组织逐步发展起来。时至今日,社会组织已经形成一定的规模。在民政部门登记注册的组织超过 50 万个,还有大量免予登记组织、单位内设组织、备案组织、草根组织和社会自组织,它们共同组成当今中国日益壮大的社会组织集合体。

一定的生存空间和数量规模是社会组织"强而有活力"的前提。毕竟,只有当社会组织有了一定量的积累,它们才可能产生"规模效应",让政府和公众感知到其存在,才可能不断展示其积极作用;而出现一定数量的社会组织则需要社会空间,只有在领域分离和国家"让渡"空间的前提下社会组织才可能获得发展。显然,当前中国社会组织发展的这个前提已经基本具备。

---

① 朱光磊:《当代中国政府过程》,天津人民出版社,2010年,第247~249页。

2. 社会组织有做事的能力

社会组织有活力的集中体现就是活动能力，即社会组织在整个社会中是有用的，能做事。在现代社会，社会组织动员和组织社会资源，包括人财物等各种资源，在没有政府参与的情况下，能够较好地解决社会管理和服务事项，这个社会就具备一定的自我管理能力。当前，中国社会组织经过改革开放以来的发展，正逐步展示其这种自主能力。比如，中国青少年发展基金会发起的希望工程已经成为教育扶贫的一面旗帜；中国最早的民间环保组织"自然之友"发起的保护藏羚羊行动，成功唤起社会公众保护珍稀动植物的意识；绿家园志愿者、云南大众流域等民间环保组织针对怒江工程发起的倡议和实际行动，不仅改变了政府有关"引起社会高度关注，且有环保方面不同意见的大型水电工程"的决策，挽救了中国仅有的两条原生态河流之一的怒江，更为全国性的"环保风暴"和后续的环保政策开了先河；汶川地震的救灾和灾后重建中，中国社会组织实现了整体"亮相"，向世人展现了社会组织的能力；温州烟具协会面对欧洲市场对温州打火机的反倾销诉讼，通过各种途径展开积极应对，最终打赢了这场"洋官司"；由微计划、麦田计划等共同发起推动的免费午餐计划，成功解决了贵州偏远山区儿童的午餐难题。另外，我们还能看到，乡村社会的蔬菜协会、苹果协会等之于农产品产销，城市和农村社区的棋牌协会、秧歌队、龙舟会等之于公众日常娱乐生活，高校学生社团之于学生的课外生活，驴友会、骑行队等之于公众的兴趣爱好。这些组织可能没有"合法身份"，但它们已经融入公众的日常生活，成为社会不可或缺的一份子。

3. 社会组织具有公信力

公信力，即社会组织得到公众和社会的认可，是社会组织有活力、有作为的基础。当然，对社会组织而言，这种公信力的获得也需要建立在能力和作为的前提下，也即社会组织只有真正有作为才能获得公众的认可，故公信力与组织的能力是相互作用的。当前，中国社会组织的公信力正处于逐步提升过程中。从政府的角度，社会组织的重要作用和现实能力逐步获得政府的认可，这从党的工作报告和政府工作报告中不断提及社会组织就可见一斑；从公众的角度，社会组织从原先高高在上的"准政府"（人民团体）逐渐发展到身边的"自组织"，社会组织的活动也从完成政治任务发展到公众日常生活中的公共服务、休闲娱乐，社会组织与公众生活休戚相关；从社会的角度，社会组织不断填充社会的"内涵"，成为社会中日益重要的角色。这些都表明，社会组织逐步获得了来自官方、公众和社会的认可,从而具备了扮演重要角色、发挥积极作用的基础。

4. 社会组织成为公民社会的重要力量

社会组织一般同公民社会联系在一起,社会组织发展迅速且能力较强,意味着公民社会较发达。中国的公民社会自改革开放以来已经经历了一个较快的成长阶段。从 1978 年开始改革计划经济体制、1992 年提出建设社会主义市场经济体制,中国社会在经过四十多年的改革后,与市场经济紧密关联的自由竞争意识、市场主体意识已初步形成,伴随着政府职能转变也成长起一批区别于政府和企业的主体;政治体制改革的推进也改变了公民个人与国家之间的依附关系,公民的主体意识增强,政治参与也随之增加,公民和国家之间的单向关系逐步转向双向;国家和市场之外社会领域存在的资源也随之增加,从而在政府和市场之外产生了第三种资源配置方式,由社会自行利用资源解决社会问题成为可能,于是,相对独立于国家和市场的公民社会领域就出现了。2008 年,北京大学公民社会研究中心发布《中国公民社会发展蓝皮书》,将 2008 年确定为"中国公民社会元年"。在众多的研究者看来,中国已经迈进公民社会。正如高丙中所说:"如果说在 2008 年以前我们对此还抱有模糊看法的话,那么,在汶川大地震中,中国人的总体表现已彰显了这一品质。"①

社会组织则是公民社会的主要力量,发达的公民社会需要有活力的社会组织来支撑。当我们认为中国的公民社会已经初步呈现时,其隐含的前提是已经承认社会组织的发展和能力提升这一事实。从现实看,正如第一章所描述的,社会组织不管是从数量上,还是从现实能力上看,其变化和提升都是显著的。虽然我们不否认社会组织发展中存在的不足和面临的困难,但规模和能力上的变化足以说明社会组织已作为公民社会主要力量而存在。

二、社会组织对政府的影响

1. 社会组织承担政府外移职能

中国社会组织的发展与转变政府职能有直接关系,故社会组织的能力和活力也在承接政府职能之中得到体现。社会组织与政府的这种关系在行业协会、商会等组织的发展中体现得最为明显。比如,1980 年成立的中国包装技术协会,其缘起是中国产品"原始的包转"。为了改变产品包装的粗劣而造成的经济损失

---

① 参见高丙中、袁瑞军:《中国公民社会发展蓝皮书》,北京大学出版社,2008年。

等问题,1963 年轻工部、外贸部和商业部就开始着手准备建立包装研究室等政府机构,但这一事项因为"文革"的影响而中断了。到 20 世纪 70 年代末,建立管理包装的机构的需求再次被提及,但这时期已经开始转变政府职能和政府机构改革,建立新的政府机构已经不可能,故最终选择了建立包装技术协会,由它解决包装落后、损失严重等问题,并承担包装技术制定和包装管理等职能。①而温州服装商会也是政府行业管理的合格替代者。当政府从具体企业经营活动中退出后,实际在经济领域留下了相当的真空地带,于是温州的服装企业开始了无节制的扩张以及随之而来的恶性竞争,最终导致温州服装质量低下、温州服装商人恶名远播。为了扭转这种局面,单靠政府的力量难以实现,于是,温州的服装商人自发组织起来,通过建立商会的方式来统一规范服装行业的原材料、工艺、价格等,维护市场秩序。②事实证明,温州服装商会真正做到了这一点。随着社会组织的发展,其作用已经不仅仅限于承担政府外移的部分职能,而且在政府的核心职能——公共管理和公共服务方面也体现出相当的能力。

公共管理的主体是政府,但在多元治理等现代公共管理理念下,社会组织也成为公共管理的重要参与者。比如,环境保护理应是政府的重要职责之一,但目前社会组织扮演的角色就日益重要,像"地球村""自然之友"、绿家园志愿者等民间社会组织,由于广泛的影响力而得到政府支持,并与政府积极合作开展环保活动。更多的环保组织是草根身份,比如云南保山市芒宽乡百花岭村的"高黎贡山农民生物多样性保护协会",南开大学的"绿色行动小组"、环保协会等学生社团。社会组织的公共管理职能在应急管理中体现得更突出。自然灾害、突发事件等危机是人类必须直面的现实,如何更好地渡过危机是任何政府都必须着重解决的问题。政府和个人在危机中的能力都是有限的,所以必须建立一种社会机制,通过社会机制增强社会和公众抵抗风险与危机的能力。这种社会机制的主要力量就是社会组织,通过它建立起社会保障网,并与政府密切合作,这是现代社会应对危机的主要手段之一。

在提供公共服务方面,社会组织的实际作用和影响力正日益增长。社会组织的基本定位之一就是在政府和市场失灵的空间里弥补其不足。以志愿精神为指导,本着为社会成员的公共利益服务的原则,社会组织可以采取与政府不同

---

① 李文驹:《时代所需 众望所归:回顾中国包装技术协会成立前后》,《中国包装》,1996年第1期。

② 曹海东、张朋:《温州商会的惊人力量揭秘》,《经济》,2004年9月号。

的方式满足公众的需求。由于社会组织自身的特性,在公共服务领域,其活动空间和覆盖范围都可能超出政府。另外,在社会利益主体和利益需求多元化的条件下,政府很难满足多元化的、甚至带有局部冲突的利益需求。社会组织则不同,广泛存在的社会组织支持和体现了多元化的价值,不同程度地满足了多元服务需求。从实践上看,社会组织提供公共服务的能力值得肯定。比如,中华慈善总会的慈善雨水积蓄工程,筹款 800 余万元,帮助西部贫困地区的定西、榆中等县 12767 户居民每户都建立了 30 立方米水窖、100 多平方米的雨水蓄积面,初步缓解了 3 个县 28 个乡 136 个村共 58395 口贫困居民和 6 万多头家畜的饮用水困难。[1]正是社会组织的行动帮助地方政府解决了长期困绕他们的难题。另外,引起广泛关注的上海市罗山市民会馆,也是社会组织提供公共服务的典型。罗山市民会馆建有图书馆、敬老院、市民救助中心,为市民开展文化讲座、医疗咨询、困难救助、儿童照料乃至家电维修等服务活动。类似的主要由社会组织提供服务,政府或者起到维护其合法性的作用,或者作为服务的合作者为其提供资金、场所等条件,这种模式对政府施政来说是一种新的摸索。

2. 政府向社会组织购买服务

政府向社会组织购买服务是社会组织提供公共服务的一种形式,只是这种形式在近几年受到广泛关注,因此这里将其单独拿出来,作为社会组织影响政府的一种形式。

政府购买公共服务是公共服务市场化和社会化的重要机制。20 世纪 80 年代以来,社会组织在经济社会等领域的独特作用和巨大潜力引起了广泛关注,而公共服务供给中"政府失灵"和"市场失灵"的存在,加快了政府与社会组织在公共服务领域的合作。购买公共服务就是政府与社会组织间合作关系的重要体现。21 世纪初,中国开始服务型政府建设的进程,这为社会组织提供了广阔的发展空间。在服务型政府建设初期,政府承担着绝大部分公共服务职能,但也存在范围窄、成本高、效率低、方式单一、资源不足等诸多问题。于是,在公共服务中引入市场机制和社会力量,就成为提高公共服务水平、推动服务型政府建设进程的重要途径,政府向社会组织购买公共服务也在这种背景下诞生了。

早在 1995 年,上海市浦东新区的"罗山会馆"就开创了政府向社会组织购

---

① 丁元竹等:《志愿精神与第三部门研究》,载中国青少年发展基金会编:《扩展中的公共空间》,天津人民出版社,2002年,第152页。

买公共服务的先例。进入 21 世纪后,购买方式迅速在全国推广,居家养老、社区服务、助残扶幼、支教助学、基层医疗、生态环保、城市管理等多项公共服务都以政府向社会组织购买的方式在各地出现。[1]实践中,政府向社会组织购买的公共服务范围比较广泛,比如北京市政府 2011 年计划向社会组织购买的公共服务就涉及 5 个方面、40 个类别共 300 个项目(见表 3-5)。[2]一些地方也会向社会组织购买比较有特色的公共服务项目,如南京市政府向社会组织购买的居家养老服务,深圳市政府向社会组织购买的城市管理项目,都引起了各方关注。

表3-5 2011年北京市政府向社会组织购买公共服务规划表

服务类别	服务项目
社会基本公共服务类	1.社区基本公共服务推进项目 2.扶老助残服务项目 3.支教助学服务项目 4.扶贫助困服务项目 5.公众卫生健康知识普及服务项目 6.就业、创业帮扶服务项目 7.公共安全教育训练推广项目
社会公益服务类	8.社会志愿公益服务项目 9.高校社团公益服务项目 10."三个北京"行动计划推广项目 11.绿色生活方式引导项目 12."做文明有礼北京人"宣传教育推进项目 13.法律咨询与援助服务项目 14.人文关怀与社会心理服务项目 15.特殊人群服务项目 16.网络组织文明自律引导服务项目 17.应急救援综合服务项目
社区便民服务类	18."一刻钟服务圈"便民服务拓展项目 19.家政服务提升推广项目 20.社区居民出行便民服务项目 21.社区"一老一少"照护服务项目 22.社区智能化便利服务项目

---

① 参见王浦劬、[美]萨拉蒙:《政府向社会组织购买公共服务研究——中国与全球经验分析》,北京大学出版社,2010年。

② 《2011年本市再买300项公共服务,首次为"枢纽型"社会组织购买管理岗位》,北京政务信息网,http://zhengwu.beijing.gov.cn/bmfu/bmts/t1158742.htm。

社会管理服务类	23.社会组织"枢纽型"管理服务项目
	24.社会组织孵化项目
	25.社会组织服务品牌提升推广项目
	26.与在京国际组织、国家行业组织交流项目
	27.社区管理及村庄社区化管理服务试点项目
	28.国际化社区服务管理试点项目
	29.社会矛盾调解服务项目
	30.社区矫正帮教服务项目
	31.新居民互助服务管理项目
	32.专业社工管理岗位项目
	33.专业社工人才培养、评价、使用、激励试点项目
社会建设决策研究、信息咨询服务类	34.网格化社会管理标准体系研究项目
	35.社会建设指标体系研究项目
	36.社会舆情监测与分析研究项目
	37.虚拟社会信息交流及引导机制研究项目
	38.社会心理服务研究项目
	39.社会动员机制研究项目
	40.社会和谐稳定风险评估研究项目

资料来源:《2011年本市再买300项公共服务,首次为"枢纽型"社会组织购买管理岗位》,北京政务信息网,http://zhengwu.beijing.gov.on/bmfu/bmts/t1158742.htm

3. 社会组织扮演政府的智库

社会组织具有专业性、公益性等特点,因而它们可以独立的、专业的思维看待社会问题,并提出针对性的解决措施。对政府决策和政府运行过程而言,社会组织就是自身系统之外的智库,政府可以从社会组织处吸收各种建设性的意见和建议。社会组织的这种智库作用主要体现在三个方面:

第一,社会组织向政府表达利益诉求。意见表达是政府过程的开端,而社会组织则是意见表达的主体之一,且其意见表达既有广泛性,又具有一定的专业性。相较于人大、政协等体制内的意见表达主体而言,社会组织的数量更多,覆盖面更广,可以更广泛地接触公众并集中其利益诉求;同时,社会组织往往具有自己的专门领域,其代表本领域所表达的利益诉求也具有专业性。社会组织的意见表达,既可以直接针对政府部门和决策机构,也可以通过人大代表、政协委员以及媒体等渠道间接进入政府过程。

第二,社会组织的政策倡导。相较于意见表达,政策倡导更具专业性,是社会组织就某个特定问题向政府部门或其他机构提出的政策制定的意见和建议,它属于政策触发机制的一种。比如,"自然之友"在保护藏羚羊中所发挥的倡导作用。当"自然之友"了解藏羚羊的生存状况以及保护工作中的困难后,联合其他社会组织编写了藏羚羊情况的报告,为"野牦牛队"提供各种帮助,并在北京等地展开保护藏羚羊的宣传工作，提出保护藏羚羊的具体政策建议，如中央政府成立藏羚羊保护工作领导小组，统筹西藏、青海和新疆三省区的有关保护机构，组建强有力的保护队伍等。"自然之友"等组织的努力促成了国家林业局出台《中国藏羚羊保护现状》白皮书、采取旨在打击偷猎活动的"可可西里一号行动"等。①与此类似的还包括，"自然之友"还与其他社会组织一起倡导了"限塑令"的出台、消费者权益保护协会在食品安全法制定过程中的作用等。

第三，社会组织的决策参与。普遍意义上的决策参与，应包括政策倡导甚至意见表达，毕竟社会组织通过自身的努力促成政策制定或修改。不过，社会组织参与决策的程度有可能比上述情况更深入，特别是对那些准政府组织而言，更有可能承担法规和政策草案的起草、参与政策制定会议、商讨政策细节等。

4. 社会组织在政府和公民间发挥弹性作用

作为国家权力代理人的政府，需要照顾多数人的利益和国家整体利益，但是政府考虑和处理问题的角度常常与公众不尽相同。这往往会导致政府与公众，特别是特定的利益群体需求存在不同程度的差异。公众从自己的角度思考问题，认为政府的政策决策不符合自己的利益，从而认为政府不为人民的利益着想。特别是具体到某个问题，如城市旧城区改造不得不施行的拆迁问题，遇到的阻力往往非常大：老百姓从自己的利益出发，不愿意搬迁，地方政府从城市建设的角度出发，实施战略规划，矛盾就此产生。另外，当前政府官员中存在的腐败现象，也是公众最反感的问题，公众很容易将政府正常的执法、收税等行为与以权谋私、乱收费等腐败行为联系在一起，从而引发过激行为、矛盾冲突乃至群体性事件。诸如聚众阻挠执行公务、扣押甚至殴打政府工作人员、围攻政府办公地点等行为，从一个侧面反映出政府与公众间矛盾的事实。

政府与公众矛盾在体制上的原因主要是二者之间缺乏沟通渠道，或者说缺少一种"减压阀"。在体制上，政府与公众都是"刚性的"，都会尽可能坚持自己的主张。在缺乏宽容和妥协精神的地方，再缺少处于两个刚性结构之间的缓冲组织，硬碰硬的结果对双方都没有好处。实际上，政府与公众的矛盾不是不可调和的，政府所必须考虑的国家和整体利益，从长远来说，也是符合公众利益的，只要将政府和公众的利益主张进行必要的中和，就能获得圆满的解决。

---

① 《关于"自然之友"保护藏羚羊问题的报告和建议》，中国网，http://www.china.com.cn/zhuanti2005/txt/2001-01/12/content_5016737.htm.

调解和缓和政府与公众之间的矛盾就需要中介机制。在社会组织比较发达的地方，它完全可以作为政府与公众之间的"减压阀"，承担起调和政府与公众矛盾的任务：其非官方性质使它更容易为公众接受；它代表着公众的利益，虽然这种利益代表与公众的具体利益要求间可能存在差距，但从根本上说，它是在为老百姓讲话；它作为组织化力量，在与政府的接触中，比单个公众的影响大，政府不可能轻易忽视它的存在；它与政府间往往存在各种联系，业务的、资金的等，使它比较容易与政府沟通；在矛盾状态下，政府也需要中间调节，它的出现对政府也是一种应急之需。综合各方面的因素，社会组织作为政府与公众之间的矛盾协调者是合适的。建设这样一种缓冲地带，在政府与公众的"刚性"结构间加入弹性机制，政府从过去直接与公众接触变为通过第三部门与公众间接发生联系，减少直接对抗的机会，对整个体制而言都是一种进步。

5. 社会组织监督和制约政府权力

权力制约是现代政治的基本要求，权力监督和制约的主要形式包括权力之间的制约、公民的监督以及社会的监督和制约。"以社会制约权力"即是权力制约的重要思路，它强调独立的"公民社会"对政府权力的监督和制约。社会组织则是"公民社会"的主要力量，它对政府权力的制约体现了政治领域之外的力量对权力的影响，是较权力体系内部的制约更具民主意义的方式。当前，中国政府权力运作中来自社会的监督和制约还比较弱，这也是政府权力滥用的现象比较严重的原因之一。

社会组织对政府权力的监督和制约是改变政府权力运作模式的有效渠道。单个的、没有力量与政府权力相抗衡的公众可以依靠组织化的力量影响政府的行为。社会组织为公众的自组织提供了空间，它以公共利益或团体的利益为目标，以促进整体利益和社会发展为宗旨，超越了政府的自身利益和某些领导人的个人利益，避免政府权力滥用造成的危害，使政府的权力运作更具公开性和民主性。

社会组织对政府权力的监督和制约有多种形式。社会组织可以直接对政府或官员个人的违法违规行为提出抗议乃至举报；也可以通过媒体等渠道表达意见，公开掌握的权力滥用、腐败证据；可以对政府的某项政策提出批评意见和建议；也可能就涉及公民权利的事项直接向司法部门提起诉讼，或者向公众提供司法帮助。在社会组织发展的初期，其主要目标是争取生存空间、扩大规模，因此社会组织可能会刻意避免权力制约问题。但是，随着社会组织的发展，其对政府权力的这种影响将会逐步增加。

第三节 社会组织与政府的互动共强

在"强国家—强社会"的模式下，作为具体行动主体的政府和社会组织不仅自身要有作为、有活力，而且双方还会在互动的基础上形成相互促进、共长共强的关系。在当前中国，政府和社会组织的这种互动共强关系已经有了一定的基础，将会随着社会组织的发展而逐步呈现。

一、社会组织与政府"共强"关系辨析

1. 社会组织的"强"不是对抗政府

在当前社会组织处于初步发展阶段、亟须发展空间和各方支持的背景下，本研究提出社会组织强而有活力，显然不是在强调社会组织对抗政府，而是强调社会组织有能力提供管理和服务，参与社会治理进程，发挥"协同"作用。

从理论上看，社会组织与政府的对抗关系主要存在于西方国家资产阶级革命初期，是新兴资产阶级与传统封建地主作斗争的理论武器。随着资产阶级革命取得胜利、市场经济体制的常态化运行，社会组织及市民社会就与政府间处于各显所能、互不干涉的状态。当真正意义上的"社团革命"发生，西方发达国家进入所谓"后现代"阶段后，日益壮大的社会组织不仅没有与政府陷入对峙中，而是从分离走向合作，强调发挥各自的长处来推动社会整体发展进程。这一理论上的进步同样适用于中国。历史上，处于东方社会的中国就没有呈现出社会组织与政府对立的形态；在今天，社会组织与政府的关系也会随着社会组织的发展而走向相互促进、共长共强。

从实践中看，中国的社会组织也不存在与政府对抗的现象。一方面，中国大量具有合法身份的社会组织，如人民团体、行业协会等，都具有"准政府""半政府"的特点，它们与政府本身就难以完全分开，作为体制内因素自然不存在对抗政府的现象。另一方面，20世纪80年代以来，中国社会组织的发展主要集中于经济、公共服务、社区发展等领域。这些领域的社会组织主要是服务性质的，其所作所为对政府而言是一种帮助，而那些可能对政府形成不利局面的政治性的、涉外的组织，则没有获得发展的空间。因此，现有的社会组织不断增强能力和活力，只能为政府的社会管理和公共服务提供更大的帮助，而不会造成威胁，

更不会导致社会组织对抗政府。

2. 社会组织与政府的关系是双向的

社会组织和政府"共长共强"是基于"强国家—强社会"的模式,而国家与社会的关系是相互促进、相互形塑的,故"双强"模式下社会组织和政府也是相互促进的关系,而不是社会组织单独发展,或者政府单极突进。故此,本研究对社会组织的分析,理论上不能只限于社会组织一边,也应该将政府作为"双强"的另一边而加以分析。在实际操作中,本研究还是侧重于分析社会组织,将政府作为伴生因素处理,而不作为重点分析对象。这主要是考虑到将政府和社会组织都置于重点研究对象位置,会冲淡本研究的主体——社会组织。同时,在中国,政府的强而有为就是一种现实,不需要过多的争辩,而社会组织则处于逐步发展、扩大影响的过程。

社会组织与政府的双向关系,可以从两个层次来理解:一是二者的相互影响。正如本章前两节所分析的,社会组织和政府都会对对方产生影响;二是二者相互依赖,一方因为另一方的强而强。第一层含义可以从现实中观察发现,第二层含义则是基于现实的认识升华。本研究特别要强调的是,社会组织的"强"对政府是一种促进:从最浅显的层面讲,社会组织强而有活力,能够承担大量的社会管理和公共服务职能,这将有助于"强"政府的形成。当政府需要在管理和服务上面面俱到时,事无巨细将使其精力分散,难以做到真正的"有效"。这时的"强"政府只是体现在"做得多",但却难以"做得好"。"强"社会组织将在很大程度上为政府分担这一压力。再进一步讲,社会组织发展将为政府提供外部约束。从对立统一的辨证规律出发,强政府如果缺少对立统一的另一面就难以"自强",而强有力的社会组织就是这种"另一面"。事实上,强有力的社会组织不仅是政府外部的强大竞争力,也是来自外部的对政府的监督力量。从最宏观的层面讲,社会组织的发展将促进社会自治和社会自发的秩序。这对"强"政府是有益的,而不是一种伤害。社会自治能力是对政府管理能力的一种弥补,而社会自发秩序则是政府强制秩序得以维持的基础。

3. 社会组织什么情况下会削弱政府

由于社会组织所具有的非政府性、自治性、志愿性等特征,决定了它们必然是区别于政府的组织形态,故在有关社会组织的研究中,一直存在"反对论"。前述自弗格森、潘恩等延续而来的"市民社会对抗国家"观念,在社会组织与政府关系上也是持反对论的。这种论调即使是在现代社会也依然存在,特别是一些研究威权体制的学者,认为像波兰、韩国等威权体制转型过程中市民社会和社会组织所起的作用主要是反对和削弱;[①]即使是在民主体制下,也有人认为社会组织的作用并不都是积极的,伯尔曼(Sheri Berman)的总结就是"繁荣的市民社会并不一定会促进自由民主"[②]。

当然,"反对论"并不是研究者普遍认同的观念,前述米格代尔、埃文斯等人的研究已经表明,不管在发达国家还是发展中国家,市民社会和社会组织也可能与政府建立相互合作、相互促进的关系。而在威权体制转型国家,二者的反对关系也是特定时期的特定状况,当转型逐步走向稳定期,市民社会和社会组织与政府的关系就不是"反对"那么简单的了。[③]

那么,社会组织在什么情况下会导致政府的不稳定,甚至削弱政府呢?

首先,社会组织反对或削弱政府大多出现在威权体制的转型阶段。从现有的研究成果看,现代社会中,社会组织与威权政府确实存在不一致,社会组织追求的自由、民主等可能与威权政府产生冲突。当威权政府开始转型或者无法完全控制社会时,社会组织就会成为民主化的重要力量。韩国和南美一些国家的民主转型中都体现出了这一点。

其次,社会组织受来自国外敌对力量的蛊惑而反对或削弱政府。这在21世纪初苏联和东欧地区一些国家发生的"颜色革命"中体现得比较明显。[④]美国等西方国家为了实现其所谓的"民主化",扶持这些国家的社会组织,为它们提供资金、人员等帮助,使它们迅速成长为政府的反对力量,进而通过"选举"等形式,将政府推翻,至少也造成社会动荡。

与此相关联,有两个问题需要厘清:一是部分社会组织开展的、基于组织宗旨的公益活动可能与政府的要求不一致,但社会组织的这种活动本质是"善意"的;二是社会组织监督和制约政府不是为了削弱政府。比如,工会开展维护工人权益的活动,其直接针对的对象一般是资方,目标是提高工资待遇和福利水平;但是,工会的活动可能与政府追求经济增长的目的发生冲突,因为工会的活动

---

① 尹保云:《公民社会运动与韩国的民主发展》,《当代韩国》,2009年秋季号。

② Berman,Sheri,Civil Society and the Collapse of the Weimar Republic,*World Politics*,49(April),1997,pp.401–429.

③ 张振华:《公民社会兴起的政治意蕴:以韩国为样本》,《经济社会体制比较》,2013年第3期。

④ 穆紫:《西方势力借NGO向中国渗透》,《党建文汇》,2008年7月上半月版。

可能导致企业停产减产甚至资方的撤资退出，政府的税收、GDP指标等都会受影响。显然，工会的活动并不是针对政府，也无意削弱政府。社会组织还可能针对政府的权力滥用和腐败、政策制定和执行等进行监督，约束政府的行为。这些活动也可能增加政府（官员）的压力，但显然不是为了削弱政府。相反，社会组织的监督和制约可以提高政府运行的质量。

二、社会组织与政府关系的不同层次

从上述分析可以看出，社会组织与政府间的合作关系远多于对立，即合作共强是二者关系的主流趋势。但是在实践中，各国乃至不同类型社会组织与政府的关系还是呈现出多样性。有学者将国外社会组织与政府关系总结为三类：疏离型，如澳大利亚；整合与依附型，如德国和日本；整合与合作型，如西欧国家。[①]金英君依据社会组织与政府的"亲密"程度，将二者关系区分为父子型、依附模式和独立模式。[②]具体到中国的情况，康晓光等通过对多个社会组织的实证研究，得出政府对社会组织"分类控制"的结论，并认为这是改革开放以来新的经济环境下，政府借以控制社会的手段；具体到控制方式上，则是"行政吸纳社会"。[③]在社会组织的实践中，随着社会组织在社会管理和公共服务等领域的参与日益增多，研究者们更多强调社会组织与政府的合作关系。陈华将社会管理中政府与社会组织的关系概括为"吸纳与合作"。[④]高红通过对南京市社会团体的实证研究，说明社团与政府合作的必要性和可行性，并分析如何建立二者间的良性互动关系。[⑤]康晓光等人通过对17家与政府合作比较有代表性的NGO的调查研究，提出NGO与政府合作的策略。[⑥]

在本研究的"双强"模式下，社会组织和政府"共生共强"的基本表现形式也是二者的合作，或者说合作是共强的前提和基础。对社会组织而言，与政府的合作只是初步的关系状态，在此基础上，社会组织应该与政府形成互动，并最终实

① 甘肃省民政厅课题组：《社会组织与政府关系模式研究》，《甘肃社会科学》，2009年第5期。

② 金英君：《社会组织与政府关系研究》，《前线》，2015年第2期。

③ 康晓光、韩恒：《分类控制：当前中国大陆国家与社会关系研究》，《社会学研究》，2005年第6期；康晓光、韩恒：《行政吸纳社会：当前中国大陆国家与社会关系再研究》，*Social Sciences in China*，2007年第3期。

④ 参见陈华：《吸纳与合作：非政府组织与中国社会管理》，社会科学文献出版社，2011年。

⑤ 参见高红：《城市整合——社团、政府与市民社会》，东南大学出版社，2008年。

⑥ 参见康晓光等：《NGO与政府合作策略》，社会科学文献出版社，2010年。

现二者的伙伴关系。

1. 社会组织与政府的合作

合作是社会组织与政府间关系的浅层次状态。格林（Andrew Green）等在研究组织间的关系状态时，将其关系区分为竞争、合作、协调、协作和控制五种类型。①其中合作是围绕特定议题进行的一次性的关系，协作则是较合作更高的形式。①格雷则进一步指出，在组织间协作的过程中，协作是一个长期的综合过程，而合作是其中的一个阶段。②根据学者们对合作关系的这种理解，本研究也认为社会组织与政府间的合作是二者间关系的初级层次，在此基础上，二者的关系还有进一步的发展和深化。

社会组织与政府间的合作，主要形式有两种：一是政府活动和政府过程中吸收社会组织的参与，二是政府以某种形式支持、影响社会组织的活动。第一种情况是当前比较普遍的存在形式，比如政府在特定的环境保护、灾害救助、绩效评价等活动中吸纳社会组织参与，虽然这种参与并没有形成惯例，也没有制度化，但由于参与的客观存在，就可以认为政府与社会组织之间存在合作。第二种情况也是当前较多的社会组织在开展活动时，努力寻找一种"合法性支持"。比如，民间组织开展垃圾分类处理、救助留守儿童、环保骑行等活动时，邀请政府官员出席活动仪式、寻求政府部门给予一定的资金支持等。

2. 社会组织与政府的互动

社会组织与政府之间的合作往往并不是单方面的，大多也不会止于一次性活动，于是在合作的基础上就产生了二者的互动。互动不是简单的一种状态，而是一个过程。社会组织与政府的互动，可以简单地理解为以下三个方面：

一是社会组织和政府的相互影响。从整体层面讲，政府可以通过登记注册、税收减免审查、提供活动资金、购买服务等形式对社会组织施加影响，社会组织也可以通过意见表达、政策倡导、监督和制约权力等形式来影响政府。具体到某个现实问题和事项，社会组织和政府的相互影响则更为直观。

二是社会组织和政府之间建立起相对稳定的机制。互动并不是随意发生的，也不应该因为社会组织和政府的单方面意愿而随意变更，为此，社会组织与

---

① Andrew Green, and Ann Matthias, *Non-governmental Organizations and Health in Developing Countries*, St.Martin's Press, 1997, p.67.

② Barbara Gray, *Collaborating: Finding Common Ground for Multiparty Problems*, Jossey Bass, 1989.

政府的互动需要一些规则、措施来引导和约束。比如,为了使社会组织参与公共服务购买常态化,政府要建立购买服务这种机制,包括公开招投标、价格制定、监管、问责等一系列具体措施。

三是社会组织和政府间形成相对稳定的"系统"。原本意义上,政府是政治性因素,社会组织是社会性因素,社会组织并不在政治体制内,因而二者不属于一个系统。但是,由于二者的互动,特别是相对稳定的互动机制的建立,将使社会组织与政府经常处于一种相互关系之中,这种相互关系的循环往复就构成一个相对独立的"系统"。这个"系统"可能还涉及作为第三方的监督主体、公民个人等因素,但是就社会组织和政府而言,基于相互关系的"系统"却已经成为互动能够持续并不断深入的重要保障。

3. 社会组织与政府的伙伴关系

伙伴关系最早用于国际关系中描述国家间的战略合作关系,后逐渐引入其他学科。萨拉蒙也使用伙伴关系来描述美国公共服务供给中联邦政府与州政府、地方政府、社会组织之间的关系。作为社会组织与政府间关系的高级形态,伙伴关系不仅要求社会组织与政府开展合作,建立互动机制,还强调彼此的独立和信任,在相互尊重的基础上密切协作、利益共享。

首先,伙伴关系是一种亲密关系。伙伴,顾名思义,不仅仅是交易关系和临时性的合作关系,而且是长期形成的有内在情感的关系状态。对社会组织而言,与政府形成伙伴关系意味着双方在相互认可的基础上基于共同的目标而达成的和谐关系。

其次,伙伴关系意味着相互独立和彼此信任。伙伴关系的双方是平等的主体,不存在高低轻重之分。社会组织与政府的伙伴关系,意味着政府认可社会组织的社会地位,将其置于与自身平等的位置,并相信社会组织在社会管理、公共服务等方面的能力;社会组织同样也需要信任政府,包括相信政府能平等对待自己、给予社会组织施展能量的空间、提供必要的支持等。信任是伙伴关系建立的重要基础。没有基本的信任,长期的合作、利益的共享等都是空谈。

再次,伙伴关系意味着协作和沟通。伙伴关系的双方对各自的能力有充分的了解,因而在合作过程中,社会组织和政府能够取长补短,尽量发挥各自的优势,遇到问题能够及时沟通、协商解决,从而达成密切协作的状态。

最后,伙伴关系意味着利益共享。社会组织与政府的伙伴关系可能不是基于获利的因素,而是为了解决现实问题、实现良好的社会治理,但这一过程可能会带来客观的"好处"（也可能是不好的结果，而需要共同承担责任），如公众认同的提升、公众付费的增长等。这些好处或利益也由社会组织和政府共享，任何一方都不能全部占有。

第四章

社会复合主体中的社会组织与政府

社会治理是新时代中国社会政治生活的重点课题,在"党委领导、政府负责、社会协同、公众参与"的治理格局中,政府和社会组织都是重要主体。本章以杭州社会治理中的新形式——社会复合主体为例,验证社会治理中社会组织发挥怎样的作用、如何与政府合作互动,从而实现社会组织和政府"共强"的结果。

第一节 社会复合主体的概况

社会复合主体是杭州在新的历史时期为满足社会经济发展的需求,在原先政府、企业、社会组织等单一主体的基础上,通过资源整合和共享等方式而创造的新型社会主体。这种新型组织具有广泛的包容性,能够满足现实的需求,在实践中产生了良好的效果。

一、社会复合主体的含义和特点

社会复合主体是指以推进社会性项目建设、知识创业、事业发展为目的,社会效益与经营运作相统一,由党政界、知识界、行业界、媒体界等不同身份的人员共同参与、主动关联而形成的多层架构、网状联结、功能融合、优势互补的新型创业主体。[①]简单地讲,社会复合主体就是在特定的公共利益目标下,将多元主体融合为一体以实现社会经济发展的组织形式。

社会复合主体是相对于单一主体而言的。在较长的时间里,中国社会中存

---

① 王国平主编:《培育社会复合主体研究与实践》,杭州出版社,2009年,第2页。

在的各种组织形式,如政府、事业单位、企业、社会组织等,都侧重于强调自身的特定属性,强调自身与其他主体的不同,从而突出自身的地位或特殊的利益。这在社会分化的初期是必要的,也有利于"主体"意识和资格的形成。但是,随着社会公共事务复杂性的增加以及对良好治理的追求,单一主体及与之相关联的单中心治理越来越不适应社会治理的需要,取而代之的是强调多元主体合作的多中心治理。社会复合主体就是对这一发展趋势的适应。

从杭州的实践来看,社会复合主体具有以下特点:

1. 主体多层复合

社会复合主体之所以称为"复合"主体,首先就是其成分的多元性。通常在一个组织框架内有多种主体,党政界、企业界、知识界和媒体界融合在一起。这些多元主体在复合主体之外具有独立的身份,但当他们因为特定的目的结合形成复合主体时,就构成了一个整体,各自在特定的节点上发挥作用,相互联结形成网状结构,形成既发挥分层活力、又注重整合运作的有机体。社会复合主体的这种多层结构体现在每一个具体的案例中。如运河综合保护复合主体中,参与主体就分为紧密层、半紧密层和扩散层,其中紧密层包括杭州市运河综保委和市运河集团,下城、拱墅、江干、余杭四城区以及市交通局分指挥部;半紧密层包括运河沿岸各城区和市有关部门、专家学者、新闻媒体、市民群众及杭州运河研究院;扩散层包括国家运河申遗有关机构和运河沿岸各城市。紧密层属于主动参与,半紧密层的专家学者、媒体、公众等都在动员之列,扩散层则基本依靠动员才能参与。而在西泠印社复合主体中,多层结构包括国家级社团组织西泠印社,杭州市政府建立的管理协调组织西泠印社社务委员会,事业性的发展组织中国印学博物馆和西泠印社出版社,西泠印社产业发展有限公司、西泠印社文化艺术发展有限公司、西泠印社拍卖有限公司等则是相关企业,由此形成社会组织、政府部门、事业单位、企业的多元复合。

2. 结构网状联结

社会复合主体内虽然包括多种主体,但它又是一个整体,各主体不仅仅是相对独立的子系统,更是组成复合主体的有机成员,各主体之间需要相互联结、相互作用,共同构成完整的系统。在社会复合主体中,这种联结首先是通过项目实现的:各个主体都是项目的组成部分,在项目中扮演特定的角色、发挥各自的作用,即各主体首先成为项目中的"点"。然后,各个"点"通过人员的兼职、信息的共享、知识的交流、项目的串联等,在各个主体间建立起网状关系结构,形成

"多层架构、网状联结、功能融合、优势互补"的结构。可见,社会复合主体已经超越了日常的组织概念,因此它往往采取开放式的组织形式,常设机构和临时机构并存。在社会复合主体建设中,杭州常见的做法就是由政府出面改造或建立一个新的平台,用政府的影响力将相关主体都纳入进来。比如,在西湖综合保护中,由于西湖风景名胜区涉及上城、下城、西湖三个行政区,而名胜区保护的业务主管部门又为西湖风景名胜区管委会,因此在工作中存在着职能交错、多头管理的现象。针对这一情况,杭州专门成立西湖综合保护工程指挥部,市园文局、市发改委、市建委、市规划局、市财政局、市国土资源局、市环保局、市房管局、市旅委、西湖区、上城区等各有关部门和城区负责人参加;指挥部下设办公室,并根据具体工程项目设立了 3 个分指挥部;同时,授予指挥部"特事特办、急事急办、手续照办"的原则,承担具体的决策、协调和管理职能;指挥部和管委会再根据实际需要,与研究机构、高校、文化单位、媒体等建立合作,从而围绕运河保护形成一个运行网络。

3. 功能融合互补

社会复合主体将各种社会要素纳入其中,实际也就将政府、企业、事业单位、媒体的功能融合于一体,往往兼具管理、创业、经营、研究、扩散等功能。学者总结社会复合主体的功能包括资源整合、知识共享与传播、提高工作效率、政府服务的延伸和引导力的发挥、拓宽人才服务社会的渠道以及促进民主监督。[①]更为重要的是,社会复合主体将各种要素的功能聚合起来,在这一组织形式中实现了各种要素功能的互补,做到取长补短、相互支撑、共同发展。比如,西湖综合保护复合主体的核心功能是保护千年大运河,其中市委、市政府在西湖综合保护工程的决策、资源整合等方面起主导作用;西湖风景名胜区管委会和西湖综合保护工程指挥部具体负责工程的实施;各行各业专家学者提供智力支持,积极参与项目论证、政策制定,促进科学民主决策;参与企业则是工程的具体建设主体;各主体分工不同,但各自发挥优势,密切合作,促使西湖综合保护工程成为杭州历史上规模最大、效果最好、影响最广,具有里程碑意义的保护与治理西湖大行动。

4. 灵活开放

社会复合主体在实际运行中具有相当的灵活性,并不拘泥于某种形式,而

---

① 王国平主编:《培育社会复合主体研究与实践》,杭州出版社,2009年,第68页。

是依据项目的实际需要来决定。社会复合主体所针对的都是城市治理中的各种现实问题,如文化传承与保护、基础设施建设、公共服务项目等。这些项目的实际需求差异较大,社会复合主体也相应地采取不同的形式。总结杭州的社会复合主体,若按照政府在其中的地位和作用,可以区分为"政府主体型""政府主导型""政府引导型";按照项目运营方式可分为"行业联盟组织""项目推进组织""市校联盟组织";按照主体功能可分为"社会服务复合主体""社会治理复合主体""共同创业复合主体"三种类型。①此外,社会复合主体的边界是开放的,并不局限于特定的组织和人员,只要能促进共同目标实现的要素,都可以被吸纳进来;同时,复合体与外部环境之间的物质、知识、信息的交换也是开放的;复合体的组成人员中专职和兼职并存,他们之间是平等和协商合作的关系。社会复合主体的灵活开放性,使之具有广泛的包容性与强大的资源整合能力。

二、社会复合主体的形成机制

社会复合主体强调"四界联动",党政界、知识界、行业界、媒体界融合在一个复合主体中,但这些主体之间的组合形式也不完全一样。总体上,社会复合主体有三种形成机制。

1. 以项目为纽带形成的复合主体

杭州在经济发展、城市建设、社会管理中需要建设诸多项目。以往常的经验,这些项目主要由政府来实施,由此会产生一系列问题:政府缺少动力和创造力,效率也不高,导致项目效果不佳。如果借鉴西方国家的做法,实行市场化方式,又会出现片面追求效益的问题。于是,杭州在实践中逐渐探索出以项目为纽带,融合各种主体共同建设的复合主体形式。项目就是复合主体的"标的",各个主体都围绕项目而开展活动,以更好地建设项目为共同目标。以项目为纽带的社会复合主体在杭州比较多,如运河综合保护复合主体、西溪湿地综合保护复合主体、西湖综合保护复合主体等。

2. 原有主体重新开发形成的复合主体

在有些复合主体中,核心主体此前已经存在,只是由于各种原因,该主体并没有获得发展,更没有以此为基础形成利益综合体。在城市发展、社会管理等新的需求下,这些主体找到了新的生长点,并围绕共同的利益、联结相关主体创造

---

① 王国平主编:《培育社会复合主体研究与实践》,杭州出版社,2009年,第5~8页。

新的复合主体,比如西泠印社复合主体就是如此。在西泠印社复合主体建立前,西泠印社已经存在超过 100 年,是一个具有悠久历史和深远影响的民间组织。但是,这一组织在市场经济发展中没有找准定位,公益性文化事业与经营性文化产业混在一起,运作方式和管理模式僵化。为了改变这种状况,2002 年起,西泠印社以百年品牌为核心和纽带,通过注册国家级社团、成立市属西泠印社社务委员会、培育新型产业发展主体西泠印社集团有限公司,构建了社团法人、国有事业法人和企业法人和谐创业的"三位一体"社会复合主体架构。新型社会复合主体的成效突出:2006 年,西泠印社"金石篆刻"被列入国家首批"非物质文化遗产"保护项目;2007 年,西泠印社产业总体销售收入达到 6597.8 万元,利润 2882.1 万元。

3. 原有要素与新生主体组合形成的复合主体

在一些复合主体中,原来已经存在一个或几个与此相关的主体或要素,由于城市发展的需要,一些新主体出现,新旧主体基于共同的目标和利益而组合起来,从而形成了新的复合主体。比如,茶行业联盟、良渚大遗址等社会复合主体都是如此。茶行业联盟的传统要素就是杭州悠久的茶历史、深厚的茶文化和发达的茶产业。为了将茶文化发扬光大,杭州市先与中国国际茶文化研究会、中国茶叶学会、中国农业科学院茶叶研究所、中华全国供销合作总社杭州茶叶研究院、国家茶叶质量监督检验中心、农业部茶叶质量监督检验测试中心、中国茶叶博物馆、浙江大学茶学系 8 家杭茶研究单位合作成立"茶为国饮、杭为茶都"战略合作促进委员会;促进委员会再将政府部门、茶研究单位、"娃哈哈"和"顶津食品"等茶企业、《杭州日报》和杭州广电集团等有关媒体,以及茶农等主体融合到茶行业战略联盟中,形成了"政府主导、专家支撑、行业企业参与、媒体联动"的新模式。良渚大遗址的传统要素就是良渚遗址这一历史文化遗产,在遗址保护和生活品质提升的综合作用下,杭州良渚遗址管理区管委会与浙江省文物考古所及良渚工作站、良渚文化学会、万科南都集团等主体组合成一个复合主体,并在遗址基础上拓展出良渚博物院、美丽洲公园、良渚文化村等综合保护项目,使遗址保护与生活品质提升实现完美结合。

三、社会复合主体的实践效果

社会复合主体作为一种特殊的组织形式,其复合结构能够吸纳众多主体参与,发挥不同主体的优势,从而能够适应环境的变化;社会复合主体是一种网状结构,这有助于消融传统政府管理中的条条和块块关系的局限性,从而保证沟通的顺畅、信息的快速传递;社会复合主体将政府之外的主体纳入其中,体现不同主体在公共事务中的共同责任,也有利于公民参与、科学决策和协商民主的发展。正是由于社会复合主体的这些优势,杭州的社会治理呈现出良好的发展态势,并取得一系列显著成效。

1. 政府施政方式和政府职能切实转变,政府工作更细致、更顺畅、更高效

社会复合主体的建立,直接改变了杭州市政府的施政方式:在复合主体关系结构中,政府只是多元主体之一,是众多要素中的一分子,这促使政府在施政过程中改变控制思维和命令方式,而是从提供管理和服务出发,通过与其他主体的协商合作实现治理。与此同时,公众和社会的参与也给政府施政行为施加了压力,促使政府不断改进工作方式、提高服务水平。各种主体参与社会治理的过程实际也是一个承担职能的过程,这也使得政府的职能转变有了新的方向。实践中,开放式决策将之前政府"垄断"的市政府常务会议等重要决策过程开放给公众;"三位一体"的综合考评机制不仅激发了社会公众的积极性,也使政府部门在压力下不断创新,取得了一系列创新成果;社会组织、公民个人在社会管理中的分量逐步增大。正是从调整治理主体关系出发,杭州的整个政府运行过程和履职状况都有了显著的改进。

2. 激发社会的积极性和创造力,充分利用社会资源

杭州通过建立社会复合主体,使各种社会要素都能在社会治理中获得主人的地位和使命感,使他们体验到社会治理是真正的亲自参与的过程。这极大地调动了社会各界参与治理的积极性,所以我们才会看到,"红楼问计"开放决策中有众多的参与者作为支撑,生活品质论坛、运河治理等公共事务中专家学者、企业、社会组织等各种力量广泛参与,因为他们意识到自己是社会的一分子,杭州的治理需要自己贡献一份力量。在社会各界广泛自觉地参与中,社会中蕴育的巨大的创造力也得以释放,为社会治理提供了新的支持,比如民间创造的社区"和事佬"、草根质监站等,都是社会创造力作用于社会治理的典型。这样形成的一个积极结果就是,社会资源在治理过程中得到了充分调动和利用,政府、企业、社会和公众都在治理中贡献了时间、精力、智慧、思想乃至物质。

3. 缓和社会矛盾,缓解政府工作压力

在复合主体的框架和统一价值下纳入各种社会要素,形成全新的社会治理主体关系,也是社会各群体表达利益诉求、协调相互关系的过程。在新兴主体关

系中,社会各个阶层和群体在具体的事务中坐到一起,进行平等的讨论和协商,在充分表达自身诉求的同时,也能够有更多的机会倾听别人的意见。交流的扩大能够在很大程度上消除误解,达成某种基本的政治共识和价值共识,从而也就减少了矛盾。社会对于公共事务的广泛参与,表达多元化的利益诉求,有助于政府方面站在"协调者"和"掌舵者"的角度上全面地了解社情民意,并在此基础上平衡各方面的利益要求,作出既有利于整体发展,又兼顾各个利益群体利益的最大公约数的决策。政府的这种工作方式看似弱化了自己的决策权和主导地位,实际却让自己处于更加主动的地位,因为各种公共决策都是公众和社会共同的决定,而不是政府的主张,决策实施过程的强制色彩也会减弱,这都有利于弱化政府作为矛盾焦点的角色,减轻政府的压力。

4.经济社会发展:思维更广阔、空间更大、效果更好

从公共事务治理出发建立社会复合主体,也对发展这一当前的要务产生积极影响。复合主体使各种力量都得到激发和释放,这些积极的因素不仅促进了社会治理,也会作用于经济社会发展,促进经济发展转型升级,使经济发展和社会发展更协调。由于社会治理主体关系的转变,经济主体与政府、知识界、媒体、社会公众有了更好的互动合作,一方面有利于经济主体拓展思维,以更长远的眼光看待经济增长,另一方面其他各种主体也会积极参与推动经济增长,为其贡献力量。这从近年来杭州在发展方式转型上取得的显著成效就可见一斑。

在建立社会复合主体、推进社会治理创新的过程中,杭州也逐步形成一些新的公共事务处理机制,为社会治理的良性发展奠定了坚实的基础。①利益协调机制。治理本质上是多种主体共同参与、协同一致的过程。在当前中国社会分化迅速、社会利益矛盾突出的时期,如何协调各治理主体间的利益,是必须直面的重要问题。杭州在社会治理主体关系变革中,逐步建立起各方利益协调的机制,即用统一的目标和价值来统领各主体,在既定的框架内互动,既给各方充分表达利益诉求的机会,又能在协商合作中寻求各方利益的均衡点,使利益关系处于良性的平衡状态。②行动整合机制。治理需要多种主体的参与,且这种参与必须是有效、有序的,即参与主体的行为需要遵守共同的规则、达成一致性。在杭州的社会治理中,各种主体都以遵循共同的价值观为前提,都以提升生活品质和城市品质为目标,从而其参与行为能够被整合起来。当然,这种整合也是各方充分沟通协商的结果。③责任共担机制。参与也意味着责任。在杭州社会治理中,各种主体一方面在共同的价值观下协同参与,另一方面也要对杭州的社

会治理承担相应的责任,从而在整个社会建立起责任共担机制。政府作为传统的社会管理主体,不再是社会治理的唯一主体,也不再承担无限责任;企业不仅要在经济发展中发挥主要作用,也要承担社会责任;公民和社会组织即使是以志愿为基础的参与,也要成为负责任的参与主体。权力与责任相一致,这样才能培育成熟的社会治理主体。

第二节　社会复合主体中政府和社会组织的作为

社会复合主体是杭州市政府在城市建设和社会治理中创造的新型组织形式。这一组织形式以"四界联动"为主要特征,但由于政府扮演着发动者的角色,因而政府的作为在其中比较突出;社会组织则是重要的参与主体,在知识、信息、沟通、合作等方面发挥特定作用。

一、社会复合主体中的政府行为

政府主导是转型时期中国改革的基本模式,因而在各项事业中都发挥着重要作用,社会复合主体的发展也是如此。具体而言,政府在社会复合主体中的作为体现在确定宏观制度环境、制定具体政策和主导复合主体的建立与运行两个方面。前者需要考察中国政府作为一个整体的行为,后者主要是杭州市政府的行为。

1. 提供社会发育的宏观制度环境

社会复合主体包含党政界、行业企业界、知识界和媒体界,除了党和政府之外,其他主体某种意义上都可以视为来自社会领域的力量。这些社会力量之所以能够在复合主体中成为与政府合作的主体,与改革开放以来政府实行政企分开、政社分开,为社会力量获得发展空间分不开。

改革开放以来,中国逐步放宽对社会组织发展的限制,在 20 世纪 80 年代开始涌现出大量的社会组织,它们一般以学会、研究会、协会、基金会的形式出现。但是由于当时组织制度还不完善,这些组织大多依然依附于政府机构,并没有实现真正意义上的独立。政府作为社会组织的发起者和运营者的现象十分普遍,组织成员多为退休干部、企业职工、知识分子等。为此,20 世纪 80 年代末中国政府颁布《社会团体登记管理条例》等相关法律法规,对这些民间组织进行规范;进入 90 年代后,随着市场经济的发展和社会转型的加快,社会组织获得进一步的发展；为满足社会组织发展的需要，1998 年以后，中国政府先后修订和颁布了一系列重要法规，推动社会组织的发展逐步走向成熟。

进入 21 世纪后，中国的社会组织迎来了发展的高潮阶段。在市场经济进一步发展，多种经济形式共同发展的背景下，社会组织进一步发展壮大，规模、人数、活动领域都有了较大增长，并表现出若干具有趋势性的特征，如支持型组织以及社会组织之间的联盟和网络化开始出现，政府与社会组织间的合作伙伴关系开始构建。①社会组织的快速发展，与制度环境的改善密不可分。在这期间，中国加入 WTO，为适应 WTO 的规则，中国政府的一系列制度都有较大改变；为适应改革深入推进的需要，中国政府开启了服务型政府建设，这为社会组织提供了广大的发展空间。

2. 政策变迁与社会复合主体成长

社会复合主体的发展，一方面是社会自主性不断增长的结果，另一方面也与政府政策引导密切相关。政府的政策引导下社会复合主体的发展可以分为三个阶段。

第一个阶段：初期试点培育。社会复合主体初期是一种自主式发育，政府并没有相关的政策安排和引导。2004 年，党的十六届四中全会上提出"建立健全党委领导、政府负责、社会协同、公众参与的社会管理格局"，这可以视为政府关于社会复合主体的政策导向，因为这种社会管理格局具有明显的复合特征。具体到杭州，从 2000 年第一个社会复合主体——杭州市与浙江大学战略合作组织诞生以来，杭州市的社会复合主体的试点培育便展开了。但由于 2003 年出台的《中华人民共和国政府采购法》在采购范围中，对于"服务采购"的理解仅限于政府自身运作的后勤服务，政府发挥着传统组织资源的主导作用，因此社会复合主体的覆盖领域有限，杭州社会复合主体的发展大多局限在创业领域，对社会治理和服务的贡献没有充分展现出来。

第二个阶段：2008—2010 年大力发展。党的十七大报告指出，要加快行政管理体制改革，建设服务型政府。随着社会主义市场经济体制改革的深化，一方面市场配置资源的基础性作用越来越强，政府对社会资源的直接控制越来越少，另一方面公众对公共服务的要求越来越高。此时，国家对政府采购法进行了修改和完善，对于公共服务采购的具体内容，在财政部编写的《中华人民共和国政

---

① 刘求实：《改革开放以来我国民间组织的发展及其社会基础》，《公共行政评论》，2009年第3期。

府采购法辅导读本》中进一步指出："采购人采购的服务主要包括专业服务、技术服务、信息服务、课题服务、运输、维修、培训、劳力等。"此外,《政府采购品目分类表》将服务概括为印刷、出版;专业咨询、工程监理,工程设计;信息技术的开发设计;维修;保险;租赁;交通工具的维护保障;会议;培训;物业管理和其他服务11个大项,所有对它们的获取的过程就称之为服务采购。

伴随着公共服务领域政府采购范围的放宽,社会复合主体的参与对象以及项目领域进一步拓展。随着杭州在城市定位上提出要建设"生活品质之城",社会复合主体的发展成为"城市议题":西湖综合保护工程、运河综合保护工程、西溪湿地综合保护工程、钱江新城建设等重大社会性项目建设,发展茶、丝绸女装、数字电视等特色行业,培育西博会、休博会、动漫节等会展品牌,推进杭州市与浙江大学、中国美院战略合作等,因此组建了一大批社会复合主体。

第三个阶段:整合规范。社会复合主体的性质多样,尤其是行业联盟组织,架构多层、成员成分复杂,不同层面的主体有不同的性质,发挥不同的作用,但又相互交叉,互相融合。如何对其进行总体性质定位、明确不同层面的单位的专业功能定位和界限是新时期下规范社会复合主体的重要内容。党的十八届三中全会指出:"转变政府职能,深化行政体制改革,创新行政管理方式,增强政府公信力和执行力,建设法治政府和服务型政府。健全宏观调控体系,全面履行政府职能,优化政府组织结构,提高科学管理水平,这些是发挥社会主义市场经济体制的内在要求。"这为杭州社会复合主体中优化组织结构指明了发展道路。

同时,党的十八届三中全会提出:"财政是国家治理的基础和重要支柱,科学的财税体制是优化资源配置、维护市场统一、促进社会公平、实现国家长治久安的制度保障。必须完善立法、明确事权、改革税制、稳定税负、透明预算、提高效率,建立现代财政制度,发挥中央和地方两个积极性。改进预算管理制度,完善税收制度,建立事权和支出责任相适应的制度。"此规定对于研究、制定、落实符合社会复合主体发展的税收和资金支持政策方面给予了中央政策上的支持。在新时期发展进程中,社会复合主体在主体职能分工、人才队伍建设、税收和资金政策等方面不断整合规范,加强社会治理,履行社会责任。

3. 地方政府的自主性与社会复合主体的发展

社会复合主体的发展与政府整体的制度环境和宏观政策有密切关系,但它更是杭州市政府推动的产物,杭州市政府的作为才是它产生和发展的动力。这表明,地方政府在社会发育问题上具有一定的自主性,正是这种自主性决定了社会复合主体在杭州的产生。

改革开放以来,地方政府的自主性得到相当的提升。首先,地方政府在经济发展上的自主寻根。在搞活经济的大方向下,中央政府给予地方政府经济发展相当的自主权,经济和行政权力不断下放,地方政府从而具有了行动能力和支配能力。王文华认为:"当地方政府的独立性和自主性迅速扩大后,地方政府成为具有独立的社会经济利益和发展目标的利益主体。政府间纵向关系由过去以行政组织为主要基础的行政服从关系,转向以相对经济实体为基础的对策博弈关系。"[①]其次,地方政府创新主体确立。中国的现实是地区差距大,各地方都有其特殊的情况,这就决定了在地方治理中,中央政府不能采取一刀切的办法,需要给地方一定的灵活性,以在中央统一的大政方针之下制定符合各地现实的具体政策,地方政府的创新随之产生。实际上,随着中央政府权力下放,原先高度集中的体制松动,地方政府的角色就转变为具有一定自主权并能相对独立履行职能的主体,应该根据地方的政治、经济、社会等事务的需要,灵活采取措施。最后,地方政府在公共服务上的职能及自主性增强。掌握公共资源配置权是地方政府自主性的体现,与此相一致,地方政府要承担多数公共服务项目的供给职能。当地方经济发展、财政收入增加后,地方政府在这方面的自由度也会增加。

正是由于地方政府自主性日益增强,决定了它们有能力和空间去探索地方治理的新形式,社会复合主体也就在这种背景下在杭州诞生了。由于社会复合主体是政府探索治理新形式的产物,这就导致社会复合主体具有比较明显的政府主导色彩。但是,在不同的复合主体中,政府所发挥的作用也不完全一样,大体可以区分为政府主体型、政府主导型、政府引导型三种。[②]

政府主体型社会复合主体主要存在于基础设施建设等领域,这些领域具有很强的公共性,企业和社会组织一般不愿、也没有足够的能力支撑项目建设,只能由政府承担主要责任。同时,这些项目建设又需要招商引资、吸纳社会参与等,故通过政府出面组建社会复合主体来实现。实践中比较典型的像京杭运河综合保护复合主体、西溪湿地综合保护复合主体、西湖综合保护复合主体等,都属于政府主体型。在这种复合主体中,一般都由政府组建相关领导小组,并建立

---

① 王文华:《中央与地方政府财政关系的博弈行为分析》,《社会科学研究》,1999年第2期。

② 安蓉泉:《政府在社会组织创新发展中的功能定位、权责边界和工作方式研究——以杭州的实践为例》,《杭州(我们)》,2010年第4期。

与项目对接的建设指挥部或国有企事业单位，由它们直接行使行政职能和运营职能，从而实现政府统一规划、协调、组织实施重点项目的目的。比如，运河综合保护复合主体，首先是市政府围绕运河保护而组建的正局级事业单位——市运河综合保护委员会，并组建了国有独资企业市运河集团，前者负责运河综合保护的统一规划、协调、筹资，组织实施部分重点项目，后者的主要职责是通过市场化运作吸引资金，两个机构实行"一套班子、两块牌子"的模式；其次，为了统筹运作，综保委和运河集团向杭州市下属下城、拱墅、江干、余杭四区延伸到各区的交通局分指挥部和开发公司，综保委和运河集团自身还延伸出规划技术处、工程管理处等职能部门；最后，为了运河保护的全面实行，运河沿岸各城区和市有关部门、专家学者、新闻媒体、市民群众，以及运河研究院等机构，也进入运河综合保护的协作系统。①这种复合主体的显著特点是政府发挥主体作用，整个系统中政府部门是主要成分，复合主体的运作也主要依赖政府。

政府主导型社会复合主体主要存在于产业发展等领域。这些领域本身具有一定的优势和特点，政府出于发展战略的考虑，希望将这些产业发展壮大、扩大影响，成为杭州的品牌产业，如动漫节、西博会、丝绸女装战略联盟等。政府主导型主要有两种情形：一是政府主导常设机构型，是政府针对某个产业发展设立专门职能部门，并与行业协会、研究机构、相关企业联合行动，分工合作，推动产业发展；二是政府主导非常设机构型，是由政府提出设想，并由政府与研究机构、行业企业等共同组成非常设性的机构，在特定的时期内采取综合措施，推动产业发展。②比如，丝绸女装行业战略联盟，就是在"杭州丝绸与女装战略促进委员会"的框架下，汇集了政、产、学、研、商等各类资源而形成的复合主体。政府的主导作用体现在确定产业发展方向、制定产业发展促进政策、提供必要的产业发展资金、推动举办产品推广活动等。

政府引导型社会复合主体主要存在于社会公益项目、文化产业等领域，如西泠印社等。这类复合主体的初始动力一般来自民间社会，政府因其必要性和可行性，而予以引导和支持。政府的支持主要体现为政策和资源支持、平台搭

---

① 张兆曙：《城市议题与社会复合主体的联合治理——对杭州三种城市治理实践的组织分析》，《管理世界》，2010年第2期。

② 常敏：《政府、企业和社会组织在社会复合主体中的权责边界研究——以杭州的实践为例》，《中共杭州市委党校学报》，2012年第1期。

建、组织协调等方面，引导则主要体现在运营方式、监督管理等方面。比如，西泠印社复合主体，其主要元素是具有长久历史的西泠印社和新成立的西泠集团，政府组建的西泠印社社务委员会主要发挥协调、沟通与整合的平台作用。

二、社会复合主体中的社会组织

1. 社会组织是社会复合主体的重要元素

杭州社会复合主体的"四界联动"中虽然没有明确社会组织界，但行业界、知识界中都有社会组织存在，而且几乎每一个社会复合主体中都包含着社会组织。比如，在前述的社会复合主体中，西泠印社本社就是一个社团；丝绸女装行业战略联盟中包括市丝绸协会、市服装协会、杭派女装商会、市服装设计师协会等社会组织；即使是政府主体型的运河综合保护复合主体中也包含运河研究院这种社会组织。

社会组织之所以能够成为社会复合主体的重要元素，源于改革开放以来杭州社会组织的快速发展。据统计，1990 年以来，杭州社会组织以平均每年 12.9% 的速度增长；到 2008 年底，在市、县两级登记的社会组织共 3742 个。[1]在杭州的社会组织中，有两类在社会复合主体中表现突出：行业协会和民间智库。

（1）社会复合主体中的行业协会。杭州市的行业协会大多成立于 20 世纪八九十年代，主要由市工商联和市经委等部门归口管理，广泛分布于轻工、机械、纺织、建筑、房地产、交通、装饰等各个领域。据统计，杭州市活跃的行业协会达 444 个。[2]按照与政府的关系不同，杭州市的行业协会可以分为以下类型：①"二政府"型。由原政府职能部门改制而来或者由政府下派干部主持工作的行业协会，其内部通常沿袭传统的行政式管理方式，被称为"二政府"的行业协会。②政府推动转变社会主导型。现阶段的大部分行业协会都经历过成立初期的政府推动，然后逐步转向社会主导的过程。③企业自发型。行业发展起点高，骨干企业实力强，因而市场土壤中自发产生行业协会。这类行业协会受政府干预较少，具有较大的自主权，业内大企业的作用比较突出。④行业复合主体型。这类协会以党政部门、专家学者、媒体与行业企业的联合为主。一是通过委员会或领导（协调）小组进行不同人员的整合，二是通过委员会或领导（协调）小组办公室、协会、基地等多层架构的组织框架实现行业资源整合、整体运作。不管哪种类型的

---

①② 　常敏：《六十年来杭州新兴社会组织发展研究》，《中共杭州市委党校学报》，2009年第5期。

行业协会,都属于社会领域的力量,它们都是在政府让渡出一定的社会空间的基础上成长起来的。

行业协会的发展与杭州经济快速增长、特别是私营经济壮大有直接关系。在经济快速发展的过程中,也产生了一系列问题,如无序竞争、质量无保证、与政府沟通不畅等。行业协会就是在这种背景下诞生的。这些行业协会的作用主要体现在三个方面:行业规范和监督,包括制定质量标准和行业行为规范、约束行业竞争行为、监督行业企业执行政府法规;意见表达,集中行业的共同意见,将行业的共同利益诉求传递到政府;对外交流与合作,推动杭州的企业到外地投资,与政府进行招商引资谈判,共同应对涉及行业利益的诉讼。经过较长时间的发展,行业协会已经成为杭州经济发展重要的助推器。

正是由于行业协会有着这样巨大的影响力,所以在社会复合主体的发展中它们得到重视,成为重要的组成力量。比如,丝绸女装行业战略联盟中的杭派女装商会成立于2000年,是杭州科班出身的一批服装设计师为做大做强杭派女装而作出的努力之一。商会成立后,杭州的丝绸女装开始从家庭作坊式的分散经营向团队合作、整体经营过渡,杭州女装也由低档次向高档次崛起。2001年开始,杭州市政府出台政策支持杭州女装产业发展,专门成立"杭州市女装发展领导小组",并逐步形成丝绸女装行业战略联盟,杭派女装商会则是政府建立社会复合主体时吸收的重要力量。2001年12月,杭州出台《关于加快女装产业发展的若干意见》,市财政每年为女装行业提供300万元专项扶持资金,2004年增加到每年2000万。在政府的扶持和商会等社会力量的共同努力下,杭州女装企业已逾2000家,拥有自主品牌350多个,占据了全国的半壁江山;杭州服装占据北京奥运会5个颁奖礼服中的2个;在全国4家丝绸礼品特许经营企业中,杭州占据了3家。

(2)社会复合主体中的民间智库。民间智库是科学发展的重要支持力量,它将专家、学者等智力因素聚合起来,通过研究、交流为政策制定提供支持。中国民间智库的发展可以追溯到1992年邓小平南方谈话以后。2002年党的十六大报告中提出"广泛集中民智"以推进决策科学化民主化,为民间智库的发展提供了更广阔的空间,一大批民间智库纷纷建立,还有些智库以新的公司名称进入新的发展阶段。[①] 2007年,党的十七大报告在决策科学化、民主化中提出"完善

---

① 许共城:《党的十六大以来民间智库的发展态势》,《重庆社会科学》,2013年第2期。

决策信息和智力支持系统"，2012年党的十八大报告明确提出"健全决策机制和程序，发挥思想库作用"。

在杭州乃至浙江，民间智库的发展非常迅速。2005年，由浙江大学教师刘绪刚创建的杭州中资教育研究所，是一个专门从事教育等方面研究的民间智库；2011年7月，温州民间智库创立，由中共温州市委政策研究室、温州决策咨询委员会与温州网联合发起，搭建起连接公共政策与民意民智的桥梁。①

民间智库定位为"智囊"，在社会复合主体中发挥着提供科学的理论依据和技术指导等重要作用。比如，在运河综合保护社会复合主体的运行中，专家、学者、民间智库被称为"助推器"：从全国政协在杭州召开京杭运河保护与申遗研讨会，到邀请北京大学编制《京杭大运河（杭州段）旅游规划》；从邀请浙江省古建筑设计研究院、中国美术学院规划设计沿河古镇旅游，到聘请法国夜景规划大师罗杰·纳博为运河旅游亮灯方案设计师；从牵头提出运河申遗提案的全国工艺美术大师朱炳文，到参与"运河丛书"编辑的顾希佳等本土专家，运河综保修复文化遗存的每个环节都凝结着专家学者的卓识和远见。②在西湖综合保护社会复合主体中，西湖学研究院和西湖学研究会发挥着重要的智力支持作用，研究会主持编纂了《西湖通史》《西湖文献集成》《西湖全书》等书，先后举办了"中国十大考古新发现颁奖暨学术研讨会""杭州胡雪岩研究会首届学术讨论会"等学术活动，逐步形成研究院＋研究会＋博物馆"三位一体"的模式，在探索建立独具特色的西湖学研究的同时，也为西湖综合保护做出了重要贡献。

2. 社会组织推进城市建设和社会治理

从深层次讲，社会复合主体存在的价值是充分发挥多元主体在社会治理中的积极作用，推进多元治理。社会复合主体中，党和政府是杭州社会治理的领导力量，制定政策并推动实施；知识精英作为"外脑"，利用专业优势为社会治理贡献"锦囊妙计"，提供智力支持；行业企业界是杭州经济增长的"引擎"，不仅增添城市活力，创造社会财富，还履行社会责任；媒体界代表杭州"发声"和"沟通"，搜集网络舆情，做好社会监督，维护传媒环境，打造杭州形象；社会组织是公民社会的重要力量，能够调动多种社会公益资源，与政府的相互补充全方位提升

---

①　许共城：《党的十六大以来民间智库的发展态势》，《重庆社会科学》，2013年第2期。

②　北京大学邓小平理论研究中心调研组：《社会复合主体与和谐创业》，载王国平主编：《培育社会复合主体研究与实践》，杭州出版社，2009年，第96页。

杭州社会管理水平；公众是杭州的"主人"和社会"细胞"，既是社会治理的重要力量，又是社会治理的最大受益者。社会复合主体的存在改变了党和政府单方推进社会管理的垂直管理模式，形成多种主体共同发挥作用的合作模式。

比如，杭州良渚文化村这一充分融合了遗址保护和城市生活品质的社会复合主体，就是城市良好治理的典型案例。在良渚文化村，各种因素都是社区治理的参与力量，都是社区治理的主人。政府（包括市、区、镇）是整个"事业"的倡导者和规划者，更是重要的资源供给者；开发商万科地产提出项目的理念，具体规划项目实施，并先期投入资金配套建设，包括道路、交通、酒店、博物馆、会所、环境、医院、学校等；万科物业是许多具体措施的执行者，如提供免费自行车，定期回收村民们的利乐包装盒、纸板，组织亲子 DIY 活动；居民既是社区治理的最多受益者，也是主要实施者，他们需要从自身做起，如村民食堂自助取餐送餐盘，村内不鸣笛，慢速行车，不开远光，主动礼让行人，防盗设备调至静音，为宠物办理合法证件，自觉清理宠物粪便，不带入公共场所等；社会组织也是社区治理的重要力量，如村里有村民自愿报名成立的志愿者组织，他们上山分拣垃圾，在父亲节的时候陪小朋友们做手工等，村社区服务中心兴办"良渚学堂"，开设了许多课程，为居民提供服务。

良渚文化村的治理有丰富的方式和途径。文化村的社区治理是各种主体在统一的价值观引导下通过丰富的途径实现的。在这里，传统方式和现代途径、大众形式和特定途径，只要能促进社区治理，就有市场。比如，"村民卡"就像居民的身份证，凭卡就可以租用自行车和电动汽车、买菜、到村民食堂用餐等，十分便捷；数字化健康服务示范社区则运用国内最先进的数字与信息化技术，为居民提供健康服务和电子健康档案，开展网络远程医疗服务，开拓网络专家医疗服务，通过远程社区服务实现社区医生和病例的交流等；跳蚤市场、二手格子铺则以全新的形式创造村民沟通交流的渠道和机会。

3. 社会组织促进社会和谐

社会复合主体从城市基础设施建设、创业等操作性问题出发，实现了社会和谐，其中，社会组织在促进社会和谐中扮演着重要角色。比如，杭州一些新城建设和老城改造类的社会复合主体中存在"和事佬"协会，就发挥着这种作用。

"和事佬"协会最初是在杭州市下城区诞生的民间纠纷调节组织，2009 年，下城区 71 个社区均建有协会，已有"和事佬"933 名。"和事佬"主要由社区内的离退休党员、干部、教师、医生、政法工作人员和社区楼宇居民自治会长、单元居民自治小组长等在居民中威信较高且愿意为社区建设出力的民间人士担任,他们大多为原先工作单位的骨干,同时又熟悉小区居民情况,具有较强的分析能力和民事协调能力。"和事佬"以"缓""暖""理"三字经为工作准则,协调处理家庭纠纷、邻里纠纷、社区公共事务,并帮助宣传解释各种政策,促进政府和居民的沟通。"和事佬"采取灵活便捷的方式,调处纠纷不需当事人提出申请,也不拘泥于程序、形式和地点,一经发现,主动介入,当场劝解,也不需专门的文书或书面记录。虽然它是一种民间性的协调机制,结果不具有法律效力,但其草根性、灵活性、亲民性却在居民中具有较高的认同,从而使这些产生于社区居民当中的民间力量成为预防矛盾、快速调处纠纷、沟通信息的一支"草根"力量,对及时化解矛盾,维护基层稳定和谐起到重要作用。

处理民间纠纷和社会矛盾是各级政府的重要职能,在当前社会剧烈分化和利益冲突凸显时期,其重要性尤为突出。但是,政府部门在矛盾调处中可能面临一些困难:矛盾纠纷频发,有些还是琐碎小事,政府精力有限,无力全面顾及;政府调处具有刚性和权威性,但对公众也是一种压力,不具有亲和力;部分政府工作人员工作方式和态度存在问题等。这种背景下,公众自发组织的"和事佬"协会比较好地分担了政府的职能,对政府、公众、社会组织都是有益的:政府以积极支持的态度,既赢得公众和社会的赞誉,也在事实上外移了职能、转移了压力;公众的各种矛盾能得到及时、较好地调处,对生活状态、人际关系都有益;社会组织得到锻炼而逐步成长。

三、社会复合主体中的其他主体

社会复合主体中除了政府和社会组织外,还包括企业、媒体等其他力量。这些力量不仅构筑起社会复合主体,还与政府、社会组织进行交流、合作,充实复合主体内涵和网状结构。

媒体是社会复合主体中承担社会动员、政策宣传、舆论引导、社会参与等作用的重要主体力量。改革开放以来,中国的媒体经历了几次重要的变革。改革初期,媒体是事业单位,在人、财、物等方面受政府全面控制。20世纪90年代,"事业性质、企业化管理"改革赋予了媒体一定自主权,媒体也因此不断拓展影响力,特别是不再依靠国家财政之后,媒体有可能更多地满足社会多种利益需求。在这样的发展背景下,媒体在社会政治生活中的作用不断提升,体现在杭州社会复合主体中,媒体的宣传、引导、沟通功能非常突出。比如,在西湖综合保护中,2007年,杭州以"和谐西湖、品质杭州"为主题开展了"三评'西湖十景'——我最喜爱的西湖新景点评选活动"。杭州本地媒体,像《杭州日报》、杭州网等,不仅在活动各阶段积极参与、全力报道,而且在投票环节中为广大市民提供多种投票渠道。据统计,整个活动中参与群众达33.68万人次,从149个景点中选出10个景点和1个总名称。在西溪湿地综合保护复合主体开展西溪"三堤十景"评选活动中,杭报集团、杭州文广集团以及杭州网、华数数字电视公司等单位通力合作,采用多种途径,进行全方位、多元化、立体式的宣传;以杭州网为主,西湖网、余杭新闻网配合进行网站投票;同时,充分发挥杭州政府门户网、浙江都市网等网站的优势,为评选活动做好网络宣传和网上推选工作。

行业企业是社会复合主体中另一重要因素。作为市场主体,行业企业的主要关注点是市场,目的是获得利润。改革开放为行业企业发展提供了广阔的舞台,它们在搞活经济的同时,也在社会政治生活中发挥着越来越重要的作用。具体到杭州的社会复合主体,行业企业的主要功能是从行业的角度提出意见建议、发挥经营优势推动项目的运营、承担社会责任,从而与政府和其他主体建立良好的合作关系。例如,在运河综合保护复合主体中,政府和企业的角色定位准确且职责分明,不仅各自都充分发挥了应有的作用,而且在合作的基础上形成了强大的合力。其中的行业企业是国有独资的运河集团,其功能是作为运河综合保护的投融资主体,通过市场化运作,搞好招商引资,吸引社会资金,为运河保护提供资金保障。运河集团与主要承担行政职能的运河综合保护委员会是"两块牌子、一套班子",这种模式能有效地在政府和企业间实现沟通合作,从而共同推动项目发展。在丝绸女装行业战略联盟中,服装企业更是项目的主要实施力量和受益对象。比如,在联盟开展的旨在扩大杭州女装影响力的"杭州丝绸女装万里行活动"中,最初参加的企业不到200家,后来逐步增加到800多家,每年有2000名专业客商参与,活动成功地向国内市场推出了古斯塔·安娜、周仕依林、秋凝、吉芬、杰施等一大批新锐杭派女装品牌。行业企业在政府主导的产业战略中获得切实的好处,它们自身也是活动的具体实施者。当行业企业与政府及其他主体开展合作时,社会复合主体就能够实现其初衷。

社会复合主体虽然包含不同的主体和元素,但它首先是一个组织、一个整体,只有其内含的各种主体能够分工合作、协同共进,社会复合主体才不会仅仅停留在"复合"阶段,而是真正实现一加一大于二的功能主体。

第三节　社会复合主体中政府与社会组织的关系

社会复合主体中政府与包括社会组织在内的其他主体之间的关系，是解析这一组织形式的关键。作为本研究的对象，社会组织在社会复合主体中如何与政府合作互动，则是判断社会组织的地位和作用，进而剖析社会组织发展如何推动国家与社会关系改变的基本着眼点。

一、社会复合主体中政府与社会组织的互动合作

社会复合主体中政府和各社会主体通过这种新型的合作模式，有效地整合了社会资源，最大限度地发挥了各个主体的优势，提高了项目运作绩效，从而在政府与社会主体间形成了合作互惠的关系。由于社会复合主体中成员主体的社会属性存在差异，项目本身的目标和运作方式也不同，因而复合主体内部会呈现不同的交换类型，形成不同的合作类型。根据波兰尼的观点，社会秩序主要通过互惠、再分配和市场三种方式来获取和维护，①本研究据此将社会复合主体中的合作关系分成三种类型，而政府与社会组织的合作关系也与其所在的复合主体类型相一致。

1. 政府与社会组织的互惠型合作

互惠型合作主要是指合作行为不是基于直接的物质利益，而是为了实现长远利益和整体利益。理论上讲，任何的合作都要基于互利互惠的原则，否则，合作将无法持续。但是，具体到合作行为中，一些合作是基于临时的、单一的利益，合作各方能够在合作中各自获得利益，但这种利益不是长期的，从而合作也非长期行为。这里所说的互惠型合作，就是将这种短期行为排除，强调合作是基于长期的利益。

杭州的社会复合主体中，互惠型合作体现得比较明显的是政府与高等院校、研究机构之间的合作。比如，杭州市与浙江大学战略合作联盟社会复合主体，杭州市和浙江大学的着眼点都不是当前的利益，杭州市要打造生活品质之城，成为世界名城；浙江大学则要打造东方剑桥，成为世界名校。杭州的生活品

---

① ［英］波兰尼：《大转型：我们时代的政治与经济起源》，冯钢等译，浙江人民出版社，2007年，第37~48页。

质之城需要智力支持,浙江大学就是智囊团和人才库;浙江大学的世界名校战略也需要来自政府的支持,双方在长远利益的基础上实现了市校合作。杭州市与浙江大学战略合作促进委员会是合作战略的最高执行机构,下设7个专业工作组以推进专项合作;合作过程"杭州市和浙江大学合作共建和谐杭州示范区""浙江大学国家大学科技园""浙江大学城市学院""浙江大学亚太休闲教育研究中心"等一批项目合作组织,并形成多层次、多维度、多元化、多功能的合作格局。

2. 政府与社会组织的再分配型合作

再分配型合作是指由复合主体中的权威按照某种规则或实际需要对复合主体的利益进行重新分配的合作形式。这种合作形式一般由政府发起和主导,合作事项往往具有比较强的公共性,对城市发展具有重大的社会效益,故对项目实际运作产生的公共利益要由政府进行再分配。在这种合作中,由政府根据项目需要成立的委员会和开发公司将起到重要的作用。地方政府对城市建设和项目管理负有最主要的使命和责任,因而充当了城市项目建设的发起者。与互惠型合作相比,这种类型的合作有更强的整合力度,往往利用行政手段半强迫性推进合作,比如,京杭运河综合保护过程中对沿河排污工厂进行罚款,对不遵守规则的单位吊销营业执照等,都只能在强有力的政府力量的推进下才能实现。再分配型合作中成员之间则呈现出一种"半强制关系",比如,钱江新城建设复合主体中由市建委、市规划局各派一名分管领导兼任钱江新城管委会副主任,加强与部门沟通,钱江新城工程指挥部、专家委员会、生态研发中心等部门在管委会和开发公司的指挥领导下完成任务。这种再分配合作主要在于推进特定的公共项目、维护既定的秩序,而不是理性计算在分配中居于首要地位。对社会组织等其他主体而言,参与合作的动力除了对公共利益的追求外,更主要的是能够因此而享受政府提供的优惠政策,项目完成后可以获得各自所需的收益。

3. 政府与社会组织的市场型合作

市场型合作就是以获取利益或利润为目的而进行合作。在市场型合作中,政府部门发挥引导的作用:一方面给予某些政策或资源上的扶持,另一方面也对经营运作内容和方式进行引导;其他成员大部分是因为从事的项目相同能够因此获得直接利益而结合。比如,丝绸女装行业战略联盟复合主体中,参与成员集聚了中国丝绸协会、中国美术学院、全国丝绸信息中心、《丝绸》杂志社以及市丝绸协会、市服装协会、杭派女装商会、市服装设计师协会,还有丝绸女装界的一批知名企业。在这种合作中,成员的目的都是推动丝绸女装产业发展,但成员加入合作更为直接的目的是获得更高的利润回报,而复合主体本身也以追求高的经济收益为主;加入其中的成员企业可以因此获得技术培训和丰富的物质报酬,行业协会和商会在推动行业发展的同时也可以获得更多的实际利益。

二、社会复合主体与政府向社会赋权

社会复合主体的出现,实际是政府主动向社会放权、赋权的一种尝试。[1]在中国传统的政府管理模式中,政府是唯一主体。受计划经济体制影响,全能政府对整个社会实施全面控制,社会管理的主体仅限于党和政府(以及其延伸和附属部分),管理方式主要是行政命令以及特殊的社会政治动员。单一主体时期,并不意味着不存在媒体、行业、知识界,只是这些因素并没有作为社会管理的主体而存在,仅仅是党和政府的从属,并根据党和政府的要求与规定而发挥作用,缺少必要的相对独立性。这也导致整个社会管理呈现为自上而下的运行模式,党和政府居于绝对控制的地位。显然,单一主体格局难以满足多元社会治理的需求,社会的多元利益诉求难以得到满足,政府的能力也难以达到社会期望的高度,于是,政府需要在管理中探索新的途径。杭州的社会复合主体就是一种探索形式,它将政府之外的组织纳入到复合主体中,赋予它们管理公共事务的职责。

政府向社会赋权,是政府的主动作为,因而政府在复合主体中居于主导地位。杭州的社会复合主体都是政府推动下建立的,虽然也有政府主体、政府主导和政府引导的区别,但政府总体上在复合主体中居于主导地位,政府之外的主体基本都是"引进"复合主体的。这种自上而下的解决公共事务治理困境的办法,对政府而言是代价最小、收益比较大的。面对公共事务管理的复杂化和公共利益需求的增长,政府如果不能主动作为,而等到社会自下而上行动起来时,政府不仅会陷入被动,也可能会承受更多的压力。杭州采取政府主动向社会赋权,将社会主体纳入社会治理之中,不仅为政府获得了合法性支持,也确实解决了治理中的诸多难题。

政府向社会赋权,可以充分调动社会资源。在社会复合主体的实践中,行业界、知识界、媒体界都被纳入复合主体之中,从而使社会复合主体拥有了较多的

---

[1]　潘一禾、刘琳:《新型社会组织的创建与试行——从杭州市"社会复合主体"实践看政府赋权社会的可能》,《浙江社会科学》,2010年第11期。

社会资源,可以较好地解决治理问题。如前述运河综合治理,政府曾经多次采取治理措施,但效果并不理想;当政府通过复合主体的形式,将各层级政府和部门、专家学者、研究机构、媒体、公众、企业等相关因素都纳入其中后,就取得了非常好的效果。究其原因,显然是复合主体所提供的多种资源优势:行政力量、智力支持、媒体发动与宣传、公众参与、企业的经营等;同时,在复合主体中,各种主体能够充分沟通,从而将资源的效用发挥到最大程度;复合主体对内含成员也是一种促进,促使它们要发挥潜力,体现自身的价值。

三、社会复合主体是"强国家—强社会"的实践

从国家与社会关系的角度看,社会复合主体突破了传统的国家与社会彼此对立、此消彼长的关系,政府通过向社会赋权,逐步走向"强国家—强社会"的关系状态。

首先,在社会复合主体中,政府和社会组织等社会力量都获得展示自身能力的机会和空间,政府有能力和社会有活力成为现实。社会复合主体虽然在社会治理中纳入了多元主体,但并不意味着政府的弱化。正如前面所分析的,社会复合主体是在政府的主导下建立和运作的：政府选择社会复合主体的主题、组建复合主体的各种委员会直接组织和推动项目、为复合主体提供有力的政策支持乃至资金支持等。社会复合主体的最终效果实际增强了政府的治理能力,它传递的是这样一种信息:面对日益复杂的公共事务,政府有能力和办法将众多社会主体组织起来,在政府的领导下解决这些问题,实现好的治理。社会复合主体自然也为其他社会主体提供了机会,使他们能够在社会治理中展示自身的能力。比如社会组织,从之前的边缘角色到社会复合主体中的合作主体,这本身就是一种跨越。在具体的社会治理中,行业协会能够发挥行业规范与监督、意见表达、对外沟通交流等积极作用,研究会、学会等民间智库能够发挥意见表达、决策参与等作用,这不仅让社会组织赢得展示自身活力的机会,也使它们在实践中经受锻炼,有利于它们逐步成为独立的社会力量。

其次,在社会复合主体中,政府和社会实现了相互嵌入。社会复合主体是一个整体,其内含的各种主体依据一定规则形成网络关系,在这种网络关系中,政府和社会实现相互嵌入。在传统的全能政府模式下,政府对社会是单方面的嵌入,即政府通过其系统控制社会,而社会对政府的影响则较少。社会复合主体则提供了政府和社会合作互动的机会,在这里,政府和社会是相互影响的,双方都

不能独立于另一方而行动,因而是一种"嵌入关系"。这种嵌入关系在改革开放以来体现得日益显著:一方面,政府通过社会动员将政策贯彻下去,调动各种社会资源,达到社会治理的目的;另一方面,社会通过影响政府政策,参与到社会治理过程中来,进而通过改变环境获得生存空间。①

　　实践中,政府与社会的相互嵌入关系并不是对等的。由于传统的全能主体模式的遗留影响、政府主导的转型进程等因素的影响,政府在嵌入关系中处于主导地位,政府可以利用自己掌握资源的优势来决定对社会嵌入的方式、程度,同时限定社会对政府影响的途径、程度。所以,政府与社会之间的嵌入是政府主导式嵌入关系,社会对政府则是回应式嵌入关系。②

　　在社会复合主体中,政府对社会的嵌入主要体现为两种:一种行为嵌入,即政府部门或组建的委员会等直接参与社会治理,政府的行为与其他主体融合在一起;另一种是政策性嵌入,政府没有直接采取行动,但针对复合主体的项目制定了政策措施,通过这些政策来影响复合主体的走向。社会对政府的回应性嵌入体现为社会与政府的合作,在合作中将社会的利益诉求、意见建议传递到政府的决策过程。

　　最后,社会复合主体的实践预示着一种发展趋势。社会复合主体是激发社会主体治理潜能的有效形式,这与多元协作治理的趋势是一致的。多元治理,作为公共事务管理的一种方式、一种形态,总体上属于后现代社会,其实现有基本的前提条件。转型期的中国仍然要处理好统治、管理、治理等不同公共事务管理方式之间的协调,并逐步创造条件,实现向多元治理的过渡。社会复合主体的出现,将政府与其他社会主体间的关系从之前的主客体关系成功转变为主体间关系:传统管理模式中,政府是统治和管理的主体,其他则是统治和管理对象;社会复合主体中,政府和其他主体都是社会治理的主体,都承担相应的责任。这一变化对当前中国社会尤为重要。因为在我们的社会治理中,对多元主体参与强调比较多,但如何处理多元主体间的关系,特别是政府与其他主体之间的关系,还缺少真正有效的措施。社会复合主体以一种复合结构实现了政府与社会之间的融合与协作,能够有效激发政府和社会组织等社会主体在社会治理中的能量,在政府和社会的协作中走向共强。

---

　　①②　李姿姿:《中国农民专业合作社组织研究——基于国家与社会关系的视角》,中央编译出版社,2011年,第196页。

第五章

农村基层社会治理中的社会组织

自治是基层社会的基本特征,以村民自治和居民自治为核心的基层社会治理,因为社会组织的发展壮大而增添了新的元素。本章以四川省仪陇县燎原村为例,考察农村社会组织的发展情况以及它们在农村基层社会治理中发挥的作用,以基层治理中社会组织的重要角色来验证社会组织的活力以及"强社会"的存在。

第一节 农村基层社会组织发展概况

一、农村社会组织发展的社会基础

中国农村社会组织发展有着深厚的社会基础。改革开放以来,经济体制改革为农村社会组织发展奠定了基础,而农村社会组织也适应了农村改革发展的需要,尤其是进入新世纪以来,国家大力支持农村社会组织发展,农村社会组织呈现蓬勃发展的局面。

1. 以农村家庭联产承包责任制为主的农村经济体制改革,为农村社会组织发展奠定了经济基础

家庭联产承包经营取代了以前的人民公社时期的集体生产,农民开始有了生产生活的自主权,农民在经济上走向独立和自主,这为农村社会组织提供了前提条件。一方面,农民成为独立的个体,不再完全从属于集体,独立性和自主性大为增强,这使得农民有了建立和参加社会组织的自由空间。另一方面,农村经济体制改革在让农民获得独立和自主的同时, 也让农民重新回到了独立、分

散的状态。随着市场经济的发展,分散的农民与市场之间的矛盾也越来越突出。在这种情况下,单个的农户无法有效争取和维护自身的利益,必须要组织起来才能在激烈的市场竞争中生存和发展,于是农村经济合作组织和专业协会等应运而生。同时,随着经济体制改革的深入,农村社会的各种问题和矛盾也逐渐凸显出来,如农村养老、文化生活匮乏、治安环境恶化、环境污染等社会问题越来越严重,迫切需要致力于解决这些社会问题的社会组织发挥其积极作用。

2. 村民自治的发展和政治环境的日益宽松为农村社会组织的兴起和发展提供了重要保障

农村经济体制改革,为农村社会组织发展奠定了经济基础,但是如果没有相应的制度空间,农村社会组织也很难发展起来。村民自治的实行为广大农村地区拓展了这种制度空间。通过村民自治这一制度平台,农民的自主意识、民主意识和参与意识都有了很大提高,这也为农村社会组织的发展提供了重要条件。随着制度环境的日益宽松,农村社会组织不再像以前那样被视为封建残余或反动组织,一些传统的农村社会组织开始复苏,新型农村社会组织也开始在农村发展起来。

3. 农村社会组织满足了农民和农村的需要,促进了农村经济社会发展

这是农村社会组织发展的最直接的原因。随着全能主义模式的消解、农村经济发展而来的是农村社会公共物品和服务供给不足;农民集体行动缺乏,难以维护自身利益,农村弱势群体处境艰难;农村社会各种矛盾突出;文化娱乐活动缺乏,农民的精神文化生活陷入虚无状态;而基层政府和乡村社会现有的制度安排无法有效满足农民和农村的需要,乡村治理面临诸多困境。农村社会组织具有自身的优势,在一定程度上可以弥补或缓解上述难题,为农村经济社会发展提供新的动力,从而使其获得快速发展。

4. 党和政府对农村社会组织的鼓励和支持也是近年来农村社会组织蓬勃发展的重要原因

党和政府对民间组织的认识有一个过程。在新中国成立后一段时间内,民间组织被视为反动组织而被取缔并禁止发展;改革开放以后,党和政府对民间组织的作用有了新的认识,转而鼓励和支持农村社会组织的发展。新世纪以来,党和政府更是加大了农村社会组织的支持力度。2003年以来,中央一号文件多次提出要鼓励和支持农村经济合作组织发展;2006年10月,《中华人民共和国专业合作社法》出台,农村专业合作组织的发展进入法制化和制度化的轨道。随

后中央和地方出台了一系列配套政策,促进了农村社会组织尤其是专业合作组织的发展。可见,党和政府的鼓励和支持是促进农村社会组织发展非常重要的因素。当然,并非所有的民间组织都能得到支持,一些民间组织发展仍然受到限制,但是党和政府的支持无疑大大促进了农村社会组织的发展。

二、农村社会组织的发展历程

新中国成立以来,中国农村社会组织的发展经历了一个曲折复杂的历程。大致经历了以下三个发展阶段。

第一个阶段:沉寂期。新中国成立初,随着国家权力向乡村社会延伸,传统的农村社会组织开始走向没落。尤其在人民公社时期,传统的民间组织,如祠堂、庙会、乡绅组织等都被当成封建残余或反动势力被取消了;同时,党和政府主导建立的基层组织,如共青团、妇联、互助组、合作社、生产队等相继建立起来。这些组织具有强制性,不管农民是否愿意,都必须加入相应的组织,而其他农民自发组织几乎不存在。在人民公社时期,公社和生产队是集所有功能为一体的组织形式,每个人都完全从属于集体,农村社会组织失去了生存的土壤。"所以,从1949到1978年近30年的时间,严格地说,在中国农村没有任何自愿、自主意义上的民间组织。"①

第二个阶段:复苏期。随着农村经济体制改革和制度环境日益宽松,农村社会组织开始兴起和发展起来。这一时期,首先兴起的是致力于农村经济发展的各种专业协会和经济合作社等组织。由于分散的农户面对变化多端的市场无能为力,农民合作经济组织和专业协会起到了组织分散的农民、降低市场风险等作用。同期,农村其他社会组织也开始复苏和发展起来,如庙会、宗族组织在农村重新出现。20世纪90年代以来,随着农民增收缓慢,负担日益加重,不少农村还出现了减负协会,致力于减轻农民负担。同时,由于当时国家权力退出后导致权力和管理真空,农村社会治安形势不佳,一些"灰色团体",甚至是黑恶势力组织在农村也得到生存空间。②另外,国际非政府组织也开始进入农村,开展扶贫、教育、环境保护等项目,比如四川仪陇县在90年代就争取到联合国开发计划署项目资助,致力于乡村发展和治理的改善。

---

① 李小云、左停、叶敬忠主编:《2008中国农村情况报告》,社会科学文献出版社,2009年,第228页。
② 参见黄海:《灰地:红镇"混混"研究》,生活·读书·新知三联书店,2010年。

第三个阶段:勃兴期。进入21世纪以来,国家加大了对社会组织的支持力度,同时政府职能转变的需要和公民社会的发展推动,农村社会组织开始蓬勃发展开来,诸如农村老年协会、妇女协会、文艺组织、环保组织和各种临时组织,它们不仅满足了农民的需要,也促进了农村社会和社区发展。在规模方面,俞可平指出:"全国已登记和未登记的乡村两级的民间组织已超过300万个,占全国总数的三分之二以上。"①本案例中仪陇县燎原村的社会组织大多是在这一时期发展起来的。如今在四川仪陇县活跃着世界扫盲组织、老虎伍兹基金会、德国波尔基金会、国际小母牛组织等国际著名的非政府组织,它们在灾后重建和农村发展方面提供了很多支持;南都基金会、壹基金、友成企业家扶贫基金会等国内社会组织也先后进入仪陇县;这些外来组织还与当地社会组织合作,共同促进乡村社会发展,如国际小母牛组织和壹基金等都与本土的仪陇县乡村发展协会开展了合作,并取得了不错的效果。

三、燎原村社会组织的类型

本书关注的燎原村处于村民自治开展较早,且发展比较好的四川省仪陇县。这是一个面积2.5平方千米、人口1433人的偏僻小山村,村民大多以种植玉米和水稻为业,人均收入比较低。近年来,燎原村通过大力发展生猪、小家禽和獭兔养殖等产业,2010年人均纯收入已超过4000元。作为传统的乡村社会,燎原村也是熟人社会,社群性的民间组织的影响自然存在;在村经济发展中,与种植业、养殖业相关的合作性组织也出现了;随着农村社会管理和公共服务需求的增强而出现了服务性组织;与仪陇县推进村务民主管理"四权"模式相一致,燎原村出现了民主管理的新型组织。

对于农村社会组织的类型,已有一些学者作了研究。俞可平从不同的角度对农村社会组织进行了分类:根据主要职能将农村社会组织分为权力组织、服务性组织和附属性组织;根据活动形式分为临时性的社会组织和相对稳定的社会组织。②程同顺依据社会组织的目标和功能将其分为四类:政治性的农民组织、经济性的农民组织、基层自治性的农民组织、社会性的农民组织。③本书根据

---

①　俞可平:《公民社会的兴起与治理的变迁》,社会科学文献出版社,2002年,第30页。

②　俞可平等:《中国公民社会的兴起与治理的变迁》,社会科学文献出版社,2002年,第29页。

③　程同顺:《中国农民组织化研究初探》,天津人民出版社,2003年,第25页。

研究需要,结合燎原村的实际情况,依据农村社会组织的来源和活动领域,首先将其分为本地原生型组织和外来组织两大类,而原生型组织中又包括政治层面的自治组织、经济性组织、社群性组织和社会服务性组织。

1. 政治层面的自治组织

政治层面的自治组织是指以民主参与、民主管理为主要目的,带有政治利益倾向的民间组织,如各种村民大会、议事会、监督委员会等。①因为这些组织的活动与乡村的政治生活有较紧密的关系,但又是村民自发产生的,所以称为政治层面的自治组织。其他的政治层面的自治组织还有农民协会、移民协会、农民维权组织等。总体而言,农村的政治层面的民间组织还比较少,燎原村主要有百人议事会和村务监督委员会。

燎原村百人议事会,由每 10 位村民联名推荐 1 名能为自己"说话"的代表组成。燎原村现有百人议事会成员 110 名左右。百人议事会的主要职能是参与村内重大事项决策,如产业发展、结构调整、土地征用、集体土地承包、公共建设、灾后重建等,低保评定、村干部办公费、招待费核算等事项村里必须召开"百人议事会"讨论、表决。到会人数未达到应到人数 2/3 以上的,不得开会。百人议事会决定的事项,必须经到会人数半数以上同意方可通过,会后必须张榜公布,由村委会负责落实。

燎原村村务监督委员会是在村民代表中选 7 人至 9 人组成。由于经费开支等问题,燎原村现有村务监督委员会成员 5 人。村务监督委员会有权对集体土地承包、租赁、企业改制、举债、资产处置、干部报酬、工程发包、公益事业经费筹集、村务公开等重要事务实行全过程监督,及时向村民会议或村民代表会议报告。

2. 经济性组织

农村经济性民间组织,是农户或农民个体自愿联合建立的农村合作组织、专业协会等互助或公益型组织,包括各种专业合作社、专业协会、专业技术协会等。这类组织在农村民间组织中占了相当比例。燎原村现有生猪养殖专业合作社、畜禽养殖合作社、食用菌合作社、养兔协会四家经济合作社和专业协会。它

---

① 本研究中农村基层社会组织中政治层面的自治组织没有将村委会纳入其中。作为村民自治组织,村委会理应是社会组织的一种,也有一些研究者将其纳入社会组织中。但是,在当前村民自治的政治化色彩日益增加的情况下,村委会也成为"准行政化"的组织,而不是严格意义上的社会组织。与此相类似,本研究中农村基层社会组织也没有包括作为国家政权延伸的共青团、妇联等的基层组织。

们主要发挥行业管理、协调、咨询、服务的作用,推动全村相关行业生产健康有序发展。如该村的养兔协会给养殖户统一提供信息和技术指导培训,统一防疫、购料和销售,既降低了市场风险,又增加了经济效益。其他几个经济合作社和专业协会也在相关的行业发挥了类似的功能。

3. 社群性组织

农村社群性组织主要是基于血缘、亲缘和地缘关系而发展起来的共同体,是农村熟人社会的一种反映。当前,关注较多的家族、宗族组织是社群组织的典型代表,各种庙会、老人会也属于这种类型。燎原村传统的家族宗族组织不是很突出,也没有组织形体的庙会,而是存在一个兼具社群性和服务性的老人文艺队。

燎原村老人文艺队成立于 2008 年 7 月,是由上了年纪的老人自发成立的娱乐性组织,乐器和服装都是自筹资金购买的,每旬的 3、6、9 日组织开展文化娱乐活动。老人文艺队的活动包括跳秧歌、打腰鼓、跳舞等,他们自编自演各种文娱节目,歌颂改革开放以来的新变化,歌颂身边的好人好事。老人文艺队也经常开展各种学习交流活动,促进了村民之间的相互交往和村庄的和谐。老人文艺队丰富多彩的活动吸引了越来越多的村民参与。2011 年底,其规模已由最初的 12 人发展到了 60 多人,年龄最大的老太婆 70 余岁,甚至邻村的村民也加入到老人文艺队。从其活动看,老人文艺队主要是老人自娱自乐,并为村民提供表演的一种公益服务性组织,同时,老人文艺队的组建也受到传统的龙舟会、花灯会等社群性组织的影响,在一定程度上继承了这类组织的功能。比如,春节期间,老人文艺队会开展各种表演活动,甚至到镇上演出乃至邻近的乡镇去表演。2011 年妇女节,老人文艺队也开展了大规模的文艺活动。老人文艺队实际上将公益服务和地域纽带紧密结合起来,实现了地域认同和现实需求的有效融合。

4. 社会服务性组织

农村社会服务性民间组织主要为农民提供社会服务的互助性或公益性组织,如互助合作社、互助组、红白喜事会、棋牌会等。农村志愿者组织也在社会服务方面发挥着重要作用。燎原村的服务性组织比较多,其中一个类似农村金融机构的互助合作社最为活跃。

燎原村互助合作社成立于 2006 年 4 月 3 日,现有会员 95 户,入股资金 112500 元,资金总额 32 万余元。互助合作社最初主要是农民自发组织起来为急需资金的村民提供小额信贷等服务,现在互助合作社的服务领域不断拓展,吸引力也不断增强。2006 年,会员每股分红 10 元,之后逐年递增,到 2010 年每股分红达到 80 元。2010 年,会员们建议按利润总额提留 8%的公益金和公积金,重点解决全村个别户的天灾人祸等突发情况和集体公益事业建设。

互助合作社有健全的组织结构和管理制度。合作社设主任、会计、出纳各一名,任期三年,期满后召开股民大会,以无记名投票的方式选举产生新的领导班子。合作社下设三个大组,一组负责种养殖的发展和产业的培育,二组负责种养殖技术,三组负责宣传督促产业发展。各组成员同样由股民大会选举产生。三个组下分若干小组,每一位小组长带动五户农户,每月 3、6、9 日定期培训种养殖大户并相互交流学习,必要时聘请农业、畜牧部门的技师来上课。互助合作社是村民自发组织,村民入社自由。

5. 外来组织

外来组织是指在农村社区之外建立,但在农村社区开展活动或实施项目的组织,包括境外组织和本国非本地民间组织。这些组织一般具有资金、人员、技术等方面的优势,对本地民间组织和农村社会发展有较多支持和帮助。在仪陇县就有国际小母牛组织、香港乐施会、世界扫盲组织等,燎原村则以国际小母牛组织最有代表性。

国际小母牛组织的宗旨是通过提供畜禽、技术培训及相关服务来消除饥饿和贫困并改善环境。2008 年 1 月,国际小母牛项目正式在燎原村实施,由它出资为燎原村提供小家禽规模养殖与社区综合发展项目支持。现在全村共有 140 户农户加入到该项目。项目开展以来,已经顺利完成了两批礼品传递活动,近百户农户从礼品传递项目中获益。经过几年小母牛项目的实施,燎原村小家禽规模养殖和社区综合发展项目以及互助社建设取得了显著的成效,小家禽规模养殖农户从项目实施前的几户增加到现在的 100 余户,全村户年平均小家禽出栏从原来的 10 只左右发展到目前的 300 只左右。

第二节　社会组织参与农村基层社会治理的途径及作用

农村基层社会治理在改革开放以来发生了深刻变化。国家全面控制基层社会、政府单一主体的全能主义模式随着人民公社解体、经济体制改革而消解,农村基层社会的活力增加,农村出现了企业、专业合作社、社会服务组织等新的主体,基层治理的参与元素也因此扩展到多元主体。社会组织是农村基层社会治理的多元主体之一,在燎原村,这些社会组织已经逐步建立起参与社会治理的途径,并发挥着越来越重要的作用。

一、社会组织参与农村基层社会治理的途径

1. 服务和促进农村发展经济,增加农民收入

当前,在农村活动的社会组织中经济性组织,如合作社、专业协会等占了相当比例,它们主要通过为农村经济发展服务、增加农民收入的方式参与农村社会治理。燎原村的社会组织中,如互助合作社、国际小母牛项目互助组、养兔协会、畜禽合作社等,主要通过这种方式参与农村社会治理。如燎原村小母牛项目互助组为了降低养鹅成本,组织农户进行秸秆粉碎发酵,在村里建立起了饲料加工点。在养鹅农户的养殖规模扩大后,面对从市场上购买的小鹅死亡率太高和农户缺乏规模养殖经验等问题,互助组集中对小鹅进行托养,统一脱温和防疫;同时,互助组每托养一次小鹅就会组织对养殖农户的技术培训。互助组建立后两年多内,进行集中托养18次,共托养小鹅和其他家禽五万余只,小鹅的成活率由以前不足50%上升到98%。互助组的联合脱温、联合防疫和统一培训,使全村原来年不足20000只的家禽饲养能力增加到五万余只;原来年不足1000头家畜饲养能力增至3000头。这两项饲养能力的增强,让燎原村人均年纯收入增加了1000元左右。小母牛项目互助组开展的家禽集中托养,不仅增加了村民收入,也推动了互助组其他活动的开展。该村的养兔协会也组织会员和村民通过统一购销的方式,降低了养兔成本:以前村民单独购买饲料,每千克价格约2.6元,而通过养兔协会集中统一购买,每千克仅2元,这就明显降低了村民养殖成本;同时,养兔协会还主动与相关企业联系,拓展销售渠道。养兔协会的努力在增加农民收入的同时,也促进了当地经济发展。对于农村社会组织来说,如果不能给村民带来实实在在的好处,它们将很难得到村民的支持和参与,自身的发展也很艰难。当前,经济利益显然是农民首先考虑的,因此与经济有关联的社会组织通过自身的努力,促进农民增收,推进经济发展,就成为它们参与农村社会治理的重要途径。

2. 开展文化娱乐活动和科技文化知识培训,提高农村文化公共服务水平

广大农村地区在文化娱乐方面落后城市较多,而政府在这方面的作为也相对有限,因此分布广泛、针对性强的农村社会组织往往通过开展文化娱乐活动、组织科技文化知识培训等方式来组织农民参与,促进农民的沟通和交流,一定程度上满足其精神文化需求,提高农民素质,为农村基层社会治理做出贡献。如

燎原村的国际小母牛项目互助组经常组织农民进行集体活动,从最初的讨论生产合作、开展技术培训,逐步过渡到文化娱乐活动开展。2010年的妇女节,小母牛项目互助组把村里的妇女(70余人)组织起来,开展腰鼓、秧歌、交谊舞、小魔术等丰富多彩的演出活动,共同庆祝节日,吸引了众多群众参与。互助组还组织召开妇女茶话会,大家踊跃谈论文艺活动感想、项目活动设想和社区发展的想法。通过这种方式来庆祝妇女节在燎原村还是第一次,妇女们很受感动和鼓舞,觉得过了一个真正属于自己的节日。燎原村老人文艺队成立以来,每旬的3、6、9日都组织开展丰富多样的文化活动。这些活动吸引了越来越多的村民参与。该村的互助合作社也通过每月3次的成员中心活动,对互助社成员和愿意来参加会议的村民进行管理知识、生产技能、家庭理财、金融知识等方面的培训教育,并借助农村远程教育平台开展农村实用技术培训和政策法规宣传,不仅扩大了自身影响,更提高了农民的素质和能力。社会组织的活动使村民的交流日益密切,许多村民把社会组织的活动当成一个节日,在平常茶余饭后也会来会场聚一聚、聊聊家常、摆摆"龙门阵";通过社会组织的各种活动,村民们在交流中增加互相信任与尊重,农民自我组织的学习、教育活动也促进农村社区的融合与乡村文明的发展。

3. 宣传国家法律法规和政策,引导农民参与公共事务

农村社会组织也经常参与农村政务活动,通过各种途径向会员和村民宣传相关的政策和法律法规,将维护农民利益和遵纪守法结合起来,通过这种方式来展示社会组织的作用。如燎原村的"百人议事会"就是村重大事项决策的重要参与主体,村内经济发展、产业结构调整、土地征用、公共建设、村干部办公费、招待费等都必须召开百人议事会讨论、表决,赞成率超过90%的方可施行。由于百人议事会的这种实际作用,村民参与积极性得到了很大提高。村民(代表)会议也发挥了类似的职能。其他的农村社会组织,如合作社也经常组织会员学习合作社相关法律法规,让贫困农户不断接受教育,不断提高群众自我组织、自我管理、自我发展的能力,带动他们参与农村社会治理。参与村庄政务活动,是农村社会组织最直接的参与乡村治理的途径,其中处理好同村两委以及村民的关系是关键所在,因为农村社会组织往往代表和维护成员与村民的利益,它们需要与村两委协商合作,才能共同促进农村基层社会的良好治理。

4. 参与公共基础设施建设,促进社区发展

公益性是社会组织的重要属性,农村社会组织往往通过参与村庄公共基础

设施建设、服务社区发展来体现其公益目标,推进农村社会发展。在燎原村,社会组织通过帮助村庄修建道路、沼气池、小水利等基础设施,为受灾群众提供灾后重建支持等,参与村庄公共基础设施建设和公共事务管理。这些努力使社会组织得到村民的信任和支持,为其在农村社会治理中更广泛参与和发挥更大作用奠定了基础。比如,燎原村互助合作社在沼气池建设中就发挥了重要作用。2003年,当地政府开始推广农村沼气应用,当时规定挖沼气的农户每户可享受补助1000元。可政策出台很长时间,还是没几户农民响应,主要是因为多数村民一下拿不出那么多钱,因为一口沼气池大概要花费1800元左右,除去政府的补贴,农户还得自掏800元左右,而且沼气池要建成并通过验收后才能领取补助,即村民要先掏出1800元。同时,村民由于长期形成的习惯,一般愿意砍柴烧火,对修建沼气池的积极性并不高。互助合作社了解这些情况后,深入农户宣传沼气的好处,同时又辅之以互助社的贷款;渐渐地,挖沼气池的农户多了起来,两年里全村挖了140口沼气池。沼气池建设不仅为村民日常生活提供了便利,更有助于农村环境保护和综合治理,如今该村的环境就得到了非常大的改观。可见,农村社会组织积极参与农村公共基础设施建设,不仅能够为村民带来好处,也为自己赢得信任和支持,是社会组织参与农村社会治理的有效途径。

5. 与基层政府、村两委合作,共同推进农村社会治理

在当前的农村社会治理中,乡镇政府和村两委仍然发挥着主导作用,农村社会组织要参与社会治理,需要处理好和它们的关系。实践中,农村社会组织一般选择通过与基层政府、村两委合作,共同推动农村社会治理。对农村社会组织而言,要在农村社会治理中存在并发挥作用,一般要先得到基层政府的默许或认可,这不仅可以增强农村社会组织的合法性,而且有助于它们更好地开展活动;若能得到基层政府的扶植,对于资源匮乏的农村社会组织来说无疑是相当不错的"待遇";更为重要的是,农村社会组织如果能够与基层政府合作开展项目,对其成功开展活动、实现目标将是有力的保障。因此,农村社会组织一般都希望与政府开展合作。比如,在燎原村,互助合作社的建立,政府就给予了较大支持:在农民资金不足的情况下,政府给予贫困户资金配套支持,带动群众的积极参与,为互助社的发展奠定了基础。同时,互助合作社发展壮大后,又通过自身的活动为农村扶贫开发和社区发展做出贡献。如今,基层政府通过与仪陇县乡村发展协会合作,在村内与互助合作社共同完成扶贫等工作,这不仅减轻了基层政府负担,而且也让扶贫工作取得了更好的效果。

除了与乡镇政府合作，农村社会组织也重视处理好与村两委的关系。实际上，农村社会组织与村两委在促进农村发展等方面的目标是一致的，因此双方往往具有相互支持和合作的意愿。在仪陇县，多数的村两委干部与农村社会组织保持了良好合作的关系，相互给予支持。一些农村社会组织经常协助村委会进行村庄公共基础设施建设，同时部分村干部也加入了互助合作社等社会组织，为组织发展建言献策；有的村干部还将村务工作与互助社的工作结合起来做，取得双赢的效果。在燎原村一些社会组织，如村民代表大会、百人议事会等，它们与村民和村两委关系更为紧密，一方面代表村民来行使权力，另一方面也和村两委密切协商合作以实现自身职能。此外，单个的农村社会组织的影响和能力往往有限，农村社会组织之间也通过相互合作来共同推进农村社会治理。

二、社会组织在农村基层社会治理中的作用

1. 提供公共服务，参与农村基层社会管理，推动基层政府职能转变

农村地区，尤其是西部贫困农村，基层政府和村集体组织限于财力等困境，提供的公共物品和服务非常有限，而市场营利组织也不愿提供，因而农村公共服务十分匮乏。随着市场经济深入发展和改革的深化，当前中国政府正经历双重转型。政府职能由传统的"管制型政府"向现代"服务型政府"转变，政府本身由以前的"全能型政府"向现代"有限政府"转型，如何更好地提供公共服务和扩大社会自治则是政府转型能否成功的关键。作为非营利性的农村社会组织，参与农村社会治理往往以提供公共物品和服务为介入点，因此农村社会组织的出现在一定程度上可以缓解基层政府的困境，提高公共服务的水平。同时，由于农村社会组织植根于基层，贴近农民，它们在提供公共物品和服务时，往往能够更加契合农村和农民的实际需求，而在成本和效率上也可能比政府更划算，从而更能令农民满意。

当前，活跃在农村的社会组织已经成为公共物品和服务的重要供给主体，比如各种农村专业合作社和协会、互助组以及国外非政府组织为村庄修桥补路、兴修水利、支持教育、提供医疗救助、为困难群众提供帮扶、为村民提供市场信息和技术指导、支持灾后重建等；农村文化类社会组织，如庙会、老年协会、文艺队等通过开展文化和文艺活动，丰富了农村社会的文化生活，有效缓解了农村文化公共服务短缺和农民精神文化生活匮乏的困境；各种临时性的互助组，通过大家合作相互提供帮助和服务，也有效缓解了农村劳动力不足、资金困难

等问题。比如,在燎原村,以前村里泥泞的小路让村民们吃了不少苦,但是政府没有足够的资金来支持村庄道路建设,村民也没有能力组织起来建设基础设施。互助合作社成立之后,排除了种种困难和条件限制,组织村民在两年时间内累计整理了9千米的村道,养护道路10多千米,如今该村的道路状况已经得到了很大的改善。同时,互助合作社与政府合作,共同推动农户建沼气池140口,并将沼气池建设与养殖户的圈舍改造结合进行,有效推动了农村环境卫生的改善,又增加了农村新能源的利用。在燎原村,如今的扶贫项目政府都采取与互助社合作的方式来提供,这种方式不仅村民非常满意,而且政府也非常认同,被国务院扶贫办誉为"仪陇模式"。

2. 教育和培训农民,提高农民民主意识,促进基层民主发展

农村社会组织参与农村社会治理可以提高农民的民主意识和参与意识,促进基层民主发展。社会组织是公民社会重要组成部分,与自治、平等、参与等民主的基本价值有着紧密联系,是培育具有民主精神和参与意识的现代公民的重要载体。在社会组织中,成员具有平等的关系,而且主要通过自愿、合作的方式来开展活动,这样通过大家相互沟通、协商与合作,通过自我组织和自我管理,有助于激发公民对公共事务的兴趣和责任感,培养具有民主精神和参与意识的现代公民。

农村社会组织通过开展集体活动提高了农民的参与意识和民主精神。燎原村互助合作社经常组织开展项目和集体活动,经过一段时间的学习、讨论和交流,村民逐步改变了过去那种被动参与的心态,由不想说话、不敢说话变得喜欢交流和爱提建议了。如今互助组开展活动,村民都积极主动参加。农村社会组织也经常借助组织平台开展学习教育活动,宣传国家法律政策,增强农民自身的权利意识、责任意识和法治意识,鼓励和帮助农民组织起来去维护自身的合法权益和合理诉求,促进民主社会基础的形成。农村社会组织自身具有的民主管理和民主决策的内部治理机制,也是农民自我教育的有效形式,是提高农民的民主意识和参与能力的训练场。

农村社会组织在提升农村妇女和老人等弱势群体的民主意识和参与意识方面做出了重要贡献。在空心化日益严重的西部农村地区,留守农村的人员大多是妇女、老人,他们不仅面临比较严重的权利保护问题,自身的民主精神和参与意识也比较淡泊,这对村民自治和农村基层治理都是不利的。农村社会组织有些是直接以这些群体为服务对象的,另一些组织也可以为他们提供参与社会

政治生活、维护自身权益的渠道。比如,仪陇县乡村发展协会就为农村妇女参与提供了平台,有效提升了农村妇女的参与意识和民主意识。农村妇女通过参与协会活动,"她们从考虑家庭到关心中心和中心成员的家庭,到关心协会的发展,参与社区发展。协会将赋权与引导参与有机地结合起来开展活动,在协会中充分赋予她们最基本的一些权力:参与权、决策权、管理权,鼓励她们去说、去做、去看,依靠自己的力量去改变自己的现状和参与社会活动,有效地提高了妇女的民主意识和参与意识"[①]。

3. 化解农村社会矛盾,促进社会和谐

和谐社会意味着存在有效的渠道和机制化解社会矛盾与冲突。在当前社会阶层分化加剧、利益冲突不断增加的背景下,农村社会同样面临着阶层分化和利益冲突,需要建立矛盾化解机制。农村社会组织参与农村社会治理,有助于减少利益冲突、化解农村社会矛盾、促进乡村社会整合,实现社会和谐。

首先,农村社会组织通过提供公共物品和服务来满足农民的需要,从而缓解社会矛盾。当前农村地区,不少社会冲突和矛盾的源头在于公共物品和服务的匮乏,而农村社会组织通过动用社会资源,可以为农民提供一些急需的公共物品和服务,如水利资源、文化娱乐设施、生产技术等。这样,农民的选择增多了,因争夺资源和服务而产生的冲突和矛盾就减少了。

其次,农村社会组织通过组织村民开展活动,为村民提供了交流和沟通的平台,从而增强村民间的联系和信任,丰富乡村社会资本,有助于化解村庄内部矛盾。近年来,农村社会的一些冲突和矛盾,特别是家庭矛盾和邻里纠纷,往往是由鸡毛蒜皮的小事引起。这些矛盾往往是缺乏沟通和了解而产生的。在农村集体经济解体后,家庭化的生产方式、自由经营模式使农民越来越"原子化",村民之间的联系和沟通减少,彼此的友谊和感情淡化。农村社会组织的兴起,为村民提供了新的联系渠道,使村民在宽容、互助、利他和公益精神的环境中加强彼此的了解,从而有助于排解社会怨气、释放社会压力,缓和社会矛盾。"民间组织所从事的社会服务、慈善活动及其他公益事业,内含和倡导的核心价值是社会的和谐与和睦,贯穿的是人道主义和志愿精神,追求的是社会的至善,关心的是共同利益,塑造的是平等、信任、合作、团结与整合的关系,因而成为社会文明建

---

① 仪陇县乡村发展协会:《妇女组织与乡村发展》,http://www.ardysc.org.cn/zuzhijigou/2009-04-24/16.html.

设以及社会团结的必要条件。"①就在几年前,燎原村还是有名的矛盾村,村民常常因为小事闹矛盾,而且很多人闲来无事都喜欢打麻将,社会风气日益变坏。随着互助合作社、老人文艺队等社会组织的建立,一批充满乡土气息、贴近村民生活且丰富多彩的文艺活动出现了。这些活动的开展加强了村民相互的交流、合作,促进了村民间的联系,不仅满足了村民的精神文化生活需求,而且更新了村民的观念,提高了自身素质。现在,村民很少去打麻将了,大家常常在一起活动、交流,村民间的冲突和矛盾也逐渐减少了。

最后,农村社会组织在一定程度上还可以通过合法渠道反映农民利益和诉求,这对化解社会矛盾也是极大的帮助。农民利益诉求表达渠道不畅,是引发农村社会矛盾的重要原因。农村社会组织作为一种组织化的力量,可以代表分散的农民合法、理性地进行利益表达,从而有效增强同政府的沟通,消解公众与政府之间紧张的关系。②农村社会组织在公众与政府间发挥弹性机制作用,从而减少农村群体性事件,化解农村社会矛盾,这是需要予以重视和逐步探索的新渠道。

4. 代表和维护农民利益,提高农民组织化程度

当前,农民总体上处于弱势地位,与其组织化程度低、集体行动能力较弱关系密切。③由于缺乏组织依托,单个农民面对变化无常的市场往往无能为力,对政府政策的影响也微乎其微,从而导致农民不仅无法维护自身利益,而且也很少通过集体行动来改变自身命运。在燎原村,几年前几乎没有社会组织,村民的组织化程度非常低,基本都是单个或家庭行动,所以当村民面对组织化的市场主体、变化不定的市场形势、无法预期的灾害等问题时,基本都无抗争之力,利益无法保障;村民对村委会和村党支部也没有多大影响,更不用说乡镇政府。随着农村社会组织作为农民组织化的载体出现,这一现象逐步改变。如该村的互助合作社成员从镇上一种子公司购入的大头菜种子有质量问题,在互助社的协调下,该社员总共获得了一万多元的赔款。村民都说如果没有互助社这个组织,社员是不可能获得赔款的。该村的畜禽合作社针对小家禽采购、销售难的问题,实行统一购销,通过讨论决定每批次小家禽的种类及其数量。仅此一项,合作社就为村民节约上万元的成本。畜禽合作社引进收购商对全村的小家禽进行收

---

①　宋正:《民间组织对构建社会主义和谐社会的政治意义》,《长白学刊》,2007年第4期。

②　参见赵伯艳:《社会组织在公共冲突治理中的作用研究》,人民出版社,2012年。

③　程同顺:《中国农民组织化研究初探》,天津人民出版社,2003年,第13页。

购,每千克比市场价高出 0.5 元,还能防止商贩们的缺斤少两、无端压价,切实保障了村民们的利益。社会组织以组织化的方式将分散的农户联结起来,以集体行动的力量提高应对市场的能力,维护村民的利益。

5. 营造公共空间,推动公共治理

改革开放以来,农村的经济发展成果是显著的,但是市场化的结果就是农民越来越关注自己的经济利益,农民的经济人角色确立了,但却离社会人越来越远。曾经淳朴的民风、融洽的邻里关系不见了,"熟人社会"成员彼此隔离。一句话,农村社会的公共性弱化了,取而代之的是原子化的个体、血缘纽带的家族、暴力化的黑恶势力。面对这种状况,村民自治由于缺少村民的真正参与而无力改变,基层政府的公权力也无法做到全覆盖;而社会组织的出现,却在一定程度上增加了农村的公共性,为农村社会营造了公共空间。社会组织本身就超越了个人利益,具有一定的公益性,社会服务组织更是完全为公众服务的,它们的出现本身就意味着一种新的公共性因素。社会组织将分散的农民组织起来,为他们提供一个交流、合作的平台,这个平台实际就是一种公共空间。在这个空间里,村民可以拉家常、聊热点,也可以一起追求经济利益,或者共同完成村里的公共事务。比如,燎原村在 2009 年修建村道时,一天夜晚突降大雨,16 户互助合作社成员发扬互助合作精神,冒着大雨连夜将修建道路所需的 10 吨水泥搬运到安全位置,避免了材料损失。村民普遍认为,合作社让大伙儿又有了"集体"观念,对大家的事又关心了;如果没有合作社,这事儿可能没人操心。

6. 整合乡村社会资源,推动农村基层社会治理模式转变

农村基层社会治理中最核心的利益主体应该是农民,但是当前的实际情况是农民处于边缘化的境地。在农村基层治理中,基层政府的影响体现得仍然比较明显,理论上的自治组织村民委员会却存在半行政化的趋势,村两委事实上成为治理的主导力量。在这种状况下,农民迫切需要自己的组织形式以参与基层治理,农村社会组织则是这种组织形式之一。它们可以有效动员农民参与,通过与基层政府合作、与村两委沟通协调,有效地整合乡村社会资源,从而在基层治理中发挥越来越大的作用。一方面,农村社会组织可以将村民的意见和要求有效地集中起来,通过合理、有序的方式向基层政府乃至更高的决策层反映,力图在政策中体现农民的诉求;另一方面,基层政府也可以通过农村社会组织及时地把有关情况和信息反馈给村民,增强了政府与农民之间的互信,社会组织扮演沟通政府和村民的桥梁。社会组织的出现有助于破解农民在基层治理中参

与不足的难题,从而逐步营造村民、社会组织、村两委、基层政府等多元主体共同参与的新型的复合式治理模式。

第三节　农村社会组织发展展望

农村社会组织作为一种新生事物,确实给村民生活和农村社会治理带来了新要素、新气象。从燎原村的案例可以看到,社会组织已经在农村社会形成一定的规模,并在基层治理中发挥着比较显著的作用。这表明在农村基层社会,社会组织已经开始展示其能力和活力,在一定意义上实现了活力社会,并向"强社会"迈进。在认识到农村社会组织发展迅速、影响增强的同时,也需要客观看待其发展中面临的问题,并针对性地予以解决,从而推动"强国家—强社会"的实现。

一、农村社会组织发展中面临的现实问题

1. 如何处理与基层政府和村两委的关系是一种挑战

目前,基层政府、村党组织和村委会仍然是农村社会治理中最有影响的组织,如何处理与它们的关系,是农村社会组织发展中必须面对的现实问题。乡镇政府一方面希望社会组织在农村社会发挥更多服务作用,另一方面又对一些组织的发展持谨慎态度。村党组织和村委会是村庄治理中的实际控制者,农村社会组织参与农村社会治理就需要处理好与村两委的关系。一些社会组织能同村两委保持良好的合作关系,比如,在燎原村互助合作社开展活动的时候,村委会甚至还借助互助组的平台来征求大家的意见以及安排村委会工作,互助组与村两委合作办好了以前很多没有办好的事情。但是,还有一些地方农村社会组织与村两委关系比较紧张,或者村两委负责人认为社会组织的发展会对其权威造成冲击,于是限制社会组织在乡村中发挥作用,甚至对社会组织设置种种障碍。在这种背景下,社会组织要在农村社会治理中保持存在并发挥积极作用,就需要技术性地处理与基层政府、村两委的关系。

2. 难以获得"合法"身份

社会组织的合法身份来自在政府部门的登记注册,而中国目前的法律法规对登记注册的门槛设置比较高,导致众多组织难以符合这些要求而只能成为"非法"组织。这种现象在农村社会尤其突出。农村社会组织基本属于草根组织,要找到业务主管单位、注册资金、办公地点等登记注册所需要的条件非常困难,

为此一些组织不得不选择工商注册，而更多的组织根本无法注册，有些组织则只能以备案的形式存在。虽然这些社会组织都事实上存在并开展活动，但合法性的欠缺还是限制了它们与政府部门合作、获得外部资源。

3. 政府扶植力度不够

农村社会组织的发展主要依靠自身的努力，来自政府层面的支持比较少。在燎原村，扶贫互助组是发展比较好的农村社会组织，但据其负责人透露，政府的支持有限，即使政府表态要给予支持，也几乎没有资金方面的投入，组织只能依靠自身的力量和外来民间组织支持来解决资金等难题。一些休闲娱乐性的社会组织，其目的是为村民提供公共服务，但组织没有必要的活动场所和设备，常常需要在发起人家里开展活动，或由少数人自愿提供设备。基层政府给予社会组织的支持较少，可能是自身财力、物力不足，也可能是对社会组织的认同程度比较低。不管实际情况如何，处于发展初期的社会组织，在没有政府支持的情况下，发展的难度又增加不少。

4. 能力欠缺导致公信力不足

"公信力是指社会对一个组织的认可及信任程度，它通过法律约束和自律规范来体现。"[①]公信力是农村社会组织生存和发展的基础，没有公信力就不可能成为农村社会治理中的真正主体。当前，农村社会组织存在一定程度的公信力不足，主要原因是自身的能力不足。导致农村社会组织能力不足的因素包括：组织内部管理不规范，缺乏专业人才和管理制度；资源使用缺乏效率，无法满足公众的期待和要求；一些组织背离了成立时追求的宗旨，过度追求营利，而忽视了公共利益；一些组织信息不公开，财务管理混乱，缺乏有效的监督，导致部分人利用监管乏力来骗取组织资源，甚至利用国家的优惠政策来套取财政资金；一些组织法治意识不强，随意违背协议，不能有效维护成员的合法权益；部分组织具有政府背景，导致其难以获得村民的支持。公信力不足严重限制了农村社会组织的发展。

5. 对农村社会治理的参与不足

总体来看，农村社会组织还处于发展初期，数量和影响相对有限，在农村社会治理中的参与不足。对多数农村社会组织而言，经济方面的参与远多于社会政治生活的参与，它们一般会致力于为会员或村民获得更多的经济利益、带动

---

① 王名：《中国社团改革——从政府选择到社会选择》，社会科学文献出版社，2001年，第201页。

经济发展、解决生产中的实际问题,而在代表和维护农民利益、参与政策过程等方面则涉足较少。有些组织由于无法有效地动员资源,也不能与基层政府、村两委等开展合作,从而无法有效参与农村治理。在燎原村,真正有效参与农村社会治理,并在全村有较大影响的社会组织也不多,多数组织的影响力还较弱。

6. 获取资源的能力不足

农村社会组织多数都面临着资源困境,不少组织缺少活动经费、没有办公场所,甚至自身生存都成问题。这让它们为会员和村民提供服务的能力受到制约,更不用说有效地参与社会治理。城市居民对农村的了解和关注不够,导致城市的资源较少会流向农村社会组织;农村地区本来社会资源就较少,存在于农村地区的社会组织缺少足够的影响力去获得外部资源,结果就是陷入发展的恶性循环——资源不足限制其发展和提高影响力,影响力小又降低了资源获得能力。在燎原村,生猪合作社、畜禽合作社等组织,基本没有外部资源的支持,只能依靠自身的努力;由于自身能力不强,影响非常小,动员社会资源的能力也非常有限,发展面临较大困难。

当前,农村社会组织还普遍面临农村人才不足的问题。在西部农村地区,年轻人不是外出读书就是外出务工,农村精英人才大量流失,留在农村的绝大部分是老人、妇女和儿童,他们文化程度较低、经营能力较弱,开拓和创新意识和能力也有限,这是农村社会组织可持续发展面临的最大问题。如燎原村有近一半的村民都常年外出务工,留守的大多是老人和妇女,由此造成了农村社会组织发展人才匮乏,而且很难进一步发展壮大。

7. 内部规章制度不完善,运作不规范

内部规章制度不完善,组织机构不健全,运作不规范,这是制约农村社会组织发展和参与农村社会治理的重要因素。规章制度是组织正常运行的保障,像组织章程、议事程序、财务制度、人事管理制度等,都是必不可少的。当前的实际情况是,有些组织的章程名存实亡,不能有效发挥作用,有的组织甚至还没制定正式的章程;在内部治理结构上,多数组织的结构比较简单,多数没有建立理事会制度,即使部分组织建立了也没有真正发挥作用;不少组织财务制度不规范,财务管理混乱;很多组织的工作和活动开展比较依赖组织发起人和领导者,这些人往往演变成"家长式"领导,一个人决定组织的事务;多数组织没有真正做到民主选举和民主决策,普通会员和村民很难参与组织的重大决策和发展战略的制定;一些组织也缺乏有效的监督制度,会员和村民对组织的管理者很难有效地监督。内部规章制度不完善和运行不规范，使得一些组织处于无序状态，严重损害了组织的影响力。

8. 农民参与和合作意识不足，影响社会组织的发展

长期生活在农村地区的村民，深受传统小农意识的影响，早已习惯了"原子化"的生活状态，他们的合作意识差，合作能力不强。而农村社会组织的发展，需要更多农民具有现代公民意识、契约精神和合作意识，更需要长远眼光和公益精神，在一定时期也要牺牲个人利益，这对深受小农意识影响的农民来说是存在一定困难的。与此同时，农民对农村社会组织的认识也有一个过程。农村社会组织尽管也有着传统渊源，但是对于农民来说，当前农村存在的大多数社会组织还是新生事物，在他们还没足够了解之前，一般不愿贸然参与；即使参与，如果不能在其中获得实实在在的好处，他们往往也会退出。

二、推动农村社会组织发展的对策

1. 政府要加大对农村社会组织的扶持力度

当前，中国正在建设服务型政府，政府职能也需要逐步转向以公共服务为主，这对政府是一种新的挑战。从发达国家的经验看，政府在公共服务供给上需要发挥社会组织的积极作用，以分担政府的压力。为此，政府在农村社会组织的发展中还需要给予更大的扶持。首先，政府尤其是基层政府要转变观念，将社会组织视为自己的帮手，而不是麻烦制造者，从而为社会组织的发展提供支持。其次，基层政府要合理界定自己的职能，改变基层政府"麻雀虽小五脏俱全"的状况，真正将那些不该管、管不好的事务交给社会组织。再次，政府要减少对农村社会组织发展的限制，提供较为宽松的环境。减少经济性、社会服务性组织的登记注册、备案条件限制，使更多的组织从"非法"存在转为合法存在；加强农村社会组织的宣传，使广大农村干部和村民认识到社会组织存在的意义；为社会组织提供平台，引导村民积极参与社会组织的活动。最后，政府为社会组织提供必要的资金等资源支持。比如，设立专项资金或购买农村社会组织的公共服务，以此来支持其发展。

2. 农村社会组织要明确发展方向，积极与政府开展合作

农村社会组织的目标是社会公益，是为村民提供服务，为农村社会发展提供支持，推动农村社会治理的进步。为此，社会组织需要选择尽可能便利的途径去实现其追求。在当前政府力量仍然是农村社会治理的主导的前提下，社会组

织需要选择与政府合作,共同推动农村社会的进步。从当前的实际情况看,社会组织在推动农村经济发展、提供公共物品和服务、改善社会成员关系等领域有较大的活动空间,而政治权利、宗教等则比较敏感。为此,农村社会组织需要将注意力集中于空间较大的领域,这样既能获得充分施展自身潜能的机会,又可以在与政府的合作中逐步推动政府职能转变。

3. 农村社会组织要加强自身能力建设和规范化管理

加强自身能力建设是农村社会组织提高公信力,进而获得更多的资源、扩大社会治理的参与程度的前提。为此,农村社会组织要完善治理结构,逐步建立健全理事会制度,朝着法人治理结构努力,改变家长式管理;增强服务意识和责任意识,避免为了满足少数人的私利而损害成员和公众利益的现象;提高组织成员的法律意识和业务水平,有条件的社会组织要重视引进专业人才;建立健全财务管理制度,做好信息公开,避免资金滥用,提高资金使用效率。在农村社会组织的内部管理上,一方面要建立和健全组织内部各项规章制度,使组织的日常工作和项目开展有章可循,形成一套自律机制,加强自我管理、自我监督;另一方面要建立民主决策和参与机制、问责机制等,保障决策的民主性和科学性。

4. 重视培养农民的合作意识和能力

农民合作意识和能力的培养,一方面需要来自外部的力量,如政府加强引导,另一方面也需要农民自身去体验和训练。当前,由于农村外出务工人员较多,农村现有的人员满足不了社会组织发展的需要,解决的办法只能通过农村社会的自我培养。一方面需要政府提供帮助,另一方面农村社会组织自身也要通过多种途径开展教育和培训工作。更为重要的是,农民需要在参与中学习。社会组织本身就是以平等、合作为基础的,它需要成员具有良好的合作意识和相当的奉献精神。当农民接触这些组织和活动时,通过耳闻目染、亲身体验,其合作意识和能力将会逐步提升。

三、社会组织发展与农村基层社会治理的走向

燎原村的现实表明,社会组织已经成为农村社会一种重要的新生事物,而且会随着农村经济社会发展、公共服务和社会管理水平提升而获得更大的发展空间。由于社会组织的草根性,它们来源于村民,且能够反映村民的实际需求,代表村民的利益,所以这些组织的出现,正好弥补了农村社会治理中因村委会的行政化倾向而导致的村民利益缺少真正代表、村民参与不足的缺陷。

在村民自治体系中，各种要素集中于政治层面，而对乡村社会资本等草根因素关注和调动不够。按照帕特南等人的观点，缺少社会资本的民主制度是难以运转的，①所以村民自治很难真正走向民主治理。社会组织则是乡村社会重要的社会资本。重视农村社会组织，不仅能够为村庄提供新的公共服务和社会管理的解决途径，还可以增加村庄各种要素间的沟通，构建村庄社会的关系网络，从而避免村庄政治层面的因素与社会自组织间的"裂解"。②

有社会组织参与的农村社会治理，更接近治理的本意。它克服了村民自主参与不足的弊端，不再是行政力量主导的单一型治理，③而是逐步走向复合治理。复合治理的理念起初应用于风险和危机治理，强调鉴于单一主体难以独自承担重大责任而引入政府之外的市场和社会机制。④随后在一些公共事务的治理中，如跨流域河流治理、跨行政区经济一体化等，开始出现"复合行政"的概念，强调多层级政府以及非政府组织的协同。随着"复合"的理念被越来越多的公共事务治理接受，强调政府、市场、社会多主体协同的"复合治理"概念出现了。⑤综合而言，复合治理首先强调多元主体，政治、经济、社会各种因素都是治理的参与者；复合治理是多层次的，纵向上存在不同层级，横向上存在不同领域；复合治理强调不同主体间的互动，从而形成复杂的关系网络；复合治理的目标是导向良好的治理。

从一些治理比较有效的国家的实践看，农村基层一般实行完全的自治。但是今天中国的农村基层社会治理，由于政社分开不彻底，行政力量并没有完全退出，所以当市场和社会主体成长起来并参与治理过程时，乡村治理就逐步呈现为"复合"的特征。乡村社会复合治理首先意味着多种主体的参与。其一，上级政权是复合治理中不能忽视的因素。在"县政、乡派、村管"⑥的结构中，村级管理中县乡两级政权的影响肯定存在，它们决定着村治的基本方向，是国家大政方

---

① 参见［美］帕特南：《使民主运转起来》，王列、赖海榕译，江西人民出版社，2001年。

② 陶传进：《草根志愿组织与村民自治困境的破解：从村庄社会的双层结构中看问题》，《社会学研究》，2007年第5期。

③ 钟宜：《我国农村社会组织的发展与乡村治理方式的变革与完善》，《探索》，2005年第6期。

④ 杨雪冬：《全球化、风险社会与复合治理》，《马克思主义与现实》，2004年第4期。

⑤ 范巧、郭爱君：《从"复合行政"到"复合治理"——区域经济一体化与行政区经济矛盾解决的新视角》，《南方经济》，2009年第6期。

⑥ 徐勇：《县政、乡派、村管：乡村治理的结构性转换》，《江苏社会科学》，2002年第2期。

针"下乡"的保证。"村财乡管""包村制"等措施的推行使得村治对上级政权的依赖程度增强。其二是村党组织和村委会。村两委作为近几十年村治中的核心角色,在复合治理结构中的地位仍然举足轻重。它们作为国家政权的末梢,仍然在村庄的经济发展、社会稳定、基础设施建设、福利保障等重要事项中唱主角。这其中也包括与村两委关系紧密的共青团、妇联等组织。其三是农村社会组织,即本研究关注各种与政治层面有关联,经济性、社群性、社会服务性以及外来的社会组织。它们的重要性将随着农村社会自治程度的提升而不断增强。其四是村民个体,他们显然是村治中最基础的主体。随着个人拥有资源的不断增多,村民个体对村治的影响也会增强。从目前的情况看,复合治理中不同类型的主体是层级式的。

复合型乡村治理内部关系是多向度的,各主体间存在互动。县乡政权主要是指导乡村治理,与之直接产生联系的村两委。村两委也不是单纯接受县乡的指导,特别是村委会,作为自治组织的它,理论上是独立于县乡政府的,现实中村委会基于村民和村庄的利益而与县乡政府意见不一致的也不少见。村两委、社会组织和村民三者构成村庄复合治理的主体。村两委与村民的关系因为前者的行政化倾向并没有达到理想的状况,这是村治需要变革的主要原因。社会组织与村民则是一种新的关系组合,相较于村两委,社会组织更贴近村民,更能代表和反映村民的利益诉求,因而关系也更紧密。但是,现阶段的村治中村民显然也离不开村两委,这样,社会组织与村两委的关系就突出出来了。从燎原村的情况看,社会组织与村两委既有合作,也有制衡。多数情况下,社会组织与村两委的目标是一致的,为了促进村庄的发展而开展合作,如村委会的重要决策吸纳了畜禽养殖合作社、小母牛项目组等社会组织参与,村委会主任借助互助合作社的平台来开展工作,互助合作社也积极参与村两委主导的村庄基础设施建设等。同时,作为村民自组织的社会组织有时候也代表村民和村两委进行博弈,监督村两委的工作。社会组织与县乡基层政府的合作也是常见状态,如燎原村的扶贫开发、产业发展等,县乡政府都选择与乡村发展协会、互助合作社等民间组织来共同完成,其效果也非常好。另外,社会组织之间也存在互动关系。比如,燎原村的互助合作社与其他生猪养殖合作社、养兔协会等就有技术交流等;而有些地方,经济性的专业合作社、社会服务性组织的发展对传统的宗族家族组织也是一种制衡。

复合治理的生命力在于,它既吸纳了基层政府、村两委等现有的村治中的主要力量，又为农村经济发展、公共服务和社会管理中出现的各种社会组织提供了空间。在复合治理的架构中，政府力量和社会力量实现了结合和融合，政府和社会组织都可以在各自的范围、以各自的方式为农村社会治理做出贡献。从这个角度讲，融入社会组织的复合治理是"强国家—强社会"在基层社会治理的一种体现形式。

第六章

政府购买公共服务中的社会组织

政府向社会组织购买公共服务,是解决政府提供公共服务成本高、效率低、方式单一、资源不足等诸多问题的有效手段之一。通过购买公共服务,政府实现了资源和精力的集中,提高了公共服务供给效率;社会组织也在提供公共服务的过程中增强了自身能力,与政府建立起合作关系,即政府和社会组织因购买服务而实现了"双赢"。本章以天津泰达社会服务中心为例,分析政府购买公共服务中社会组织所提供的服务的内容、购买的实际效用、购买中政府与社会组织的关系等,从而验证购买公共服务能够实现政府与社会组织的合作共强。

第一节 政府向社会组织购买公共服务概况

天津经济技术开发区管委会向泰达社会服务中心购买公共服务这一案例发生在开发区这一相对比较特殊的环境下,主要是开发区管委会本身不是一级完整的政府,承担着更多的经济职能而没有完整的公共服务职能,但开发区内居民对公共服务的需求却比较大,这促使管委会采取措施提高公共服务水平。实际购买过程中,公共服务的提供主体是泰达社会服务中心,购买主体是开发区城市管理局。

一、政府购买公共服务产生的背景

天津经济技术开发区(英文缩写 TEDA,"泰达"是其音译,简称开发区)始建于 1984 年,总规划面积 33 平方千米,是中国最早的一批国家级经济技术开发区。天津开发区有常住人口 16 万人,户籍人口 4.77 万,已建成七个居民社区和四个蓝领社区。自 2000 年始，天津开发区连续 9 年在国家级经济技术开发区排名中位居首位。随着经济发展不断跃上新台阶，天津开发区汇聚了越来越多的来自国内外的人口。人口增长过快，外来流动人口过多，这超出了开发区最初的规划，开发区因此出现"功能超载"，相应地引发城市治安、教育、医疗、社保、养老、环保等一系列问题，考验开发区的承载力。

天津开发区居民明显分为两个不同的群体：一个是受教育程度高、利益诉求广、民主参与意识较强、对自然与人文环境等要求较高的白领群体；另一个是外来务工人员和普通工人，他们流动性较大，民主参与意识较弱，尤其在一些老社区，还有大量下岗工人、离退休人员等弱势群体，迫切需要得到社区的服务和照顾。针对城市化建设进程中出现的问题，为防止两极分化，天津开发区以"提升公民满意度、生活便利性和幸福感"为目标，在城市基层管理方面实现社区事务从硬性管理到软性服务的改变，重构泰达社区的治理格局。开发区通过有效整合"社区共同体"资源，即通过科学的体制机制，充分发挥政府、社区自治组织、社会组织、社区公民、社区企业等参与社区事务的各个主体的优势，在一个核心（即党的组织）、两个支撑（社区居委会、泰达社会服务中心）、两个系统（开发系统联动的数字社区系统与整合各类资源的泰达城市网络系统）、三个平台（沟通交流平台、社区服务平台、文化重塑平台）的"一二三"工作思路指导下，实现工作分割向统筹协作转变，逐渐形成"政府主导、社区搭台、各路唱戏"的局面。通过努力，开发区社区治理实现从管理到服务的转变，社区管理与服务通过法定化、契约化形成了长效机制，逐步建立起社会管理的"泰达模式"。

作为"社区共同体"的重要组成部分，社会组织在参与社会治理、扩大公共服务等方面发挥着独特的作用。据了解，天津开发自 1991 年成立社会组织以来，2010 年数量已经达到了 1517 个，其中社会团体 270 个，民办非企业单位237 家，社区公益性组织 1010 家。[①]开发区在扶持社会组织的健康有序发展，更好地发挥其在社会治理中的作用方面推出了一系列举措，例如成立"枢纽型"的社会组织联合会，并注入 100 万元基金，以联合会为载体培育各类社会组织；创新社会组织活动方式，完善区域服务体系等。这些措施都围绕多元主体参与社会治理这一基本理念展开。泰达社会服务中心作为开发区众多社会组织中的一个，也在近几年不断发展壮大。天津开发区管委会向泰达社会服务中心购买公

---

① 《发挥社会组织作用，创新社会管理模式》，滨海新区网，2011 年 4 月 1 日。

共服务,是解决开发区管委会社会管理和服务职能压力过大、配合开发区社会管理体制改革中的一项重要尝试。

二、政府购买公共服务的目的

1. 缓解公共服务压力,提升政府运行效率

在传统的计划经济体制的影响下,政府强调一元化管理,公共服务由政府独自包揽,这种模式无法满足公民对于公共服务多样化、异质化的需求,同时也造成公共服务的供给短缺、质量低、效率差等问题。天津开发区在成立之初,经济发展是核心任务,各项社会事业则刚刚起步,需求相对较小。经过二三十年的发展,开发区在经济社会发展、人文环境建设等方面的变化可谓巨大,相应的各种社会矛盾和社会问题也接踵而来,这给政府(管委会)的社会管理职能提出了严峻的挑战。政府既要搞好经济发展和 GDP 增长,又要履行好公共服务的职能,保障民生,促进和谐。社会管理和公共服务方面不断增长的需求导致政府财政支出压力,公共服务的生产能力不足、效率低下导致公众的不满。开发区管委会意识到自身能力的不足,希望将一部分自己不该管或管不好的公共服务职能通过市场化等形式予以解决,想办法在公共服务供给上做到"少花钱,多办事",实现精简机构、提高资源配置效率的目的。于是,向社会组织购买公共服务的形式就产生了。

2. 弥补基层社区居委会职能的不足,实现社区可持续发展

奥斯本等指出,社区提供公共服务更灵活也更富有创造性,社区服务花费更少,所以应赋予社区以公共管理权,从注重社区服务工作转向做好社区授权工作。[①]在单位体制解体、单位的社会政治功能弱化过程中,中国也开始重视社区建设,将原先由单位承担的大量社会职能逐渐转移到社区。但是,中国在社区建设中存在着政府主导的问题,基层社区自治组织——居委会的行政化色彩较浓,不能真正发挥自治的功能。在天津开发区泰达社会服务中心成立之前,基层社区都推行居委会自治制度。但是,居委会在发展过程中存在很多问题,如居委会成员大都以年龄偏大的退休人员担任,工作效率比较低,创新意识较差;工作人员待遇较低,相关的培训体系、社会保障等滞后,导致人员流动十分频繁,活

---

① [美]奥斯本、[美]盖布勒:《改革政府:企业家精神如何改革着公营部门》,周敦仁译,上海译文出版社,2010年,第34~42页。

动开展比较困难；为了维持居委会的正常运行，政府每年要投入大量的人力、财力、物力。为了满足基层社区发展的需要和公众对公共服务的需求，弥补社区居委会功能的不足，天津开发区转变观念，大力倡导社会组织的发展，发挥它们在整合社区资源、活跃社区文化、调节社会矛盾、缓解社会冲突、增强公民凝聚力等方面的积极作用。

3. 延续改革试点的示范效应

天津开发区创造了国家级开发区发展的典范——有着令人羡慕的业绩，投资环境综合指标的评价以及国内生产总值等主要经济指标都在国家级开发区中名列前茅。但是，对天津开发区而言，仅仅有经济成就是不够的，还需要在开发区管理体制与服务模式创新方面也起到示范作用。为此，天津开发区在探索社会治理的新途径、创新公共服务模式方面做了大量工作，向泰达社会服务中心购买公共服务即是其一。

三、承接主体：泰达社会服务中心

2009 年 9 月 14 日，天津开发区秉承"企业化管理、社会化运作"的理念，旨在致力于本土社会工作专业发展，响应服务社区的基本需要，依托开发区城市管理局在民政局注册成立民办非企业单位——泰达社会服务中心。服务中心本部坐落于开发区捷泰街康翠社区，机构设置较为全面规范，领导层有理事会、监事会，并聘请了南开大学、复旦大学、天津社会科学院等多名教授担任高级专家顾问团。社会服务中心本部负责日常的管理运营与宣传等工作，另在七个社区外派社工站（参见图 6-1）。中心同时设有社会组织部发挥"枢纽"和孵化作用，引导各类组织加强自身建设，并对七个社工站的文体社团进行"准社团"的规范管理。

作为天津市首个综合性社会服务中心，泰达社会服务中心坚持"专业服务助推社会进步，助人自助共创社会和谐"的服务理念，积极响应社区公民以及社会发展的需要，通过"政府购买服务""项目合作""合同委托"等方式，承接政府下移的部分公共管理和服务职能，并积极发挥孵化新的社会组织、提高公众参与社区事务等功能。中心引入准市场化策略，通过招聘专业的社会工作者，并以向社区派驻"社会工作者社区工作站"的方式开展社区建设和服务工作。因此，中心同时挂牌社工协会。建立几年以来，泰达社会服务中心通过运用专业社会工作方法，针对各类有需要的人群开展社会服务工作，改善和提升了其社会功能,维护了社会和谐稳定,促进了公民社会的发展,是"泰达模式"不可或缺的组织主体。

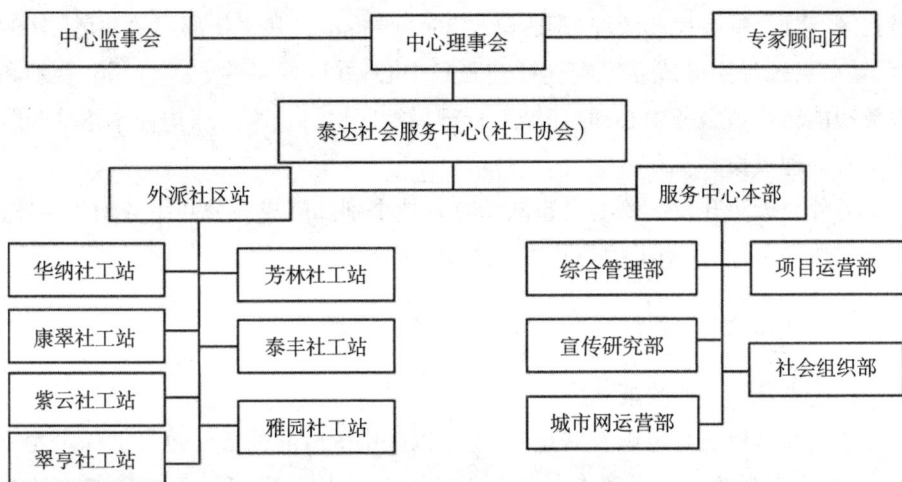

图6-1　天津开发区泰达社会服务中心组织架构

四、购买主体:天津开发区城市管理局

按照购买协议,本案例的公共服务的购买主体主要是天津开发区城市管理局,由城市管理局代表开发区管委会与泰达社会服务中心签订购买合同。开发区城市管理局下设综合科、执法大队、民政计生科、社区科、执法科、市容科六个科室,承担不同的城市管理任务。该局主要职能包括:①行使区域综合行政执法职能,包括市容卫生、城市园林绿化、公共交通、市政管理、工商行政管理等方面的执法职能;②负责开发区城市交通设施的建设和管理;③行使市容市貌、环境卫生的审批管理职能;④履行社区管理职能;⑤履行民政管理职能;⑥落实国家计划生育政策,履行相关的管理职能;⑦组织开展植树造林活动,负责对树木砍伐或迁移的审批。①

2010年,天津开发区下发《关于成立天津开发区和谐社区建设领导小组的通知》,办公室就设在城市管理局,负责社区的综合事务管理、协调与服务等日常工作。为了夯实开发区基层社会管理基础,及时妥善处理社区公共事务,城市

---

① 泰达政府门户网,http://www.teda.gov.cn/html/teda_index2011/portal/index/index.htm.

管理局党委以社区党组织为核心,逐步形成专兼职结合的居委会和专业化社会工作者队伍两个支撑,建立起数字化社区系统和泰达城市网两个系统,打造社区沟通交流、社区服务和社区文化重塑三个平台。城市管理局事实上扮演着"和谐社区"建设、基层社会管理"泰达模式"的主要推动者和责任部门的角色。2009年,城市管理局主导成立了泰达社会服务中心,并以购买的方式将部分管理和服务职能转移到服务中心,时任城市管理局社区科科长李卫东担任泰达社会服务中心的理事长。

另外,天津开发区管委会也陆续有其他个别部门成为公共服务购买主体,比如司法局等,但是购买的公共服务比重比较小。

五、购买的可行性

1. 中央及地方的政策支持

鼓励和培育社会组织发展是 21 世纪以来中国政府的重要政策选择。2004年,胡锦涛在党的十六届四中全会上明确指出:"要发挥社团、行业组织和社会中介提供服务、反映诉求、规范行为的作用,形成社会管理和社会服务的合力";2006 年,《中共中央关于构建社会主义和谐社会若干重大问题的决定》中明确提出:"健全社会组织,增强服务社会功能","坚持培育发展管理监督并重,完善培育扶持和依法管理社会组织的政策";2012 年,温家宝在第十三次全国民政工作会议上强调,政府的事务性管理工作可以交给社会组织承担,以降低服务成本,提高服务效率和质量。具体到政府向社会组织购买公共服务层面,来自政府的政策扶持也是明确而具体的。在国家层面上,《中国农村扶贫开发纲要(2001—2010)》在"十一五"扶贫工作的基本思路中提出鼓励和支持社会组织参与扶贫项目的实施;2006 年,财政部、发改委、卫生部联合下发《关于城市社区卫生服务补助政策的意见》,指导政府购买社会组织城市社区公共卫生服务试点;2009年,民政部下发《民政部关于进一步推进和谐社区建设工作的意见》,明确支持社会组织参与城市社区公共服务的供给,鼓励政府向社会组织购买社区公共服务,进一步推进和谐社区的建设工作。2010 年 12 月 27 日,民政部与天津市政府签署了《民政部天津市人民政府共同推进天津滨海新区民政事业创新发展合作协议》,天津市出台《天津市滨海新区民政事业发展"十二五"规划》,制定了滨海新区民政事业单位改革的具体实施方案,出台扶持社会力量,尤其是社会组织兴办养老机构的政策,探索"公办民营""公办民助"等市场化养老服务的运作模式,初步建立具有滨海特色的社会化养老服务体系。国家和地方的政策支持,是天津开发区向泰达社会服务中心购买公共服务的有力保障。

2. 国内外可资借鉴的经验

政府向社会组织购买公共服务,在西方国家已经历了几十年的发展,其成功经验和存在的问题也已经比较明显,这对中国的实践是一种借鉴。在中国,政府购买公共服务虽然起步相对较晚,但也不是没有可资借鉴的东西。事实上,按照王浦劬等人的总结,北京、南京、宁波、深圳、成都等一些经济较发达的城市,已经开始了这方面的探索,政府向社会组织购买的公共服务包括居家养老、医疗卫生、教育、社区服务、就业培训等多个服务领域。[①]这些实践虽然侧重点不同,实际操作也各具特色,其购买主体市级政府也与开发区管委会的性质不同,但它们发展的模式与管理方式、运行机制、绩效评估等经验,以及运行中产生的问题及教训,还是能够为天津开发区的实践提供借鉴的。

3. 社会组织能力的提升

泰达社会服务中心是天津开发区规模最大、运行最规范的社会组织之一,拥有相对完善的"硬件"与"软件"条件,因而是最具资质的、政府购买公共服务的承接主体。泰达社会服务中心是在城市管理局的主导下建立的,虽然由此而产生了一定的行政化色彩,但不可否认,这也为它承接政府购买的公共服务提供了可行性,至少政府能够相信和认可该组织,在操作中产生问题也便于沟通。从组织自身看,中心拥有 1400 平方米的服务大厅兼办公室,内设劳动保障、民政、计生、物业、安全、文体、党务、老年人、妇女、未成年人、流动人口等工作机构,全方面为公众提供各种综合性服务;服务中心设阅览室、微机室、会议室、老年人日间照料室、调解室、来客接待室等活动场所;服务中心已经实现了办公自动化,服务中心本部与外派社工站之间能方便快捷地利用互联网进行第一时间的联络,利于政策与任务的传达和落实,提高了办事效率。另外,泰达社会服务中心自身软实力的提升也是彰显其资质的一个关键方面。中心拥有来自全国 45 所高校的专业社会工作人员 84 人,其中 72% 以上有本科学历,43% 取得了国家社会工作者资格证书。这是一支年轻化、高素质的服务队伍。泰达社会服务中心自身能力的提升是能够实现购买公共服务的基础。

---

① 参见王浦劬、[美]萨拉蒙:《政府向社会组织购买公共服务研究——中国与全球经验分析》,北京大学出版社,2010年。

第二节　政府向社会组织购买公共服务的具体内容

在下述案例中，开发区城市管理局向泰达社会服务中心购买的公共服务范围比较广泛，达12项；购买的方式主要是非竞争性的、形式性的购买；购买公共服务的资金主要来自政府的财政资金；购买中还逐步形成了相应的监督和评价机制。

一、购买的公共服务项目

泰达社会服务中心与社工协会是"一个机构、两块牌子"，这也就意味着社会工作是服务中心的"特色"所在。天津开发区管委会向泰达社会服务中心购买的公共服务首先是专业化的社会工作。中心于成立之初就开展青少年服务、公民特定需求服务、泰达城市网运营等主要项目；随着中心的不断发展壮大，工作经验的增加、能力的提升，中心陆续承接了社区救助、社区就业、社区环境、社区矫正、公益宣传、人民调解、人口普查等多项社区服务工作。总体来说，泰达社会服务中心承接的公共服务可分为12项：

（一）儿童社会工作

2009年，泰达社会服务中心成立之初，就依托自身专业化的社会工作优势，试行承接儿童社会工作服务。经过几年的发展，儿童社会工作服务的内容与形式已经相对完善。中心承接的儿童社会工作主要分为儿童工作坊、炫彩魔方课堂、儿童夏令营三大模块。

1. 儿童工作坊

儿童工作坊以"服务儿童，培育未来"为宗旨，利用中心先进完善的硬件配套设施和专业的社会工作技巧，结合不同年龄段少年儿童的成长要求，设计组织开展多项专业性强的特色课程和活动，包括适合婴幼儿的爬爬秀、亲子课堂等；适合学前儿童的绘画、音乐等；适合小学阶段儿童的摄影、围棋等课程；还有军营之行、环保之旅等参观活动。儿童工作坊每周二、三、五上午9点到11点开放。自2009年开办以来，该项目已接纳儿童及陪同家长700余人次。

2. 炫彩魔方课堂

主要面向开发区6~9岁儿童举办以"创造、合作、自信、成长"为主题的炫彩魔方课堂活动：以健全儿童的人格为教学目的，采取社会工作专业方法，内容涵盖自然科学、数理逻辑、英语口语、艺术人文、电脑科技、口语表达、异域文化七大领域;为每个孩子建立档案并实时追踪,记录每个孩子的特质及特长,为今后健康成长打下基础。

3. 儿童夏令营

以举办"科学探索之旅"儿童夏令营活动的形式,带领孩子和家长走进天津泰达环保有限公司,参观生活垃圾通过焚烧由热能转化为电能的标准化作业流程;参观天津三维成像技术有限公司,观看 3D 图片与影片;开展"谁是家中环保王"辩论赛,让科技环保融入日常生活,激发孩子对文化知识、科学技术的兴趣与热爱之情。

泰达社会服务中心承接的儿童社会服务工作取得了令社区家长满意的效果。儿童通过参加各项服务活动,不仅丰富了生活,扩大了视野,还增强了环保意识、科技意识、公益意识,有利于逐步实现儿童的社会化。此类服务还能全面挖掘儿童的潜能,帮助儿童成长,促进儿童全面健康发展,同时也解决了忙于工作的家长无暇对儿童的照顾、培养等问题。

(二)老年人社会服务工作

1. 老年人日间照料中心

主要为社区内的高龄老人和生活不能自理或半自理的老人提供日托看护、医疗保健、调理膳食、配餐服务、午休照料、社交活动等综合性日间服务。另外,社工们还成立了"服务老年人志愿者"队伍,以 80 岁以上的老人为服务重点,通过协议包户、亲情陪伴等方式,为其提供理发、送餐、义诊等上门服务,让老人足不出户就享受到贴心服务。

2. 老年人互助俱乐部

俱乐部为社区的空巢老人们提供专业配餐、技能培训、法律知识普及、专家讲座以及各类文体文娱等服务,让老人天天有机会见面,通过聊天、读书、交友、下棋等形式,丰富老人们的生活。同时,社工们还积极组织电脑培训班、养生知识交流班等课程,让老人在学习新的技能的同时摆脱因退休、独居等产生的心理不适等问题。

泰达社会服务中心承接的老年人社会服务工作,通过提供规范化、专业化、系统化的一条龙服务,为需要照料的老人提供多样化的服务,方便了老人的生活;为老人创造相互交流、感受邻里温暖的平台,避免老人因为孤独产生身体或心理上的问题,解决老人的空巢问题,让老年人"老有所学,老有所乐,老有所养"，过一个幸福祥和的晚年。

(三)青年农民工服务

1."青年农民工融入社区"项目

针对开发区外来务工人员较多的现实，泰达社会服务中心应用"参与式"方法，推动成立 20 多个青年农民工之家、"新居民"之家，提供教育、培训、维权、体检等服务，协助外来务工人员解决日常生活、心理健康、子女入学等问题。中心还就建立蔬菜水果配送中心、建立一个规范的早市等积极探索可行的方案，为外来务工人员解决现实问题。

2.青年农民工展望未来论坛

该项目以搭建外来务工人员与泰达城市社区融合的桥梁、扩大外来务工人员参与为主要目标，通过社区参与、社区茶馆等形式，为青年农民工搭建与社区老居民沟通交流的桥梁，调动他们参与社区管理和服务、社区文体活动的积极性，帮助他们从社区的外来者转变为参与者，快速融入社区。

(四)社区救助/就业服务

中心开展"爱心助人，帮扶助困"项目，为社区低收入困难人群提供帮助。服务中心改变以往单纯以救助金、救助品等物质"输血"的社区救助模式，而是变"输血"为"造血"，通过帮助困难群体就业达到救助的目的。社工们利用"400 户一社工"的优势，充分了解自己所在服务范围的家庭情况，包括家庭收入、人口总数，整理需要救助的困难群众的信息；然后采用个案工作的专业方法，逐个入户走访，通过综合分析，为困难人群量身定做可供选择的就业项目，寻求政府资源协调就业措施。此项服务实施以来，帮助了不少社区内的低收入困难人群摆脱生活困境，重拾对生活的信心，让他们感受社区的温暖，增强社区凝聚力。

(五)"一站式"居民服务

中心开展服务大厅式的"一站式"居民零距离服务。在社会服务中心，居民可以办理的主要事项包括：户籍管理、婚姻登记、法律援助、计划生育、民政优抚、卫生防疫、文化教育、房屋租赁、劳动就业、社会保险、综治司法、城市管理等。居民准备好有效齐全的证件抵达办理窗口后，所有手续便由各单位按流程接力办理，并限时办结。该项服务首先针对流动人口开放，然后逐步向所有的居民过渡。"一站式"服务让公众享受到方便快捷的服务，节省了时间与精力，受到了社区居民的支持与好评。

（六）普查／信息采集工作

1. 流动人口信息采集

中心依托"流动人口大厅"，对外来务工人员进行信息采集及登记，统计开发区外来务工人员数量，做好后期住宿安排、就业培训等工作。2012年，中心开始对外来务工人员实行实名制登记制度，以便针对流动人口的法律援助服务以及各种公共服务及时跟进，并能迅速解决可能出现的劳资、安全等问题，确保外来务工人员的权利得到及时维护。

2. 人口普查

中心全体社工在开发区人口普查领导小组的指导下进行人口普查前的培训工作；在普查过程中，中心的人口普查社工们立足自身岗位，利用周末和居民下班的机会积极入户走访，运用社会工作方法给居民耐心讲解人口普查的意义，取得社区居民的理解和支持，按要求逐户填写调查表，并提交给人口普查领导小组。

泰达社会服务中心利用社工的专业知识技能和亲民性的工作方法，协助政府有关部门完成相关的人口普查和采集工作，提高了政府行政效率，并在工作中搭建政府与公民沟通联系的平台。

（七）普法宣传／普法知识竞赛

中心通过承办"依法维权、家园和谐"的普法知识竞赛，面向所有社区开展普及、宣传法律知识活动；发放普法知识问卷，内容涉及物权法、侵权责任法、城市管理规章、消费者权益保障法、法律援助、信访条例等法律知识，从答卷中选择成绩较高者参加竞赛；并设立律师评委点评，掀起了全民学法、知法、懂法、用法的热潮。普法宣传服务以"服务科学发展观、维护社会和谐稳定"为宗旨，在社区内对全体公民进行普法宣传教育，不仅弘扬了法治精神，推进法治泰达建设，还提升了全体市民的法律素养和法律意识。

（八）社区矫正服务

中心运用社会工作理念为社区内服刑人员提供帮教服务。首先，通过多次上门家访，与服刑人员进行面对面的心灵沟通，让他们能从心理上接纳矫正；其次，运用个案、小组、社区等社会工作方法开展针对性服务，比如开展个别谈心、心理健康辅导、组织小组活动、开展遵纪守法讲座班等；最后，注重助人自助，在帮教活动中帮助其扬长避短，激发潜力，并根据服务对象的所学所长帮助推荐就业等。

泰达社会服务中心按照我国刑法、刑事诉讼法的规定,加强对社区内服刑人员的管理和监督,一方面加强了对社区服刑人员的法制教育、思想教育、社会公德教育、心理素质教育,另一方面也帮扶社区内服刑人员解决再就业等方面的问题,协助政府帮助特殊群体重新融入社会。

(九)外来工子女教育培训"白云计划"

中心的社工不定期地在社区进行宣传教育活动,尤其是针对外来工集中的蓝领公寓进行宣传教育。活动的内容包括:网络社工根据新的信息采集与归纳,向外来工父母发出邀请;外来工子女要在父母的陪同下,进行一定课时的早期教育培训;社工协助早教机构建立子女成长手册并免费发放给家长;组织面对面谈话,与家长进行参与式交流,提高家长对子女早教的认识,并辅导家长根据成长手册制定子女的成长计划。"白云计划"使1岁半至4岁半的外来务工子女享受到免费的高质量早期教育培训,促进子女在体能、情感、认识等多方面的全面发展;使年轻的外来工父母认识到早教的重要性,及时制定适合自己孩子发展的成长计划,并建立父母子女之间的密切关系;在整个区域内营造关爱外来工子女早教的良好氛围。同时,这一活动也能缓解开发区外来务工人员的生活压力。

(十)公益宣传服务

中心积极开展"文化引领"公益广告和"喜庆"系列公益广告。前者利用公交站牌、电话亭、滚动广告牌等户外广告资源130余点位,以时事政治、名人名言、诗歌典籍、健康家庭、和谐诚信等为主题,张贴"文化引领"系列公益宣传海报;后者利用公交站牌、电话亭、滚动广告牌等户外广告资源150余点位,张贴"迎春节、宣慈善、倡文明"的"喜庆"系列公益广告宣传海报。

服务中心通过多种形式的公益宣传活动,提高了公民的文化修养和社区整体文化素质,打造泰达区域文化品牌,构建和谐社区文化。公益宣传还能培养公民的文明意识,在社区逐步建立起多方参与的宜居文明系统。

(十一)社区生态环境

1."文明养犬"推动会

社工运用空间参与式工作方法,通过问卷调查了解居民的需求,在社区内悬挂"文明养犬"的宣传横幅;同时成立"爱犬之家俱乐部",联系物业公司、业主委员会和居委会,以获得支持,确保项目稳步开展。

2. 环保"家"年华

以"低碳环保"为主题,融入互动式环保体验,成立"一汽丰田爱心生活驿站",建立持续性、规范性的环保基地,规划建筑物品回收及循环再利用。

3. 泰达城市净化活动

开展"告别白色地带""挑战城市牛皮癣""交通文明伴我行""小手牵大手护家园"等城市垃圾清理以及改正不文明交通行为等城市净化活动。

4. 格致生态社区建设

主要有垃圾分类、有害家电回收、雨水回收、落叶归根、阳台种植等项目,推广家庭厨余垃圾生物酶分解桶,建设落叶杂草处理站,实现家庭厨余垃圾原位资源化处理与"落叶杂草不出小区"的生态目标,并逐步推广利用太阳能生态资源。

5. "绿箱子"家庭有害垃圾回收

主要回收废旧电池、家电与过期药品,储存有价回收物和家庭闲置物品,并将有利用价值的废旧物品与跳蚤市场结合,实现资源的循环再利用。社工和志愿者们根据回收的物品类别和大小,折合为一定点数,实行积分兑换礼品(1个积分相当于1元人民币,居民可凭积分兑换相同价值的日常用品等纪念品)。2012年,中心开始把节能灯纳入废旧家电回收系列。

6. 泰达跳蚤市场

以"淘淘你,晒晒我"为主题,以"倡导低碳生活,增进友谊"为主旨,通过项目化运作方式,确保信息发布、宣传动员、报名登记、现场组织保障等多个环节的落实,并实现了网上预约报名登记,拓宽跳蚤市场范围、网上跳蚤市场等多项便民措施。该活动还逐步建立了跳蚤市场摊主实名制、诚信交易备忘录、签署摊主文明交易公约等项目,实现市场的规范化、法治化运转。经重新选址后,泰达跳蚤市场于每个月的第二个周六在泰达体育场举行。

(十二)泰达城市网

泰达城市网是天津开发区最大的商家和民生黄页,由服务中心负责运营。社工们采集数据,升级核心数据库。城市网分为租房买房、同城交友、教育培训、网上活动报名缴费、泰达城市 BBS、休闲娱乐、网上跳蚤市场等版块,方便商家,惠及民生。如今,城市网已开发网上准社团交流平台,为社会组织(文体队伍、互助小组等各类团体)搭建各方面的互动平台。

泰达社会服务中心本着"便民、惠民、为民"的宗旨,打造开发区百姓生活的门户网站,实现人们互相交流、反映问题、参与社区建设的愿望,搭建公民与政府之间的沟通桥梁，形成人人参与、人人建设的网络社区，并实现社区工作的"信息化、网络化"。

二、购买方式

政府向社会组织购买公共服务的方式多种多样，概括来说，主要有公开招标竞争性较强的购买方式、邀请性招标和询价等竞争性较弱的购买方式、单一来源采购与项目委托等无竞争性的购买方式等。[1]形式性购买是目前我国使用最普遍的购买方式。贾西津等认为，形式性购买"主要指政府设立社会组织，用以承接自身的部分服务或管理职能，并以项目或其他形式予以一定的资金和资源。这种模式在形式上构成政府与社会组织之间的服务购买，但是这并不管是独立运作，非完全契约关系"[2]。按照上述界定，本案例中天津开发区管委会向泰达社会服务中心购买公共服务属于形式性购买。开发区城市管理局主导成立泰达社会服务中心，并通过契约式合同要求服务中心承接政府下移或委托的部分公共管理与公共服务职能，是没有竞争性的直接购买方式。天津开发区不通过竞争招标渠道而把服务直接承包给泰达社会服务中心。

目前，政府购买公共服务普遍采用合同制，即政府与社会组织签订相关的公共服务购买合同，由社会组织承接合同中规定的公共服务项目。天津开发区购买泰达社会服务中心公共服务的项目也实行契约化合同管理的方式。作为购买服务方的天津开发区城市管理局与作为公共服务提供方的泰达社会服务中心在服务购买实施前一个月签订合同，并在合同中明确购买方与承接方的权利义务、购买服务的基本内容、项目金额、成效评估标准、付款方式、绩效考核办法、双方的违约责任、协议期限、协议变更和解除等具体内容，并将合同呈报评审委员会办公室备案。

三、资金的投入方式

从资金投入方式上来看，天津开发区管委会向泰达社会服务中心购买公共服务的资金来源主要是政府财政，采取"费随事转"的转移支付方式。

---

① 参见乐园：《公共服务购买：政府与民间组织的契约合作模式——以上海打浦桥社区文化服务中心为例》，载《中国非营利评论》(第6卷)，社会科学文献出版社，2010年。

② 苏明、贾西津等：《中国政府购买公共服务研究》，《财政研究》，2010年第1期。

（1）政府给予一次性注册成立补贴及其他补助。泰达社会服务中心由天津开发区城市管理局投入 3 万元登记注册成立，并于前期一次性投入 15 万元的补助用于服务中心办公用地及设施等硬件建设，还包括日常办公开销、社工的工资及活动经费等运行费用。

（2）政府通过核算社工服务费用额度，编制政府购买服务的公共财政资金预算，并通过购买服务合同或项目委托协议给予财政拨款，确保资金按时足额到位，以支撑组织各项服务工作的正常运行。如 2011 年服务中心与城管局、环保局共同承办的开发区"绿箱子"家庭有害垃圾回收活动，政府对这项保护地球、保护环境的活动给予财政支持与帮助，并下拨 2 万元用于活动宣传、资料的派发、宣传广告栏的制作与投放，以及社工的服务报酬等。

（3）对教育培训、日常运作、实习基地、中心网站、社工宣传册等平台建设的补贴费用。天津开发区于 2010 年拨款 3 万元选拔优秀社工赴各地开展调研与交流，加强对国内外先进社会工作理念与方法的学习。另外，泰达社会服务中心也通过参加活动竞赛争取到了一定份额的资助。在 2011 年第二届"芯世界"公益创新评奖中，泰达社会服务中心申报的"泰达生态社区试点实践和城市社区治理模式的探索"荣获北京万通公益基金会项目约 12 万元的资助基金。

四、绩效评估机制

购买公共服务的评价一般应该由购买主体即政府评价，或者由独立的第三方来评价。在本案例中，泰达社会服务中心与开发区城市管理局的特殊关系等因素决定了对购买绩效的评价处于"软约束"状态，开发区城市管理局对公共服务的供给效果进行评价。同时，中心内部也从加强绩效管理的角度，探索建立了社工绩效评估办法，以提升公共服务的效果。

服务中心设计了社区社会工作平衡计分卡绩效评估体系，对社工进行绩效管理。首先，网格化管理服务，为个人动态绩效考评提供了依据。网格化管理就是把开发区的所有社区按照"400 户一社工"的标准划分成不同的责任网格，即将辖区"分片包块"，网格中涉及的街道、居民等都归社工责任人包管。同时，社区工作被细化成 300 多项职责任务，每一项都根据服务项目和内容的不同被赋予了不同的难度系数（从 1 到 10 分），制定了标准化的量化考核指标。其次，泰达社会服务中心为了加强对社工的日常管理，要求社工必须在 24 小时之内登录社区网络智能办公系统记录电子日志，如实描述一天的工作内容和工作感悟，以便及时发现工作中存在的问题，更好地解决问题。人力资源部门通过定期督查和不定时随机抽查电子日志的方式，以日志记录情况内容为依据，对社工进行监督，并作为对社工考核的客观依据。政府则根据量化考核评价结果支付社工相应的服务报酬。最后，经过一段时间的综合考核，按照中心颁布的有关社工考核办法管理规定进行民主评议。根据民主评议结果，对总分排在后三名的社工给予调岗、降薪等处罚措施，对于总分前 50%的社工予以提薪等物质奖励或进入管理层等激励。

第三节　政府向社会组织购买公共服务的评价与展望

天津开发区管委会向泰达社会服务中心购买公共服务的实践取得了很好的效果，不仅较好地满足了开发区社区管理和服务的需求，也为政府节约了成本、提高了效率。开发区购买公共服务的成功经验值得总结，当然，这一过程中也存在一些问题，需要不断改进，以达到政府和社会组织通过购买公共服务而实现"双赢"。

一、政府向社会组织购买公共服务的主要成效

1. 缓解公共服务供需矛盾，提高公共服务质量

由于天津开发区管委会是经济功能区"政府"，其功能定位主要是经济职能，社会服务职能对其而言是一种"额外"的负担，这也直接导致开发区的公共服务供需矛盾。政府向泰达社会服务中心购买公共服务，项目覆盖了教育、卫生、养老、社区救助、就业、环境保护、社区矫正、公共文化等众多领域，以及人口普查、流动人口管理等公共管理事务。这在很大程度上扩大了公共服务的范围，缓解了公共服务的供需矛盾。

泰达社会服务中心虽然是政府主导建立的，但它本质上是一个社会组织，具有贴近基层、行动灵活、专业性强等优势，因而能够提供契合居民需求的公共服务。这对开发区来说尤为重要。开发区作为新型聚居区，有外国人聚居的"洋社区"，有以外来务工人员居多的"流动性"社区，有下岗工人较多的弱势群体社区，还有老年人聚居的"老龄化"社区。泰达社会服务中心可以依据不同居民的实际需求，灵活多样提供公共服务。比如，中心针对老龄化社区提供老年人日间照料、老年人互助俱乐部等服务；针对外来务工人员开展儿童夏令营、"白云计

划"、青年农民工展望未来论坛等项目;针对弱势群体开展社区救助、社区矫正等服务;针对洋社区开展社区环保、有害垃圾回收等项目。中心有一批专业的社工队伍,凭借这支队伍,中心可以开展专业化的社会服务。这些贴近社区、贴近公众的服务项目,将社区居民与社区紧密连接在一起,使居民深切感受到社区与自身利益以及群体利益休戚相关,激励居民关心社区的发展和建设,参与社区公共事务,从而完成由"社会人"向"社区人"、由"社区人"向"社团人"的转变。

2. 进一步推动政社分开,促进政府职能转变

改革开放以来,随着"全能型政府"的逐步消解,政社分开在一定程度上成为现实。但是,在公共服务的供给上,政府在较长时间里仍然是唯一主体,承担着几乎全部公共服务职能,扮演着运动员和裁判员的全能角色。购买公共服务则在很大程度上改变了这一状况,"通过政府购买服务,政府由公共服务的直接提供者,变为公共服务政策的制定者、购买者和监督者,实现了社会权力的回归和政府角色的转换"①。在这一过程中,政府主体和社会组织二者的角色分配明确、职责界限清晰,很大程度上实现了政社分开;同时,政府也将承担的过多的公共服务直接供给职能转移给社会组织,自己扮演购买和监督角色,从而使政府职能实现进一步的转移。

天津开发区购买公共服务的实践,就是在"行政职能归政府,经营职能向市场,服务职能给社会"的总体思路指导下,探索出的政府职能转变的新路子。在这里,开发区管委会不是直接提供服务,而是向泰达社会服务中心购买一系列公共服务,并将社区信访、流动人口信息采集、人民调解、人口普查、社区生态建设等管理和服务职能下移给社会服务中心承担。这种新形式改变了以往主要依靠政府直接生产和提供公共服务的单一供给模式,把原来的"无限责任政府"逐步变成了"有限责任政府";另外,政府改变了大包大揽的作风,把一些"管不好、管不了、不该管"的社会管理和服务职能转移出去,适度实现了职能的"减肥",从而能够让政府从事无巨细的繁琐状态中摆脱出来,集中精力制定宏观政策、把握大局。

政府将管理和服务职能委托给社会组织,并不意味着这些管理和服务的"打折",相反可能取得更好的效果。比如,"泰达跳蚤市场"之前是由开发区城管局和环保局联合推动举办的,2010年8月,由泰达社会服务中心接手。在跳蚤市

---

① 刘庆元、温颖娜:《政府购买社工服务中的机构诉求》,《社会工作》,2007年第11期。

场重新整顿开市前的筹备时期，泰达社会服务中心的社工们与开发区环保协会的志愿者们付出了长达40天的努力，为跳蚤市场的开办和日后的正常运转营造了良好的氛围。如今，在泰达社会服务中心的管理与推广下，跳蚤市场的发展越来越规范化，实名制的制度也使摊主增强了遵纪守法的自觉性，而网上跳蚤市场的开通更是方便了广大居民的需求。

3. 降低政府成本，提高效率

财政能力与人员是限制政府公共服务供给的重要因素，而政府向社会组织购买公共服务，有利于实现"以最少的资金买更好的服务"的目的，从而降低政府的成本、提高财政资金使用效率。以泰达社会服务中心承接的城市管理网格信息员为例，服务中心派驻社区的社工兼职履行网格信息员职责，承担城市网格化管理的任务，通过网格巡视、入户走访、实地解决问题的方式开展工作，不仅高质量高标准地完成了网格管理任务，还为城市管理局节省网格信息员费用开支近20万元。另外，泰达社会服务中心承接的"泰达城市网"的建设，通过自主开发大型专业管理交流软件，对城市进行信息化、数字化管理，实现了政府的"可视化"管理，也为政府节约了大量资本。政府向社会组织购买公共服务，社会组织承接了原来由政府机关、事业单位提供的公共服务，政府以往的"养人办事"变成了现在的"以事养人"。这在推动政府精简机构和人员的同时，也给事业单位改革提供了新的动力。

4. 推动社会组织发展，扩大社会组织影响力

政府向社会组织购买公共服务，不仅促进了政府职能转变，而且极大地拓展了社会组织的生存空间，推动着社会组织发展。首先，它有助于社会组织人员整体素质的提高。在案例中，泰达社会服务中心的基础就是一支专业的社会工作者队伍，而承接来自政府的公共服务项目，为这支队伍提供了实践的机会。这支社工队伍中，不少人是刚从学校毕业的青年人，虽然有系统的理论知识，但社会实践经验比较欠缺，真正从事过儿童社会工作、老年社会工作等专业性工作的人很少。在完成各项公共服务工作时，社工们能够运用社会工作理论和方法来指导实践，又从实践中增加了经验，同时提升整合资源、协调各方利益主体关系等实际工作能力，从而发展成一支高水平的社工队伍。

其次，它有利于缓解社会组织的资金困境。资金不足是困扰大多数社会组织的难题，政府向社会组织购买公共服务，则为社会组织提供了重要的资金来源。案例中，泰达社会服务中心因为来自政府的启动资金、前期投入、专项服务

资金等而极大地缓解了资金困境,从而能够开展丰富的公共服务项目。虽然目前开发区城管局购买公共服务的资金与中心实际需求之间还存在较大的缺口,但是不可否认,如果没有政府的购买资金,社会服务中心的发展就可能会陷入困境。

再次,社会组织通过承接政府购买的公共服务,提高了社会知名度和公信力。案例中,泰达社会服务中心随着承接的公共服务越来越多,与社区居民的接触也越来越频繁,社工的业务水平也有了质的飞跃,提供的公共服务水平也不断提高,这使得中心在居民中的认可程度不断上升。比如,网格化管理这项服务,网格社工们口袋里随时都装着社区便民服务卡,在负责的区域内帮社区居民"扛事儿";社工们知心、热心的工作态度与快速有效的工作能力得到了居民的认可,如今,"有困难就找网格管理员"已经成为社区居民们的新风尚。社会组织知名度和公信力的提升,又可以拓展组织的业务范围。像泰达社会服务中心因为承接来自城管局购买的公共服务而知名了,司法局、环保局等部门也开始向服务中心购买部分公共服务。

最后,政府向社会组织购买公共服务还能拓展社会组织的成长空间,从而孵化出新的社会组织。泰达社会服务中心在提供公共服务时并不是自己在孤军作战,而是积极联合其他的社会组织,如志愿者协会、环保协会等,从而带动这些社会组织一起成长。服务中心本身也是一个孵化器。随着社工和志愿者在中心的平台上不断提升业务水平及相关能力,他们又独立创办类似环保、权益保护等新的社会组织。

5. 构建政府、社会组织和居民互动关系

政府向社会组织购买公共服务不仅增强了居民与社会组织之间的良性互动,也架起了政府与社会之间沟通的桥梁,为政府与公民社会提供了互动的载体。首先,社会组织是居民利益表达的载体。社会组织扎根民间,贴近居民,在提供公共服务的过程中能够向政府表达居民的利益诉求,将最符合民情、民意的意见和想法传递给政府,从而促使政府制定更符合居民利益诉求的政策,实现精细化管理。本案例中,社区居民反映的个别住户不注意文明养犬,影响邻居的正常作息、破坏公共环境等问题,泰达社会服务中心及时将这些意见传递给城管局,城管局因而及时制定了关于社区文明养犬的规章。

其次,专业社工发挥政府与居民间的黏合剂作用。案例中,服务中心的社工充分发挥专业社会工作方法的优势,其服务工作能够贴近居民,并与居民实现良好的沟通，以便提供最适合的服务。这种工作方式能够拉近政府、社会组织与居民的距离，一方面让居民能够理解政府，缓解居民与政府间的不合作情绪；另一方面又可以调动居民的积极性，参与社区公共事务，以主人翁的态度与社会组织共同推进社区建设。如今，开发区的七个居民社区都设有泰达社会服务中心的社工站，形成了居委会与社工站"二位一体"的工作模式，在社工们的积极宣传与安排下，社区居民在居委会换届选举时积极响应，踊跃参与，投票率大幅提升，由过去的平均不足70%的投票率上升到80%以上，翠亨社区的投票率更是达到了92.8%。政府通过购买的方式放手让社会组织提供公共服务，社会组织在得到发展的同时也为居民与政府提供了一个互动的平台，促进政府与社会组织、居民的沟通、交流和互动。

6. 促进社会管理创新的"泰达模式"

泰达社会服务中心以专业社工为核心，以承接政府购买公共服务为主要形式，在"专业服务推动社会进步，助人自助共创社会和谐"的理念下，形成了"手段现代化，队伍专业化，参与大众化，主体系统化"的基层社区治理的"泰达模式"。政府向社会组织购买公共服务虽然不是泰达模式的全部，但确实是其中最具特点的内容之一，而且其经济效益和社会效益都非常显著。鉴于此，这一模式已经从开发区逐步推广到天津保税区、高新区、中新生态城、中心商务区等经济基础较好的功能区，以及滨海新区的塘沽、汉沽、大港三个城区。"泰达模式"的成功经验还受到来自国家层面的关注，中央电视台新闻联播节目、新华社都曾报道天津开发区社会管理的创新做法。"泰达社工模式"逐步成为开发区、乃至天津的一张名片，产生了良好的示范效应。

二、政府向社会组织购买公共服务的经验总结

天津开发区管委会向泰达社会服务中心购买公共服务的实践中，有一些经验值得总结。这些经验可能并不完全适用于其他地方、其他组织，但是在本案例中，这些经验却是购买实践能够成功的重要因素。

1. 政府发挥主导作用的必要性

天津开发区管委会向泰达社会服务中心购买公共服务，是一种形式性的购买，表现为：服务中心是城管局主导建立的；购买过程时城管局与服务中心一对一，不存在其他的竞争者；购买资金并不完全是以项目经费的形式进入的，部分是直接划拨，类似于政府给自己的下属部门划拨经费。正是由于这些因素的存

在，从而决定了政府在这一购买行为中处于主导地位。政府的主导地位体现在：制定公共服务的总体规划和标准，出台政策鼓励和支持社会组织参与，投入必要的购买资金，监督公共服务生产和供给的质量，考核公共服务绩效，引导社会资源参与公共服务供给等。

政府的这种主导作用在本案例中却是必要的。在开发区范围内，之前并不存在资质和能力能够承担政府购买公共服务的社会组织；对开发区管委会来说，要尝试购买公共服务，就需要先扶持社会组织，使其具备这种能力，泰达社会服务中心就是在这种背景下诞生的。从实践中可以发现，服务中心所承担的公共服务数量多而杂，且来自政府的资金也没有达到市场标准，这就意味着承担这些服务的社会组织要做一定的"奉献"，只有得到政府扶持、与政府联系紧密的社会组织才可能承担。泰达社会服务中心承担的服务中，一部分实际具有管理和服务的双重性质，要做好这些工作，没有政府在背后的支持也难以实现。另外，政府向社会组织购买公共服务，并不意味着政府从公共服务中脱离，而是政府从具体的公共服务生产中抽身，将精力集中于规划、引导和监督，政府承担的责任并不因为购买而减少。

形式性购买对社会组织不发达、购买法律规范和程序不完善的特殊环境来说，是无可指责的。它至少开始了购买的尝试和探索，可以为规范的、竞争性地购买服务提供经验。

2. 专业化社工服务作为保障

泰达社会服务中心之所以能够"白手起家"提供一系列专业的社会服务，并在短期内产生相当影响，形成"泰达模式"，与开发区社区存在一支专业化的社工队伍密不可分。专业社工在中国出现并不久，但其意义却非常显著。按照王名的看法，"专业社工制度是促进并提升我国社会组织职业化和专业化不可或缺的制度"①。从功能上讲，社会组织首要的就是提供社会公益服务，那么专业社工就成为社会组织提供专业社会服务的基本条件。因为社工都经历过专业的社会工作理论知识学习，也接受过专业的社会工作实践培训，因而能够在较短的时间内完成提供专业社会服务的任务。泰达社会服务中心的社工队伍具有社会工作价值理论、职业操守、专业知识、操作技能和方法以及协调能力，保证他们能够提供高质量的社会服务。他们在提供类型性社会工作服务时，较多采用社会

---

① 王名：《中国民间组织30年——走向公民社会》，社会科学文献出版社，2008年，第120页。

工作独有的工作方式，比如小组活动、个案工作等，这些方法能够快速实现与居民的沟通，能够深入细致和有针对性地满足居民需要，因而效果非常显著。

　　3. 多方社会力量参与作为补充

　　案例中，泰达社会服务中心是承接政府购买公共服务的主体，但在整个运作过程中，参与和涉及的主体不仅仅是开发区管委会的相关部门和服务中心，众多其他的社会组织、企业、志愿者、居民都是重要的参与力量。这也是开发区能够围绕购买服务而形成一整套基层社会治理的"泰达模式"的重要原因，因为它确实实现了多元主体参与和协同。在开发区的公共服务购买过程中，参与主体包括：①政府部门。不仅开发区城市管理局作为购买方，还有开发区司法局和检察院给社工们开展法律知识的普及与培训，环保局通过联系生态科技公司为社工们提供参观考察机会。②社会组织。泰达社会服务中心作为承接方发挥作用，其他社会组织，如环保协会、志愿者协会等都参与其中，提供支持。社区居委会也是不能忽视的重要社会自治组织，在购买服务中发挥中坚作用的社工起初就是社区居委会的专业人员。③企业的支持。泰达社会服务中心的很多服务项目，比如，环保"家"年华、"绿箱子"家庭有害垃圾回收、白云计划等分别得到了一汽丰田、康师傅、白云宾馆等企业的赞助与支持。越来越多的企业参与到公共服务和社会管理中，这有助于推动公共服务的市场化、社会化，唤起企业的社会公益意识，履行社会责任。④居民的参与。居民不仅仅是公共服务的受益者，他们也是参与者；不仅在涉及自身利益时积极参与，就是在一般社区公益活动中，社区居民也需要参与和奉献。

三、政府向社会组织购买公共服务展望

　　天津开发区城市管理局向泰达社会服务中心购买公共服务的实践虽然取得了不错的效果，公共服务水平和质量因此而有显著的提升，但是不可否认，这一购买实践中仍然存在一些问题和不足需要改进。

　　1. 社会组织的独立性不足

　　理论上，承接公共服务的社会组织应该是独立于政府和企业的第三部门，但实践中，社会组织与政府在职能、人员、办公地点、财务等方面的交叉现象仍比较多。泰达社会服务中心是由开发区城管局发起成立，与政府具有十分紧密的关系，并非是完全独立于政府之外的独立法人主体。泰达社会服务中心与政府的"政社不分"，主要表现为：①行政化运作，政社合一。社会服务中心从成立伊

始就面临体制不顺的难题,主导部门城管局不肯放手让中心独立运行,而是运用行政管理的方法运作社会组织, 致使社会组织的内部治理机制不能正常运行。泰达社会服务中心的有些活动安排、组织机构设置、人员配备等事项,由城管局决定,社会服务中心的自主决定权受到限制,自主性较差。②人事关系交叉重叠。作为社会服务中心的发起人与主管部门,城管局的部门领导人也就是社会服务中心的主要负责人,而其他领导者也在社会服务中心中挂职或是作为管理层成员存在。社会组织的一部分成员也在城管局相应的科室工作,但是人事关系等都在社会服务中心存档。这很容易造成职能越权或职责不分,甚至会引发利益寻租、腐败等问题。

2. 购买关系双方地位不平等

一般而言,公共服务的购买者与承接者之间是一种契约关系,双方地位平等,相互独立。但实践中政府往往倾向于向与自己有行政附庸或是其他隶属关系的社会组织购买公共服务,购买双方不是相互独立的主体,社会组织在购买过程中处于相对弱势的地位,没有获得与政府平等的地位。泰达社会服务中心是由城管局"自上而下"成立的,对政府存在严重的依赖性,再加上社会服务中心自身存在内部化的弊端,造成了公共服务的购买行为成了"政府控制"的单方行为。社会组织在政府购买公共服务的过程中并不能拥有谈判和协商的平等地位,相对被动,一定程度上挫伤了社会组织生产与提供公共服务的积极性,也相应地影响了公共服务的供给数量与质量。

3. 购买程序不规范

当前, 很多政府购买公共服务的案例都是政府直接委托下属的社会组织,或者为承接自身某些职能而组建的社会组织,直接管理并委托服务,也就是购买仅仅是形式性购买,而公开、开放的竞争性购买较少。开发区政府向泰达社会服务中心购买公共服务就是形式性购买。城管局主导成立社会服务中心用来承担政府的某些职能,政府职能部门直接与社会服务中心签订购买合同,购买目标比较模糊, 购买的产品细则和技术标准等也没有很好地在合同中反映出来,整个过程不存在其他社会组织的竞争参与。由于形式性购买造成的责权关系不清晰,政府与社会组织在实际运行中都缺乏对双方有约束力的契约关系,容易给监管环节留下"死角",这也不利于社会组织的长期发展。社会组织僵化地承接政府下派的服务,缺乏对未来进行完整和长期规划的动力,这对社会组织的长远发展是一种限制。

4. 监督体系不健全

现行的法律法规对社会组织的综合信息、财务制度公开等方面缺乏明确规定，社会组织尚无自觉接受社会监督的意识。专业化的咨询、评估、监督的第三方评估机构还没有出现，很难对社会组织进行有效的监管。比如，泰达社会服务中心对维持正常运转所需的办公设施、社工薪金等财务资金明细事项并没有进行公开公示，而对于政府购买其公共服务所投入的购买资金，也没有及时向公众公布。某些收费服务项目，如按项目收费的老年人日间照料中心等，所收取的服务费用只是进行了内部的管理登记，而对于费用的去向，服务对象和公众并不知情。

5. 社工队伍不稳定，人才匮乏

泰达社会服务中心及其承担的公共服务项目的正常运作有赖于专业社工队伍，但是目前社工队伍的不稳定问题比较突出，总体处于"缺人"状况。社工的薪酬待遇总体比较低，工作环境不理想，社会地位不高，职业发展前景不清晰，社会对社工存在偏见和误解。这些因素导致社会组织很难吸引到高素质的专业社工人才，现有的社工队伍流失现象严重，队伍不稳定。泰达社会服务中心从 2009 年成立以来，尽管每年都会有新的社工加入，但是每年也有不少的社工辞职。2009—2012 年间，服务中心共流失社工二十余人。由于社工人数不足，很多社工都处于超负荷的工作状态，每名社工平均要负责 300~400 户社区居民。社工人才不足已经影响到服务中心的日常运行，对其承接公共服务更是严重挑战。

面对泰达社会服务中心在承接政府购买公共服务中存在的这些问题，为了更好地发掘服务中心的潜力，解决开发区面临的公共服务压力，围绕公共服务的购买，政府和社会组织需要从以下方面予以改进和完善。

1. 加强社会组织建设，提升自身能力

一方面要厘清社会组织与政府的关系，推动形式性购买向竞争性购买发展。泰达社会服务中心与开发区管委会错综复杂的关系，是购买公共服务限于形式性的重要根源。在泰达社会服务中心处于初创期时，其与政府部门的紧密关系也许不可避免，但从长远看，增强社会组织的独立性，真正实现竞争性购买是必要的。为此，政府部门要减少干预社会组织的日常活动，社会组织要逐步实现领导人自选、活动自主和经费自筹，政府与社会组织之间逐步建立合作伙伴关系。另一方面，社会组织要真正独立承担政府购买的公共服务，还需要不断增

强自身能力,包括努力培养志愿精神、奉献精神、使命感、责任感等组织理念,自觉承担社会责任,实行制度化管理,加强自身制度建设,提高社会公信力。

2. 确立规范的购买流程

能够成功实行公共服务市场化的关键在于引入竞争,竞争能够促使公共服务的供给机构努力完善自身机制,强化服务职能,尽可能提高服务质量满足公众的需求,以获取政府及时充足的购买资金和优惠政策维持发展。为此,需要建立政府购买公共服务的合理流程,即考虑实施合同外包→选择拟外包的服务→进行可行性研究→促进竞争→了解投标意向和资质→规划雇员过渡→准备招标合同细则→进行公关活动→策划管理者参与的竞争→实施公平招标→评估标书并签约→检测、评估和促进合同的履行。[1]合理的购买流程是根治形式性购买、购买合同程序缺失状况的重要方法。

3. 鼓励竞争性购买模式

当前的形式性购买实现了将原来由政府单一直接提供的公共服务外包或委托给有资质的社会组织,实现了公共服务供给主体的多元化,扩大了公共服务供给的数量和规模,有利于缓解政府财政压力和公共服务需求压力。[2]但是,这种购买形式不仅会影响公共服务购买过程的公平性,增加额外开支,也会对社会组织的长远发展造成影响。因此,应该在形式性购买的基础上试行竞争性购买方式。为此,首先要完善政府采购法实施条例,进行制度"补漏",要规范购买的过程,尤其是加大对投标招标环节的立法规范。其次是发挥社会力量的监督作用,将政府向社会组织购买服务的预算细节从政府网站或是通过媒体向社会公示,并举行听证会。最后,政府购买的环节也要实行"个人负责制",政府采购各个环节的责任人要向社会公示,实行严格的监督和惩戒机制。

4. 强化信息公开制度,构建多元化评估监督机制

要对政府购买社会组织公共服务的过程实行信息公开,服务项目的申请、评审、立项、招标、订约、实施、调整、结项、评估、反馈等一系列环节都要进行信息公开,在政府与社会之间形成互动,使整个购买过程变得廉洁高效。同时,要建立多元化的评估监督机制,形成第三方监督机构、媒体、主管部门、社会公众、专业评估人员等多元主体共同监督购买过程的状态,使购买走向阳光购买。

---

① [美]萨瓦斯:《民营化与公私部门的伙伴关系》,周志忍等译,中国人民大学出版社,2002年,第七章。

② 《发挥社会组织作用,创新社会管理模式》,滨海新区网,2011年4月1日。

5. 实行人才发展战略,稳定和扩大社工队伍

泰达社会服务中心承接公共服务要延续、"泰达模式"要持续生效,稳定和扩大社工队伍、引进与培养的社工人才是当务之急。一方面要创造条件吸引社工人才,包括提高社工薪酬待遇,建立有效的激励机制,完善的人才评价体系,明朗的职业发展规划等物质激励与精神激励相结合,将社会中的优秀人才吸收进社工队伍;另一方面要建立和完善社工的教育培训制度,让在岗社工不断充实理论知识,提高能力和素质,包括定期邀请高校或咨询机构的专家对社工进行培训,分批组织社工到先进的地区调研学习等。另外,也要加强对社工的思想政治教育和职业道德教育,引导他们贯彻服务观念与敬业意识,发扬奉献精神,不断增强社会责任感。

四、总结:购买公共服务实现政府和社会组织"双赢"

政府向社会组织购买公共服务,用一种契约的形式在政府和社会组织之间形成相对固定的关系。这是政府与社会组织合作的一种形式,通过这种形式,政府和社会组织实现了"双赢"。

购买公共服务使政府和社会组织都获益。对中国的社会组织而言,能够成为政府购买公共服务的选择对象,本身就是一种成功,它表明社会组织的发展和能力已经得到政府的认可。在购买公共服务的过程中,社会组织获得相对稳定的资金来源,从而一定程度上解决了资金不足的问题;社会组织的工作人员因此获得培训、学习机会,有助于提高其整体素质;社会组织为了满足提供公共服务的需要,会从组织结构、管理制度、工作方式等方面实现全面提升,从而提升组织的能力;社会组织因为提供公共服务而与公众交流、沟通,并逐步获得公众的认可和支持,从而提升其公信力。从政府角度讲,购买公共服务使政府减轻了公共服务供给的压力,以社会化方式解决社会公众的公共服务需求,有助于服务型政府建设;不直接提供公共服务有助于政府降低成本、提高效率;为社会组织提供各种支持,促进了社会组织的发展,也有助于获得它们的认同;购买方式较好解决了公共服务需求问题,有助于政府获得公众的支持,提升合法性。

购买公共服务为政府和社会组织提供了互动平台。政府和社会组织作为两种类型的公共组织,都具有一定的公益性,需要为公众提供公共服务,但是这两种组织的运作逻辑不同,政府依赖强制性的公共权力,社会组织则没有这一优势,只能依靠社会资源。运作逻辑的差异决定了政府和社会组织的界限,而共同

的公益性特点则意味着二者合作空间的存在。购买公共服务为政府和社会组织创造了合作的形式和互动的平台。购买公共服务,虽然提供公共服务的主体变成了社会组织,但这并不意味着政府就可以不管了。事实上,政府在购买公共服务的过程中仍然需要承担重要责任,需要与社会组织一起来完成公共服务供给,所以购买的过程就是政府与社会组织合作和互动的过程。比如,案例中泰达社会服务中心承接社区服务中有一项是人民调解,主要依靠社工来完成。这是专业性较强的服务工作,社工一般不具备相应的法律法规知识,也缺少相应的技巧。为此,开发区城管局出面邀请开发区司法局、检察院的专业人员为社工们进行法律知识普及和培训,邀请心理专家、公共关系专家为社工们进行技巧培训。正是基于一个个具体项目,政府和社会组织才能展开良好的沟通和互动,并在这种氛围中共同完成公共服务的供给。

购买公共服务有利于政府和社会组织发挥各自的优势,走向合作共强。通过购买公共服务这种形式,社会组织可以充分发挥其在公共服务供给上的专业性、广泛性和灵活性优势。社会组织一般都有明确的专业领域和目标宗旨,依据这种专业性,它们可以选择承担相应的公共服务项目;社会组织的数量众多,覆盖面比较广,它们不仅可以满足公众需求集中的公共服务项目,也可以有针对性地提供少数公众所需求的项目;社会组织不像政府那样刻板,它们可以根据社会发展和公众需要迅速作出反应和调整,灵活应对公共服务需求。政府的优势在于整体性、权威性和组织动员能力。作为传统的公共服务供给主体,政府在宏观调控、整体规划方面的优势是社会组织无法比拟的,购买哪些服务、什么标准的服务等都需要政府来把握;政府作为掌握强制性公共权力的组织,它通过制定法律和政策来规范社会组织的行为、引导社会组织的方向,并对社会组织提供的服务进行监督和评价,甚至进行问责;政府有完整的组织系统和较强的财政能力,因此可以充分调动和分配资源、动员公众和其他力量参与。购买公共服务的安排,就是将政府和社会组织各自的优势充分发挥出来,在优势互补的基础上实现公共服务供给的高质量。不管是政府还是社会组织,都会在购买公共服务中规避自己的劣势、发挥自己的长处,因而购买对双方而言是"双赢"的结果——政府和社会组织在合作中共生共强。

这也是本研究选择政府向社会组织购买公共服务这一案例的原因所在。正如此前所分析的,政府选择向社会组织购买公共服务,本身就意味着社会组织的"强而有作为",否则,它们不可能获得这一机会。在购买公共服务的过程中,政府和社会组织有密切的合作、良好的互动,结果是实现"双赢"——政府和社会组织共强:政府没有因为不直接提供公共服务而削弱,相反会因为找到更有效的供给途径而获得更多支持,并在宏观规划、政策制定、监督和评价方面集中更多精力而增强了能力;社会组织获得来自政府的支持,提升了公共服务供给能力,发展了组织自身,并得到公众和社会的认可而增强公信力。因此,政府向社会组织购买公共服务,是"强政府—强社会"的一种表现形式;同时,在现阶段,政府推行向社会组织购买公共服务,又可以进一步促进"强国家—强社会"的实现。

第七章

结论与展望

作为改革开放以来中国社会所发生的重要变化之一，社会组织的发展将促使中国的国家与社会关系朝"强国家—强社会"转变。本章在前述案例的基础上对这一变化趋势进行总结，并就"双强"模式下社会组织的发展问题展开进一步探讨。

第一节　结论与相关限定

本研究从国家与社会关系的角度分析中国社会组织的发展，在总结国家与社会关系整体发展演变进程的基础上，本研究提出"强国家—强社会"的分析框架，并以政府有作为和社会组织有活力作为基本标准，通过对杭州社会复合主体、仪陇乡村社会治理、天津政府向社会组织购买公共服务三个案例中社会组织的作用及与政府的关系的分析，来验证社会组织发展将逐步推动中国走向"强国家—强社会"模式。

一、案例总结

本研究的三个案例用于说明社会组织的发展促使中国形成"强国家—强社会"的模式。鉴于政府一直处于强势地位，案例分析侧重于社会组织一方，强调社会组织的强而有活力。对社会组织的评价标准是承担政府外移的管理和服务职能、发挥意见表达、政策倡导和决策参与作用、充当弹性机制、监督政府权力等。从这些标准出发，在三个案例中，社会组织都承担着管理和服务职能，杭州社会复合主体中社会组织还在意见表达和政策倡导方面有显著作用；仪陇县燎原村的社会组织则在经济发展和自我管理方面表现比较突出;天津泰达社会服务中心因是政府购买公共服务的对象,因而主要发挥公共服务供给职能。除此之外,社会组织在弹性机制和监督政府权力方面的表现都不是非常显著。这也意味着社会组织目前的重点是与政府合作,承担政府外移职能。

三个案例中社会组织的表现不同,重要原因就是三个案例本身的侧重不一样。杭州社会复合主体案例重点是城市社会治理,社会组织作为复合主体中的一种要素,围绕复合主体特定的城市管理和社会经济发展事项,在意见表达和政策参与方面有较多表现,符合城市多元结构下利益诉求复杂化的特征。仪陇县燎原村的基本定位是农村自治领域,故社会组织主要是引导和服务经济发展、促进村民的自我管理和服务。泰达社会服务中心案例则是从政府购买公共服务的角度分析社会组织的作用,侧重于购买中社会组织和政府的合作、互动。

三个案例中,社会组织都是发挥特定的作用,但并没有达到影响力能够与政府相当的程度。这一方面说明社会组织发展的空间还比较大,与理想状态还存在差距;另一方面,也表明强社会中的社会组织并不是要与政府争夺主导权,而是在政府的"领导地位"下扮演协作的角色。

二、研究结论

1.社会组织的发展将重塑国家与社会关系

中国社会组织获得快速发展始于改革开放。这一时期的一个重要特征是,中国从计划经济体制逐步走向社会主义市场经济体制;相应的,国家与社会关系也发生了变化,国家控制社会的全能型体制逐步消解,社会获得一定空间。社会组织正是在这个空间中逐步成长的,所以国家与社会关系的变化是社会组织获得发展的前提。随着社会组织的发展壮大,社会领域在资源、行为主体、行动能力、影响力等方面增长,从而获得相对独立于政府的地位,社会不再依附于国家,国家也不能完全控制社会。这一过程就是改革开放以后,国家控制社会的关系状态逐步消解,新的国家与社会关系状态逐步形成的过程。从这个意义上讲,社会组织的发展壮大是重新塑造国家与社会关系的重要推动力量, [1]从而社会组织发展与国家和社会关系转变呈现为互为因果的关系。

---

① 郁建兴、吴宇:《中国民间组织的兴起与国家——社会关系理论的转型》,《人文杂志》,2003年第4期。

2. 社会组织发展的结果趋向"强国家—强社会"

社会组织发展并不会削弱国家，而是会逐步走向社会组织有活力、政府有能力的格局，从而在中国形成"强国家—强社会"模式。社会组织与政府之前不是对立和零和的，更不存在社会组织反抗国家（政府）的问题。国家与社会关系的合作共强理论同样适用于中国。一方面，政府在中国的改革和发展进程中一直处于主导地位，其在改革走向、政策制定、资源分配等方面仍然处于强势地位；另一方面，社会组织逐步发展壮大，它们利用社会资源在社会管理和公共服务等领域展现出活力和潜力，所以社会组织发展的结果是趋向"强国家—强社会"。

总结前述研究，社会组织发展而导致的"强社会"主要体现在：①社会组织的数量和规模增长。综合考虑在民政部门登记的社会组织、以备案制等形式存在的社会组织以及没有取得任何合法身份的草根组织，中国各类社会组织已经具备相当的规模。这是社会组织展现其活力的前提。②社会组织的功能增强。目前，社会组织已经在教育、医疗卫生、养老、扶贫救助、权益保护、环保、灾害救助、社区服务等诸多公共服务领域开展活动，一些组织甚至在本领域"深耕"而获得广泛的影响；同时，社会组织的意见表达、政策倡导和决策参与等功能也日益得到展示。这是社会组织"强而有活力"的重要证据。③社会组织的影响扩大。在政府推动、媒体关注和社会组织自身努力的多重作用下，社会组织的影响力在21世纪以来迅速上升，已经逐步充当其现代三元社会结构中"一极"的角色。

3. "强国家—强社会"模式符合中国的现实需要

"强国家—强社会"模式是20世纪后期西方发达国家及一些发展中国家的经验总结。在这些国家，由于公共服务、社会管理和社会整合等需求，自由放任的政府模式难以适应现实的需求，取而代之的是政府角色的增强及能力的提升；同时，社会组织等社会力量在经济增长、公共服务、社会整合方面也扮演着越来越重要的角色。

这一模式也符合中国的现实需求。从"强国家"（政府）的角度看，深化改革、经济发展、公共服务、社会管理等都需要一个强而有为的政府，同时一直以强政府形式存在的中国政府也需要有一个活力社会来与自身共生；从"强社会"的角度看，社会管理和公共服务方面不断增加的需求是政府单独难以承担的重任，需要社会组织分担部分压力，同时社会中逐步积累的资金、人力、技术等资源，也能够为社会组织提供必要的支撑。在政府强而有作为的基础上，社会组织等社会力量的成长和作用发挥，有助于中国实现良好的社会治理。

4. 社会组织有广阔的发展空间

从研究中可以发现,中国社会组织发展的空间是存在的。从宏观政治层面看,不管是党的工作报告,还是政府工作报告,都以鲜明的态度支持社会组织的发展;从法律制度层面看,《社会团体登记管理条例》等主要法律法规都在修订之中,《境外非政府组织管理法》草案也已进入征求意见阶段,这表明政府在为社会组织发展作更为充分的准备;从地方政府的层面看,各地都根据实际需要,尝试在社会治理或者公共服务的具体领域中引入社会组织,作为一种新的运行模式;从社会资源的角度,社会捐赠、志愿服务、公众认知等都能够为社会组织发展提供基本条件。这些因素共同决定,社会组织将获得越来越多的发展空间。

三、有关社会组织的两点限定

1. 有关社会组织能力的限度

"强国家—强社会"模式基于对社会组织快速发展和能力增长的判断,而在实践中也存在对社会组织理想化的认识,夸大了社会组织的功能。因此,本研究特别强调,对社会组织的能力不能片面夸大,要承认社会组织能力的限度。萨拉蒙就认为,社会组织也存在慈善供给不足、狭隘性、家长作风和业余性等缺陷,因而会产生"志愿失灵"(voluntary failure)问题。[①]"志愿失灵"表明社会组织的能力和作用是有限的,它不可能独立满足公共物品的供给需求,它与政府、市场之间不是相互排斥的,相反,它们之间需要建立合作关系,相互补充。

承认社会组织的限度,对社会组织的健康发展有利。比如在公共服务供给上,社会组织的限度就表现为:①社会组织目前还处于发展初期阶段,其公共服务供给能力还远未达到充分释放的阶段,如果赋予社会组织过多的公共服务职能,可能将处于萌发状态的社会组织发展之路堵死。②社会组织在发展中还存在诸多问题,如行政化、过度营利、管理机制不完善、能力不足等,这些都限制了其公共服务供给能力。③部分公共服务项目是社会组织无力承担的,如果不切实际硬性赋予社会组织这些公共服务供给要求,不仅会影响公共服务的水平,也可能危及社会组织的发展。比如,公共文化服务需要的投入大,又难以开展服务收费活动,对一般社会组织而言就是难以承担的。④社会组织的公共服务在

---

① Lester M. Salamon, "Rethinking Public Management: Third-party Government and the Changing Forms of Government Action", *Public Policy*, 1981, 29(3): pp.255-275.

权威性、公信力等方面不及政府,可能导致公众对社会组织提供公共服务的不信任。意识到社会组织能力的限度,政府等就不会出现揠苗助长的现象,社会组织也可以脚踏实地地做力所能及的事。

2. 有关社会组织发展的限制

强而有活力的社会组织肯定需要大力发展社会组织,但是实际操作中对社会组织的发展应该有所甄别和限制。这主要是出于国家安全的考虑。虽然社会组织并不都是反对政府的,但是现实中确实有少部分组织的活动危及国家安全,甚至是反政府的,为此,需要对至少两种情况予以限制:①对政治性社会组织要严格控制。某些组织打着人权、自由、民主的幌子从事分离国家的活动,或者煽动公众从事非法活动,因此对类似"藏青会""法轮功"的组织要坚决取缔,并严格控制带有政治目的的组织。②对境外社会组织在中国的活动要提高警惕。鉴于"颜色革命"的教训,对那些在国内开展活动的境外组织必须提高警惕,在发挥其对教育、扶贫、医疗卫生等积极贡献的同时,要警惕它们从事危害中国国家利益的活动。

在具体操作中,除了制定和完善相关法律法规外,还要注意:①加强对社会组织资金的监管。上述组织很可能接受来自境外的资金支持,如果能从资金上加以控制,将有效限制其活动,起码能够掌握其动向。②加强对"人"的监管。特殊类型的组织往往与特定的人群联系在一些,加强对特殊人群的管控,将有助于降低特殊类型组织的危害。

第二节　实现社会组织有活力面临的问题

虽然社会组织已经有了较大的发展,能力和贡献有显著提升,从而本研究可以得出"强国家—强社会"的结论,但是不可回避的现实是,社会组织有能力、有活力的"强社会"当前并没有完全形成。中国要实现社会组织有活力,实现强国家与强社会相互促进、共生共强,就必须正视社会组织发展的现实状况及面临的问题。

一、社会组织仍处于欠发达阶段

与社会组织迅速增长相并存的另一个事实是,社会组织仍处于发展的初期,它们对整个社会的影响力有限,且自身还存在一系列问题需要解决。

　　按照清华大学 NGO 研究所王名教授等人的看法，当前中国的社会组织总体上处于发展初期，这就决定了它们的地位和作用还很难与发达国家的同类组织相比拟，从而也难以支撑起市民社会领域。截至 2013 年，美国的非营利组织总数超过 150 万家，而中国只有 50 多万家；作为在慈善事业等方面中发挥重要作用的基金会，美国有 6.6 万个，而中国只有 3549 个；美国的非营利组织活动领域涉及社会服务、教育研究、卫生服务、住所照顾、法律服务、就业培训和精神健康等多种领域，其中从事社会服务、文化娱乐以及教育研究的比例较高，而中国的社会组织活动领域主要集中在社会服务、科学调查研究领域和行业性协会，而在非收费性质公益类服务如卫生保健、环境保护、基础教育等领域则较少涉及；美国非营利组织的资金主要来源于政府、捐赠收入、服务收费以及其他收入，中国社会组织的资金来源中政府的各种拨款和补贴占 49.97%；作为社会组织的重要支撑，志愿者的参与也存在显著差别，美国在非营利组织工作的志愿者相当于 500 万全职工作人员，有高达 40% 的人曾有在 NGO 工作的经历或志愿者工作经验，中国志愿者数量不足人口总数的 2%，有高达 30% 以上的社会组织没有志愿者。①从比较中可以看到，中国社会组织不管是在规模上，还是在基本条件、社会环境以及作用发挥上，都与发达国家存在一定的差距。

　　社会组织的发展过程中，也还存在一些问题需要解决。第一，行政化制约了社会组织的独立发展。中国社会组织的产生方式与西方发达国家不同，内生型的组织较少，相当一部分是在政府的扶持或直接操纵下诞生的，对政府存在"体制依赖"②，表现在三个方面：①部分组织是由政府创立的，尽管后来从组织上脱离了创办者，但联系仍然密切，创办者仍然是主管单位。②许多组织由从现职退下来的党政干部担任领导职务，尽管有"发挥余热"的考虑，但领导余威尤存，从日常管理到行为方式、从日常称谓到辞令语气，自觉或不自觉地与政府保持高度一致。还可能出现这样的现象：筹建组织时，还要考虑给组织定行政级别。③部分组织的活动经费全靠政府拨款，只好充当政府的"助手"。

　　第二，过度营利等不当行为导致社会组织缺乏社会公信力。社会组织不是不能赢利，关键在于其赢利部分不能用于成员分红，而要用于组织的发展和目标的实现。现实中部分组织受经济利益驱使，在监督机制和自身责任感双重约

---

① 马全中：《中美NGO提供公共服务的比较分析》，《经济体制改革》，2013年第4期。

② 吴锦良：《政府改革与第三部门发展》，中国社会科学出版社，2001年，第342页。

束都缺乏的情况下,某些组织完全背离了公益原则,背离了社会责任,沦为获利工具,影响了自身的信誉度。比如,曾经引起广泛关注的"中国母亲"胡曼莉和她的"儿童村",[①]在面对金钱的诱惑时失去了公益的底线;"郭美美事件"给具有百年历史的红十字会造成的影响更应该引发深刻的反省。调查显示,公众对社会组织的信任度只有31.4%,表明社会组织的公信力存在较大的问题。[②]

第三,双重管理体制仍然在制约社会组织的发展。双重管理体制为社会组织设定了过高的登记注册门槛,使得社会组织很难迅速发展起来。这种"重进入门槛、轻日常管理"的体制造成的后果就是,大部分不符合登记注册条件的组织是在没有获得合法身份的情况下开展活动,从而成为一种"非法"的存在,对它们的监督管理更加困难。即使是合法登记的组织,由于日常监管的不到位,也可能在资金使用、活动范围、规范化管理等方面出现问题。

第四,社会组织的法律规范不健全。当前,社会组织管理还缺乏统一的法律规范,不同类型组织需要适用于不同法规来管理,容易造成混乱。其实社会组织自身在体制上就不统一:工青妇等组织是高度行政化的,行业协会等是基本行政化,各种学会、研究会、部分行业组织是基本民间化的,草根组织则是完全民间化的。不同类型的组织依据各自有关的法律法规或部门法规管理,必然导致法律法规衔接上的问题,出现不配套乃至冲突。

二、社会组织和市民社会独立性不足

中国的社会组织和市民社会已经获得发展,但是它明显具有中国特色。正如俞可平认为,中国的市民社会是一种典型的政府主导型的市民社会,具有明显的官民双重性。[③]理论上讲,市民社会是独立于国家的,特别是西方社会条件下,市民社会是内生型的,其存在就是为了区别、甚至"对抗"政治国家。但是,中国的市民社会并不是内生的,而是在国家的主导下催生的,这就决定了中国的市民社会难以获得独立地位。

传统的单位体制虽然解体了,政社分离也推行了多年,但国家仍然以各种形式对社会实行"控制":首先是基层自治单位的准行政化。农村村民自治和城

---

① 甄茜:《跨国调查"中国母亲"胡曼莉》,《南方周末》,2001年12月13日。

② 熊光清:《公共组织热心服务,才有公信力》,《环球时报》,2013年8月12日。

③ 俞可平:《中国公民社会:概念、分类与制度环境》,《中国社会科学》,2006年第1期。

市居民自治本应该是基层社会自治的形式,但目前这两种形式都存在不同程度的行政化。村民自治中村委会一直难以获得完全的自治主体地位,村委会选举甚至受到上级政府的干预,行政化已成为村民自治的难题之一,①"村财乡管""包村制"等措施的推行使得村治对上级政权的依赖程度增强。城市居民自治也在政府过多的行政干预下呈行政化倾向:社区居委会多数由街道选派,成为事实上的"公务员";居委会主要发挥城市管理、计划生育、纠纷调解、宣传教育、考核评比等行政职能;居委会经费也大部分来自政府拨款。②其次是执政党系统深入基层社会实现控制。在中国,执政党是广义政府的一部分,执政党通过深入到社区、行政村和企事业单位的组织机构,实现政府对社会的控制。最后是单位的"回潮"也在一定程度上有利于国家对社会的控制。改革开放前的"单位"作为行政末梢,承担着大量政治、社会、经济职能。③目前,由于加强公共服务和社会管理的需要,单位有一定程度的"回潮",④这对政社分离、市民社会的成长有不利影响。

市民社会缺乏独立性,就会导致公共领域的缺失。哈贝马斯在讨论市民社会时,引入奥佛等学者对"市民社会"的分析,从而认为"无论如何,'市民社会'的核心机制是由非国家和非经济组织在自愿基础上组成的。这样的组织包括教会、文化团体和学会,还包括了独立的传媒、运动和娱乐协会、辩论俱乐部、市民论坛和市民协会,此外还包括职业团体、政治党派、工会和其他组织等"。这种定义下的市民社会实际上就是哈贝马斯所指的公共领域。⑤即使将哈贝马斯所谓的政治公共领域与市民社会割裂开来,市民社会中除去私人生活外与传统公共领域、文化公共领域也是重叠的;况且,现代市民社会与政治国家还有相互融合的一面,市民社会与政治公共领域也不能完全分离,那么在市民社会没有成熟的状态下,公共领域的缺失也就不可避免。现实情况也是,当前中国社会公民自由聚会讨论问题,特别是讨论公共事务,其空间还是不足;媒体的公共性也有欠缺,导致公共舆论仍然与公众的理想状况存在差距。

政社分离不彻底、市民社会缺乏独立性,导致国家与社会关系改革前景的

① 彭大鹏:《村民自治的行政化与国家政权建设》,《北京行政学院学报》,2009年第2期。

② 向德平:《社区组织行政化:表现、原因及对策分析》,《学海》,2006年第3期。

③ 朱光磊:《当代中国政府过程》,天津人民出版社,2008年,第248~250页。

④ 汤明磊:《"单位回潮"现象分析:原因、效应与对策》,《中共南京市委党校学报》,2012年第3期。

⑤ 参见何晋文:《市民社会与公众舆论》,载《中国传媒大学第一届全国新闻学与传播学博士生学术研讨会文集》,2007年。

不明朗,"强国家—强社会"模式也处于不确定状态。改革开放以来,中国一直在提倡"小政府、大社会"模式,实现这一目标一方面需要不断推进政府职能转变和行政管理体制改革,另一方面也需要市民社会的充分发育成熟。到目前为止,"小政府、大社会"的改革目标仍然难以说实现了,比如,20 世纪 80 年代末,率先实行这一改革的海南虽然实施了一些引人瞩目的改革措施,但结果并不理想,"机构设置与其他省份已基本没有区别"①。就现实来看,当前中国政府仍然是"大政府"或者"强政府",社会领域发育也不充分,社会组织和市民社会发展处于不确定中,下一步国家与社会关系向什么方向发展,一定程度上也是不确定的,这种不确定性显然又会反过来影响社会组织和市民社会的发展。

三、公共精神欠缺制约社会组织发展

　　社会组织需要以公共精神为基础,社会捐助、志愿服务、公益事业都需要公众超越个人私利,具有"兼具天下"的公共精神。当前中国社会受多种因素的影响,公共精神普遍缺失,这不利于社会组织市民社会的发展。

　　首先,公民个人欠缺"公共"意识。现代公民区别于生物意义上的"人"的核心在于独立的"人格",即个人从家族、宗教中独立出来而获得个体的尊严和价值。独立的个体参与的社会生活就形成一种公共生活,公共生活催生超越个体的价值关怀,即个体不能只关心自己,还要具有超越个体的公共意识。当前中国,受个体经济利益的冲击,一些公民对个人之外的事情毫不关心,对公共生活缺乏责任感,只关心个人得失,表现为自私、冷漠。这对社会组织的发展是不利的。

　　其次,社会公共道德滑坡。与公共意识紧密关联的是社会公德。公共生活要避免混乱无序,就需要成员都遵守基本的准则。当前,社会公德严重滑坡已经是普遍现象。调查表明,有一半的人认为改革开放以来公民的道德水平呈下降趋势。②从日常生活中在公共场所高声喧哗、排队加塞、随地吐痰、破坏环境,到人与人之间的相互利用、借钱不还、路见不平围观而非相助,再到工作中的弄虚作假,这些不讲公德的现象充斥着社会生活。公德的缺失使公共生活失去了起码的底线,人们之间不再相互信任、彼此合作。这种状况不仅限制了社会组织的成

---

　　①　《海南"小政府大社会"为何难实现》,新浪网,http://news.sina.com.cn/c/2004-11-23/0857431887s.
shtml.

　　②　参见李萍:《中国道德调查》,民主与建设出版社,2005年。

长,对整个社会文明的进步都是不利的。

最后,社会参与不足。参与也是公共精神的主要内容,而当前社会中,涉及"公共"而非个人利益的参与比较缺乏。按照中国社会科学院的调查,当前公民的政治参与总体处于中等水平,在涉及政治参与的 5 项指标中(每项设定为 1 分),政治参与意识与政治参与评价 0.553 分得分最高,选举参与得分为 0.529 分,政策参与为 0.503 分,人民团体与自治组织参与为 0.452 分,维权等接触式参与只有 0.078 分。①社会参与的状况也不理想。比如,反映公民社会参与程度的志愿者服务方面,中国目前有正式的志愿者 1500 万人,占全国总人口的 1.2%;相比之下,美国志愿服务参与率 50%,80%以上的人承认自己是某种组织的成员,成人平均每周从事 4.2 小时的志愿服务;在以色列,20%以上的人参加志愿活动,平均每月服务 16 小时。②在慈善捐助方面,2003 年,美国私人捐赠数额为 2410 亿美元,人均 828.7 美元,而 2002 年中国人均捐款 0.92 元人民币,总额仅为 10 多亿人民币;中美人均收入相差 38 倍,但中美人均慈善捐款额相差 7300 倍。③社会参与不足,社会组织的发展就缺乏足够的动力。

公共精神的缺失,深层次的原因是缺乏培育公共精神的社会土壤和文化氛围。中国传统文化是在有几千年小农自然经济和宗族社会结构基础上缔造出来的,这种文化强调家庭内部遵守的秩序、和顺共处的精神,但缺少现代社会的公共精神。④当代中国经历的多场社会运动,荡涤了传统文化和社会生活准则,却没有建立起新的适合中国社会发展的规范;市场经济的大潮再次冲击公众本已经脆弱的精神文化生活,在与市场经济相适应的经济理性和社会规则没有建立和完善的背景下,公德、秩序等被视为背离了个人经济利益原则而遭到唾弃。

四、社会资本尚不能满足社会组织发展的需求

当前,中国社会资本总体存量不足,不能适应社会组织发展的需求。在历史悠久的中国,应该有深厚文化传统作为社会资本的支撑;但在经历西方文化的侵蚀、长期革命战争的清除以及多次社会运动的洗礼后,传统文化遭受破坏,其

---

① 参见房宁主编:《中国政治参与报告(2011)》,社会科学文献出版社,2011年。

② 《志愿活动在中国》,《南方周末》,2002年8月29日。

③ 《中美人均收入相差38倍,人均慈善捐款相差7300倍》,《新京报》,2005年11月22日。

④ 潘强恩:《论公共精神》,《光明日报》,2003年11月5日。

中有利于现代社会资本成长的因素,如礼仪、秩序、和谐等,也不复存在,现代社会价值的成长又比较缓慢,导致中国社会中信任、关系和网络这些社会资本不够发达。

首先是信用缺失。信任是整个社会关系和社会交往网络的基础。当前,中国社会信用体系缺失相当严重。比如,仅 2001 年上半年,由于企业间不讲信用、互相拖欠货款造成连环债链的资金总额就占全国流动资金的 20%;作为国家融资主渠道的银行,由于借钱不还而形成逃债、滞债、死债的呆账高达数千亿元之多。①社会生活中,各种诈骗短信、电话让人防不胜防,类似"南京彭宇案"等事件充分暴露了人与人之间缺乏基本的信任。在现有的信用体系中,信任结构也存在差序格局,特殊信任远远高于普遍信任,②即大家只选择信任亲人、朋友,而对陌生人持不信任态度,为的是"避免上当受骗"。信用缺失让公民之间难以合作,在增大交易成本的同时,还会导致社会冷漠、缺乏公益心等现象,社会组织的发展显然也会受到影响。

其次是社会资本的偏离现象比较严重。在中国,以法治、平等为基础的"社团式"社会资本不足,但以家族、利益等为纽带的小团体式社会资本却很发达,③具体表现为农村家族和宗族势力、黑恶势力和人情关系网等方面。家族、宗族以血缘为纽带,属于强联系网络,其在家族养老、扶贫助困等方面的积极作用不能忽视,但它对农村民主选举和民主管理、乡村集体经济收益分配等造成的消极影响也很显著。黑恶势力也是强联系网络的一种异化,对成员而言它是一种强力资本,但对社会造成的危害却无法估量。人情关系是中国社会特殊的社会网络,反映了个人所占有的社会资本的数量,虽然对其作用的评价肯定和否定都存在,但不能否认的是,由于职业、社会地位等导致的社会资源占有量、进而是关系网络的状况,不同阶层的个体之间差异是很显著的。④社会资本的这种偏离会导致社会的不公平,影响社会成员之间的相互评价,进而对社会组织的整体发展不利。

最后,社会组织发展还面临资金、专业人员、专项技术等具体问题,需要通

---

① 江林:《建立有中国特色的企业经营道德体系》,《经济管理》,2001年第18期。

② 胡荣:《社会资本与中国农村居民的地域性自主参与——影响村民在村级选举中参与的各种因素分析》,《社会学研究》,2006年第2期。

③ 王华:《中国社会资本的重构》,《思想战线》,2004年第4期。

④ 边燕杰:《城市居民社会资本的来源及作用:网络观点与调查发现》,《中国社会科学》,2004年第3期。

过学习借鉴社会组织发达国家或地区的经验；传统上中国国家控制比较严密，社会发展空间较小，这也会影响到当前社会组织的发展；"强国家—强社会"也不是短时间内就可以实现的，需要国家和社会长时间的相互调适。

第三节　促进社会组织发展的对策

从"强国家—强社会"的目标出发，针对当前社会组织面临的现实问题，促进社会组织发展需要考虑以下方面。

一、完善社会组织相关体制机制

市民社会中最具代表性的力量就是社会组织。为增强市民社会的行为能力和活力，并为协商民主培养适宜的参与主体，需要采取针对性措施，推动社会组织的发展并充分激发其积极功能。

1. 完善社会组织管理体制

双重管理体制已经不适应当前社会组织发展的需要，应当予以改革。争议多年的《社会团体登记管理条例》等法规修改至今尚未有结果，导致双重管理体制的取消与否悬而未决。从社会组织管理的现实来看，双重管理并没有取得显著的成效，特别是在社会处于平稳发展时期，它既造成大量组织"非法"存在的事实，又导致对社会组织的日常监管不力。削弱乃至取消社会组织与业务主管单位间的联系，由登记管理单位统一管理是当前呼声最集中的改革措施。由于当前的社团登记办法要求社团必须找到业务主管单位，否则不予登记，客观上导致主管单位与社会组织间剪不断的联系，行政化成为自然趋势，也获得了便捷途径。在不违背登记条例的基础上，使社会组织与业务主管单位间仅限于名义上的关系，而不发生实质性的指导和服从关系，社会组织失去行政依靠，政府机构不再"思念"自己的"腿"。社会组织的管理和监督都由登记管理机构负责，政出一门，统一管理，效果会更明显。当前，社会组织登记管理单位也不统一，民政部是主要部门，工商管理部门和中央国家机构编制办也管一些，实际上也政出多门。在登记管理机构主管的基础上，为适应现代社会组织发展的需要，可以考虑在适当的时候建立全国性统一的社会组织登记管理机构，这是有必要的。

2. 政府要积极"引导""协调"社会组织发展

社会组织不仅与市民社会紧密关联，它还能在公共服务、意见表达、社会整合等方面发挥重要作用,成为政府的合作者。因此,政府在保持理性的同时,也要积极推动社会组织的发展,不能因为怕社会组织惹麻烦而限制其发展,只要做到主动引导、积极规范社会组织,就可以保持正确的发展方向。

中国自古就缺少公益事业的社会管理方式,更多的是依靠政府权力机构来解决社会问题,政府在社会生活中起主导作用。[①]这种习惯思维和理念导致中国的社会组织在发展初期以政府为"主导",很大程度上窒息了社会组织的活力。但是,在缺乏社会自组织土壤的环境里,如果政府完全放手,社会组织也可能还会整体"缺位"。因此,政府主动推动社会组织的发展是必要的,同时还可以利用二者关系比较紧密的现实,创造一种合作的局面,将政府与社会组织各自的优势结合起来,相互支持,协调共生,而不要走向一些西方国家的那种对立状态。

政府首先需要为社会组织提供合法性基础。在公众普遍认同、依赖政府权威的环境中,社会组织只有得到政府的支持才能获得发展空间,这种空间既包括政府给予的法律上的支持,也包括在政府支持基础上获得的公众的认同。政府的支持也涉及资金问题,处于初始状态的社会组织很难独立解决资金难题,特别是那些福利性很强的组织,如果缺少了政府的资助,就很难生存下去。为了社会组织的正常发育,真正体现其社会性,同时又与中国的特殊环境相适应,在中国社会组织的发展问题上,政府既不能用行政手段来包办,又不能放任自由。最适宜的办法是政府利用其有利地位,正确发挥"导向"作用,在那些需要社会组织发挥作用的领域,促进其生长发育;在那些社会组织力量薄弱的环节,通过政策导向、财政支持,辅助其发展,平衡其整体力量;政府必须将社会组织视为独立的组织,不能依靠政府权力强行施加控制,要给它适当的空间。

3. 加强社会组织自身能力和社会公信力建设

处于发展初期的社会组织只有逐步提升自身的能力,才能获得社会的认可,收获社会公信力。当前,社会组织需要从改善与政府的关系、改变过度营利的负面形象、提升专业水平等方面作出努力。

当前,中国社会组织的生成机制以政府选择为主,[②]当然政府资源就成为主要资源,这在很大程度上导致社会组织缺乏独立性和活动能力,对政府资源的依赖性过重。实际社会组织最终应以社会资源为主,因良好的服务而获得较高

---

① 朱传一:《中国非营利部门的成长及政府在其中的作用》,《社会》,2000年第11期。

② 王名等:《中国社团改革:从政府选择到社会选择》,社会科学文献出版社,2001年,第64页。

的社会公信度,从而吸引社会成员的加入或认同,以此获得会费收入和募集资金。在由政府选择向社会选择转变的过程中,社会组织必须适应资金来源社会化的转变。鉴于当前一些承担政府外推职能的组织很难脱离政府财政资金而生存,适当的方式是让政府资金以项目服务收费的形式进入,即组织为政府做项目,政府向组织购买项目和服务,取消行政划拨这种直接形式。

　　社会组织的公益性在很大程度上决定了营利不能成为组织的主要目标。社会组织不是"致富"的工具,①任何人都不要存在这种幻想。对那些过度追逐利润的社会组织,需要通过法律等强制性手段,使其回转到正确的轨道上来。为了对社会组织的营利问题进行监管,可行之策就是推行社会组织的非营利性评估。主要做法是建立一系列评估指标,包括治理结构、资金使用与运作、经营收入的比例、财务与信息的披露、劝募的信息、筹资行为、组织所得是否用于成员分红等方面。②评估的组织者可以是政府指定的某部门,如审计组织,也可以是类似美国的 NCIB(全国慈善信息局)和 PAS(公益咨询服务部)的独立评估机构。前者由政府机构执行评估,后者由独立的社会组织支持组织(其本身也是社会组织)执行评估。在当前社会组织支持组织还没有建立起来的环境中,由政府机构执行评估是可行的,但最终的发展目标是由独立的支持组织来执行评估任务。

　　放弃"过度营利",社会组织才能将主要精力放在公共服务等公益职能方面。当然,社会组织的社会公信力,最终需要在行业自律的基础上提升专业能力才能达到一定的高度,即内功是最主要的。为提升社会组织的能力,需要从领导者素质、组织发展战略、项目设计和实施、财务管理、志愿者组织和管理、筹集资金能力、社会沟通能力等方面予以全面提升,这将是社会组织从发展初期走向成熟的过程。

　　4.完善社会组织法律法规,加强监管

　　社会组织的发展还需要健全的法律支持,以改变当前法律法规不统一、相关规范模糊不清,甚至存在漏洞等现象。需要有统一的法律制度来规范社会组织的性质、地位、权利和义务、职能、成立条件、审批程序、运行机制等,避免政出多门、相互冲突。从各国的经验看,一部类似"非营利组织法"这种总体性的法

---

① 《新任副会长称红会必须改革:想赚钱的请远离》,人民网,http://politics.people.com.cn/BIG5/1026/16151575.html.

② 参见邓国胜:《非营利组织评估》,社会科学文献出版社,2001年,第82~126页。

规,对社会组织发展的整体效应是非常显著的。同时,政府在社会组织发展中的重心要逐步转向日常监管,一方面,监管社会组织的信息公开、财务运营、项目实施等日常行为,并对其进行问责;另一方面,政府要从资金来源、组织目标和重要活动等方面监督社会组织,避免它们沦为危害社会稳定和国家安全的因素。

二、加快政府职能转变和行政体制改革

虽然现代国家与社会关系理论强调二者的共存共强,而不是相互取代,但是社会的发展还是有空间问题,如果国家没有给一定空间,社会也难以自主获得巨大发展。具体到中国的实践中,就是政府职能转变和行政体制改革需要加快,在这一改革和转变中为社会组织增加空间。

首先,明确政府、市场和社会的定位。科恩(Jean L. Cohen)和阿雷托(Andrew Arato)在国家和市民社会二分的基础上提出的国家—经济领域—市民社会的三分法,已经成为分析当前社会结构的主流理论。①政府是国家权力的具体执行者,活动具有政治性和权威性,着眼于国家的整体和长远利益,即使是管理和调控活动,也是以强制性权力为后盾的;公司企业是市场主体,它们以追求经济利润为主要目标,营利性是其主要特点,同时对国民经济发展负有一定的责任;第三部门则不同,既没有国家权力的权威性影响,也不会不顾一切地追求利润,其主要目标是社会管理和服务,出发点是公众的普遍利益。在明确政府、市场和社会各自定位的基础上,中国的转型仍然需要在政企分开、政社分开上继续深化,政府的退出和放权力度要加大。

其次,政府职能逐步转向以公共服务和社会管理为主。政府职能的实质性转变多是经济体制改革与社会管理体制改革夹击下的结果,是"压力倒逼"式改革。一方面,经济改革继续从转变经济增长方式、实现可持续发展方面要求深化政府职能转变;另一方面,社会建设、社会管理体制改革的迫切性日益突出,并且对政府职能也提出了相应的要求。为适应改革和发展的需求,要下大决心,促进政府的公共服务和社会管理职能的扩大。复杂的社会结构和社会矛盾反映到政治生活中来,就是国家的阶级基础和群众基础的日益扩大,政府社会管理职能的扩大。在很长的一段时期内,为了满足人民群众日益增长的公共服务的需求,政府应当把调节社会矛盾,促进经济发展,维护社会公平,提供公共服务等

---

① Jean L. Cohen and Andrew Arato, *Civil Society and Political Theory*, MIT Press, 1992.

社会职能作为工作的重心。①

再次，经济服务职能转由市场主体和中介组织承担。在较长一段时间里，中国政府的主要精力放在经济发展上，政府承担着大量经济管理和服务职能。全面深化改革、建设服务型政府等要求政府在经济调节、社会管理和公共服务方面投入更多的精力，这就意味着政府承担的诸多琐碎而具体的经济服务工作需要加快转移。同时，深化改革又不能以牺牲经济发展为代价，相反，深化改革的目的是要促进经济更好更科学发展。于是，政府转移的经济管理和服务职能必须有合适的承接载体。从市场经济体制成熟国家的经验和改革开放以来中国的实践看，商会等主体在服务经济发展方面的作用明显，是承接政府外推职能的重要主体。推动商会等市场主体或中介组织的发展成熟并在承担管理和服务经济职能方面逐步"上位"，是加快政府职能转变、深化改革的必要举措。

最后，精简政府机构设置，促进基层社会自治发展。为适应市民社会发展和政府扁平化的趋势，政府机构改革应该从横向的机构减缩向精简的纵向政府层级转变。比如，当前城市街道办事处作为城市政府过程的"末梢"已经失去了"条条管理"下制度存在的合法性基础，而且从减少政府管理的层次，提高管理效率出发，为加强基层社会管理和服务，可以撤销街道办事处，市辖区政府直接管理社区居委会，加强社区居委会建设，调整社区居委会职能，扩大社区规模。精简之后的政府的"亲民性"将大大提高，能够及时回应社会管理的需要，提供高质量的居民必需的公共服务，并且创建多元化的政府管理和服务方式，积极扩大居民参与的政治空间，促进社区自治的发展。②

三、扩大和规范公民与社会参与

社会最基本的力量还是公民个人，社会组织的活力也根源于公民个人主体性的发挥程度。为了提升社会组织的整体层次，扩大公民和社会参与是必要的。当前，公民和社会参与还存在一些不足：①参与的形式上政府主导的色彩比较浓厚，比较常见的形式是，政府就某个问题或某一领域作出开放的态势，公民再以适当的形式"介入"。在民主参与不足、开放程度低的情况下，这些做法肯定是进步的，但是从发展和完善的角度讲，它还达不到"民主"参与的程度。②参与的广度和深度有限。公民参与哪些事务、如何参与、参与到什么程度，都缺乏明确

---

①② 参见朱光磊等：《地方政府职能转变问题研究》，南开大学出版社，2012年。

的界定。比如,一些地方为吸收民意而在市政工程、民生服务等问题上让全体市民参与,实践中的效果与理想就有差距,愿意到这里献计的市民主要是利益相关者。③民主参与的保障机制不完善。当前,主要以推动各种形式的民主参与为主,但在如何"持续"即保障机制问题上,缺乏全面的考虑。比如,民主参与中的信息传播渠道、激励机制、权利保障机制、政府回应机制等,还没有健全起来。

扩大和规范公民和社会参与,需要做好四个方面的工作:①扩大民主参与的空间。公民参与是现代民主政治的基本要求,也是人民民主的基本体现。现阶段,扩大民主是必要的,不仅是在政府管理创新中,而且是在整个社会生活中。为此,作为政府要转变民主参与的观念,将其作为常规的现象;扩大民主参与的空间,正确对待民主参与力量;主动回应民主参与的要求和行为。②建立民主参与的保障机制,并逐步实现制度化。政府管理创新、政治发展需要的是成熟而有序的民主参与。成熟的民主参与需要一系列制度机制作保障,有序的民主参与也是建立在制度化基础上的。为此,需要健全信息公开制度、听证制度、舆论监督机制、司法救济制度等保障机制,在推动民主参与的过程中逐步实现制度化。③积极探索公民参与政府管理与服务的实践途径,使得公民参与操作化,构建政府与公民间强有力的合作关系。要进一步推进诸如市民会议等机制,探索"市民小组主体讨论"和"咨询委员会",增强公民参与的代表性;增加公众对于公共服务的参与,既往的经验已经证明,这样既能够准确把握公共服务提供的精准性,同时能够以较低的成本获得更高水平的服务。④促进参与的重心从完善政府过程到促进职能转变发展。在民主参与的起始阶段,其目标集中于政府运行机制的改善是必要的,毕竟类似公务员工作态度改进、政府服务的改善等更易直接为公众所接受,操作也较容易。随着民主参与程度的加深和影响的扩大,它需要在促进政府增强社会职能、完善政府间职能配置,乃至改变"官本位"等方面发挥重要作用,要使政府更深刻意识到公民参与的必要性和价值所在,真正能够起到公民参与倒逼政府改革的实质意义。

四、大力培养公民的公共精神

公共精神是支撑社会的深层价值基础,而当前中国又存在公共精神缺失的现象,所以培育公共精神首先要让全社会意识到危机感的存在,并在全社会形成培养公共精神的共识和氛围。在公共精神方面,不少人存在"搭便车"或"从众"心理,认为只要他人具备公共精神,自己就可以受益,却不愿意从自身努力做起；或者认为他人都不具备公共精神，个人的力量难以改变现实。事实上，公共精神的培养只能从每个个体做起，只有当每一个个体都意识到公共精神的重要性并主动追求时，整个社会才能形成培养公共精神的氛围。

其次，从小事做起，从公共道德抓起。个人道德水平是参与公共生活的基本要求，只有富有公德的公民才能托起全社会的公共精神。公德的培养则要从具体的小事做起，只有公民在日常生活中做到诚实守信、关心他人、宽容豁达，才能逐步在公共生活中形成遵守公德的习惯，进而奠定公共精神的社会基础。

再次，公共精神培养与公共生活空间培育要紧密结合。培养公共精神，需要公民有一个参与公共生活的空间，让公民在公共领域中接受培训。单纯的宣传教育和知识学习难以达成培养公共精神的目的，只有将其融入到公民的日常生活，经过长时间的积累，公共精神才能成为自然而然的思维和态度乃至行为方式。公民培养公共精神过程包括"参与公共事务的讨论、决策；投身公共活动，实践投书、上访、联名、请愿等各种公民权利；在投票、选举中学会对他人的正确评价和对自身行为的恰当权衡，掌握协商、妥协、审慎等行为方式和态度，以合作方式有效地解决集体行动中的困境"①。

最后，公共精神的培养需要法治建设配合。公共精神培养虽然主要依靠公民个人的修习，但是在公共精神整体缺失、一些人自觉性较低的情况下，法治建设的制约和规范作用也是必要的。法治可以起到导向作用，即公民的哪些行为是合法的，哪些行为需要受到限制，从而引导公民走向法律所预期的状态。同时，法治还可以对违反社会公德和公共精神的行为予以惩罚，起到威慑作用。法治的规范作用和实践的学习结合起来，是培养公共精神的可行之路。

五、增加政治生活的社会性因素

按照传统的对立论的看法，社会的发展意味着国家的收缩，国家与社会在领域、职能等方面呈现相互替代的关系。现代社会发展的实践证明，国家与社会间不是简单的对立关系，而是共生关系，②社会的发展和力量增强对国家也能产生正向的促进作用，使国家（政府）向着更有效能的方向发展。当前，中国的现实

---

① 李萍：《论公共精神的培养》，《北京行政学院学报》，2004年第2期。

② 顾昕、王旭、严洁：《公民社会与国家的协同发展——民间组织的自主性、民主性和代表性对其公共服务效能的影响》，《开放时代》，2006年第3期。

情况是,国家(政府)已经足够强,而社会领域比较弱,为了促进国家向前发展,需要开发社会领域的能促作用,即增加政治生活的社会性因素,来促进国家向前发展。

增加政治生活的社会性因素要善于对政治问题进行"社会性"处理。政治性和社会性一直是政治领域的一对矛盾关系。现代政治的基本趋势是政治性逐步减弱,社会性逐步增强,国家的主要任务在于调节各个利益群体的关系,国家政治生活中大部分内容具有显著的社会属性。为此,中国应该在政治过程和日常施政中更加重视社会管理和服务职能,善于对政治行为做"社会性"处理。具体来说,就是要让政治目标以全社会、全民族和整个国家必须去完成的目标形式出现,把特殊的意志、利益表述为社会的共同意志、利益,并努力取得全体社会成员的认可。①

增加政治生活的社会性因素,需要发展社会力量。社会组织是社会性因素的重要代表。此外,社会力量还包括公共媒体、有社会责任感的企业、知识专家、有公共精神的公民等。发展社会力量的目的是要给予它们参与社会政治生活的空间,使其能够为政治生活增添新的活力。

增加政治生活的社会性因素,还需要增加社会容纳的资源。政治本身是多种社会实践的一种,政府也只是多元社会主体之一,所以政府不应该、也不能掌握全部社会资源。而社会容纳的各种资源越多,社会的自主行为能力越强,整个共同体呈现出的社会性越强。社会容纳的资源包括经济、政治、文化等多种形式,比如,社会领域的经济资源可以用于扶贫助困、发展慈善事业;文化资源可以丰富公众的日常生活、提升文化生活的层次;组织资源可以为公众提供解决问题的多种选择。

社会组织本身是社会领域的现象,但社会组织的发展却是涉及国家法律法规、政府管理体制、社会组织自身努力、社会环境改善、社会资本积聚等诸多因素的综合性课题。相应的,社会组织的发展,将在提高自身能力的基础上,使社会组织承担更多的社会管理和公共服务职能,提升社会组织在社会共同体中的地位,逐步形成"强国家—强社会"的格局。社会组织的发展,也许与民主政治没有直接关联,但是它可以提升社会治理的水平,使中国社会在政府、企业、社会组织、公众等多种要素的共同参与和作用下实现良好治理。

---

① 朱光磊等:《服务型政府建设规律研究》,经济科学出版社,2013年,第27~30页。

参考文献

一、中文著作

1.白平则：《强社会与强国家：中国国家与社会关系的重构》，知识产权出版社，2011年。

2.车峰：《我国公共服务领域政府与NGO合作机制研究》，中央民族大学出版社，2013年。

3.陈华：《吸纳与合作：非政府组织与中国社会管理》，社会科学文献出版社，2011年。

4.程同顺：《中国农民组织化研究初探》，天津人民出版社，2003年。

5.邓国胜：《非营利组织评估》，社会科学文献出版社，2001年。

6.邓正来、[英]亚历山大：《国家与市民社会：一种社会理论的研究路径》，中央编译出版社，1999年。

7.邓正来：《国家与市民社会：中国视角》，上海人民出版社，2011年。

8.邓正来：《市民社会理论的研究》，中国政法大学出版社，2002年。

9.丁元竹：《非政府公共部门与公共服务：中国非政府公共服务状况研究》，中国经济出版社，2005年。

10.丁元竹：《中国非政府公共部门与公共服务》，中国经济出版社，2004年。

11.房宁主编：《中国政治参与报告(2011)》，社会科学文献出版社，2011年。

12.高丙中、袁瑞军：《中国公民社会发展蓝皮书》，北京大学出版社，2008年。

13.高红：《城市整合——社团、政府与市民社会》，东南大学出版社，2008年。

14.郭道晖：《社会权力与公民社会》，译林出版社，2009年。

15.韩俊魁：《NGO参与汶川地震紧急救援研究》，北京大学出版社，2009年。

16.韩俊魁等:《境外在华NGO:与开放的中国同行》,社会科学文献出版社,2011年。

17.何增科:《中国社会管理体制改革路线图》,国家行政学院出版社,2009年。

18.何增科主编:《公民社会与第三部门》,社会科学文献出版社,2000年。

19.贺立平:《让渡空间与拓展空间:政府职能转变中的半官方社团研究》,中国社会科学出版社,2007年。

20.胡鞍钢、王绍光:《中国国家能力报告》,辽宁人民出版社,1993年。

21.黄海:《灰地:红镇"混混"研究》,生活·读书·新知三联书店,2010年。

22.黄孟复等:《中国商会发展报告NO.1(2004)》,社会科学文献出版社,2005年。

23.黄晓勇:《中国民间组织报告(2013)》,社会科学文献出版社,2013年。

24.贾西津:《第三次改革——中国非营利部门战略研究》,清华大学出版社,2005年。

25.景朝阳:《民办非企业单位导论》,中国社会出版社,2011年。

26.康晓光、冯利:《中国第三部门观察报告(2014)》,社会科学文献出版社,2014年。

27.康晓光等:《NGO与政府合作策略》,社会科学文献出版社,2010年。

28.李萍:《中国道德调查》,民主与建设出版社,2005年。

29.李小云、左停、叶敬忠主编:《2008中国农村情况报告》,社会科学文献出版社,2009年。

30.李亚平、于海:《第三域的兴起:西方志愿工作及志愿组织理论文选》,复旦大学出版社,1998年。

31.李珍刚:《当代中国政府与非营利组织互动关系研究》,中国社会科学出版社,2004年。

32.李姿姿:《中国农民专业合作社组织研究——基于国家与社会关系的视角》,中央编译出版社,2011年。

33.刘军宁等主编:《市场经济与公共秩序》("公共论丛"第二辑),生活·读书·新知三联书店,1996年。

34.民政部民间组织管理局、国务院法制办政法司:《基金会指南》,中国社会出版社,2004年。

35.齐炳文:《民间组织:管理·建设·发展》,山东大学出版社,2000年。

36.清华大学NGO研究所:《中国非营利评论》(第1—16卷),社会科学文献出版社,2007—2015年。

37.陶传进、刘忠祥:《基金会导论》,中国社会出版社,2011年。

38.汪熙、魏斐德编:《中国现代化问题——一个多方位的考察》,复旦大学出版社,1994年。

39.王国平主编:《培育社会复合主体研究与实践》,杭州出版社,2009年。

40.王名:《非营利组织管理概论》,中国人民大学出版社,2002年。

41.王名:《社会组织概论》,中国社会出版社,2010年。

42.王名:《社会组织论纲》,社会科学文献出版社,2013年。

43.王名:《汶川地震公民行动报告——紧急救援中的NGO》,社会科学文献出版社,2009年。

44.王名:《中国NGO研究:以个案为中心(2001)》,联合国区域发展中心、清华大学NGO研究所,2001年。

45.王名:《中国非政府公共部门》,清华大学出版社,2004年。

46.王名:《中国民间组织30年——走向公民社会》,社会科学文献出版社,2008年。

47.王名等:《中国社团改革——从政府选择到社会选择》,社会科学文献出版社,2001年。

48.王浦劬、[美]莱斯特·萨拉蒙:《政府向社会组织购买公共服务研究——中国与全球经验分析》,北京大学出版社,2010年。

49.王绍光:《多元与统一:第三部门国际比较》,浙江人民出版社,1999年。

50.王颖、折晓叶、孙炳耀:《社会中间层:改革与中国的社团组织》,中国发展出版社,1993年。

51.吴锦良:《政府改革与第三部门发展》,中国社会科学出版社,2001年。

52.吴新叶:《农村基层非政府公共组织研究》,北京大学出版社,2006年。

53.伍俊斌:《公民社会基础理论研究》,人民出版社,2010年。

54.徐家良:《中国第三部门研究(第十卷)》,上海交通大学出版社,2015年。

55.俞可平:《公民社会的兴起与治理的变迁》,社会科学文献出版社,2002年。

56.俞可平主编:《治理与善治》,社会科学文献出版社,2000年。

57.张静:《国家与社会》,浙江人民出版社,1998年。

58.张军涛、曹煜玲:《第三部门管理》,东北财经大学出版社,2010年。

59.张强、陆奇斌、张欢等:《巨灾与NGO:全球视野下的挑战与应对》,北京大学出版社,2009年。

60.赵伯艳:《社会组织在公共冲突治理中的作用研究》,人民出版社,2012年。

61.中国青少年发展基金会编:《扩展中的公共空间》,天津人民出版社,2002年。

62.周志忍、陈庆云:《自律与他律:第三部门监督机制个案研究》,浙江人民出版社,1999年。

63.朱光磊:《城市公共服务体系建设纲要——给市长们的建议》,中国经济出版社,2010年。

64.朱光磊:《当代中国政府过程》,天津人民出版社,2008年。

65.朱光磊:《服务型政府建设规律研究》,经济科学出版社,2013年。

66.朱光磊等:《当代中国社会各阶层分析》,天津人民出版社,2007年。

67.朱光磊等:《地方政府职能转变问题研究》,南开大学出版社,2012年。

68.曾俊:《公共秩序的制度安排——国家与社会关系的框架及其应用》,学林出版社,2005年。

69.邹东涛主编:《中国经济发展和体制改革报告NO.3:金融危机考验中国模式(2008 2010)》,社会科学文献出版社,2010年。

二、中文译著

1.[美]阿尔蒙德、[美]鲍威尔:《比较政治学:体系、过程和政策》,曹沛霖等译,东方出版社,2007年。

2.[美]奥斯本、[美]盖布勒:《改革政府:企业家精神如何改革着公营部门》,周敦仁译,上海译文出版社,2010年。

3.[英]波兰尼:《大转型:我们时代的政治与经济起源》,冯钢等译,浙江人民出版社,2007年。

4.[加]卜正民、[加]傅尧乐:《国家与社会》,张晓涵译,中央编译出版社,2014年。

5.[美]达尔:《现代政治分析》,王沪宁等译,上海译文出版社,1987年。

6.[美]丹尼斯·朗:《权力论》,陆震纶等译,中国社会科学出版社,2001年。

7.[美]费希尔:《NGO与第三世界的政治发展》,邓国胜、赵秀梅译,社会科学文献出版社,2002年。

8.[英]弗格森:《文明社会史论》,林本椿、王绍祥译,辽宁教育出版社,1999年。

9.[英]格林伍德、[英]威尔逊:《英国行政管理》,汪淑钧译,商务印书馆,1991年。

10.[德]黑格尔:《法哲学原理》,范扬等译,商务印书馆,1961年。

11.[美]黄宗智:《中国研究的范式问题讨论》,社会科学文献出版社,2003年。

12.[英]洛克:《政府论》(下篇),叶启芳、瞿菊农译,商务印书馆,1964年。

13.[比]罗兰:《转型与经济学》,张帆等译,北京大学出版社,2002年。

14.[德]马克思:《1844年经济学哲学手稿》,人民出版社,1985年。

15.[美]米格代尔:《强社会与弱国家:第三世界的国家社会关系及国家能力》,张长东等译,江苏人民出版社,2009年。

16.[美]米格代尔:《社会中的国家:国家与社会如何相互改变与相互构成》,李杨等译,江苏人民出版社,2013年。

17.[美]帕特南:《使民主运转起来》,王列、赖海榕译,江西人民出版社,2001年。

18.《潘恩选集》,马清槐等译,商务印书馆,1981年。

19.[美]萨拉蒙、[美]索可洛斯基:《全球公民社会:非营利部门国际指数》,北京大学出版社,2007年。

20.[美]萨拉蒙:《公共服务中的伙伴——现代福利国家中政府与非营利组织的关系》,田凯译,商务印书馆,2008年。

21.[美]萨拉蒙等:《全球公民社会——非营利部门视界》,贾西津等译,社会科学文献出版社,2007年。

22.[美]萨瓦斯:《民营化与公私部门的伙伴关系》,周志忍等译,中国人民大学出版社,2002年。

23.[美]斯特劳斯、[美]克罗波西:《政治哲学史》(上册),李天然等译,河北人民出版社,1993年。

24.[美]汤森等:《中国政治》,顾速等译,江苏人民出版社,1996年。

25.[法]托克维尔:《论美国的民主》(下卷),董国良译,商务印书馆,1988年。

26.[美]希尔斯曼:《美国是如何治理的》,曹大鹏译,商务印书馆,1990年。

27.[澳]休斯:《公共管理导论》,彭和平等译,中国人民大学出版社,2001年。

28.[古希腊]亚里士多德:《政治学》,吴寿彭译,商务印书馆,1965年。

29.[日]猪口孝、[美]纽曼、[英]基恩:《变动中的民主》,林猛等译,吉林人民出版社,1999年。

三、中文论文

1.安蓉泉:《政府在社会组织创新发展中的功能定位、权责边界和工作方式研究——以杭州的实践为例》，《杭州（我们）》，2010年第4期。

2.白贵一：《当代中国国家与社会关系的嬗变》，《贵州社会科学》，2011年第7期。

3.白平则：《论我国国家与社会关系改革的目标模式："强社会、强国家"》，《科学社会主义》，2011年第3期。

4.鲍春雷、陈建辉、姜俊凯：《我国政府绩效评估的回顾与前瞻》，《中国人事报》，2008年10月24日。

5.边燕杰：《城市居民社会资本的来源及作用：网络观点与调查发现》，《中国社会科学》，2004年第3期。

6.曹志刚：《实践中的国家与社会的关系——读乔尔·S.米格代尔的〈强社会与弱国家〉》，《国外社会科学》，2012年第1期。

7.常敏：《六十年来杭州新兴社会组织发展研究》，《中共杭州市委党校学报》，2009年第5期。

8.常敏：《政府、企业和社会组织在社会复合主体中的权责边界研究——以杭州的实践为例》，《中共杭州市委党校学报》，2012年第1期。

9. 陈海娟：《中国公民社会的现状与前景——访清华大学NGO研究所副所长贾西津》，《决策与信息》，2010年第9期。

10.陈家刚：《多元主义、公民社会与理性：协商民主要素分析》，《天津行政学院学报》，2008年第7期。

11.陈剑：《第三部门与市场经济体制的发展》，《新视野》，2005年第5期。

12.陈剩勇、魏仲庆：《民间商会与私营企业主阶层的政治参与——浙江温州民间商会的个案研究》，《浙江社会科学》，2003年第5期。

13.邓正来、景跃进：《建构中国的市民社会》，《中国社会科学季刊》（香港），1992年11月创刊号。

14.邓正来：《关于"国家与市民社会"框架的反思与批判》，《吉林大学社会科学学报》，2006年第3期。

15.邓正来：《国家与社会——中国的市民社会研究的研究》，《中国社会科学季刊》（香港），1996年总第15期。

16.邓正来：《市民社会与国家——学理上的分野与两种架构》，《中国社会科学季刊》（香港），1993年总第3期。

17.范明林：《非政府组织与政府的互动关系——基于法团主义和市民社会视角的比较个案研究》，《社会学研究》，2010年第3期。

18.范巧、郭爱君：《从"复合行政"到"复合治理"——区域经济一体化与行政区经济矛盾解决的新视角》，《南方经济》，2009年第6期。

19.傅连峰：《官方报告揭示"中国母亲"真相，"美国妈妈"打赢七年慈善战争》，《南方周末》，2007年4月11日。

20.甘肃省民政厅课题组：《社会组织与政府关系模式研究》，《甘肃社会科学》，2009年第5期。

21.高丙中：《社会团体的合法性问题》，《中国社会科学》，2000年第2期。

22.顾昕、王旭、严洁：《公民社会与国家的协同发展——民间组织的自主性、民主性和代表性对其公共服务效能的影响》，《开放时代》，2006年第3期。

23.顾昕、王旭：《从国家主义到法团主义——中国市场转型过程中国家与专业团体关系的演变》，《社会学研究》，2005年第2期。

24.郭道久：《第三部门公共服务供给的"二重性"及发展方向》，《中国人民大学学报》，2009年第2期。

25.郭道久：《对抗性竞争与协商合作——多元主义与合作主义的利益集团观比较》，《教学与研究》，2006年第8期。

26.郭道久、陈冕：《走向复合治理：农村民间组织发展与乡村治理变革》，《理论与改革》，2014年第2期。

27.郭道久、朱光磊：《杜绝"新人"患"老病"，构建政府与第三部门间的健康关系》，《战略与管理》，2004年第3期。

28.郭小聪、文明超：《合作中的竞争：非营利组织与政府的新型关系》，《公共管理学报》，2004年第1期。

29.何晋文：《市民社会与公众舆论》，《中国传媒大学第一届全国新闻学与传播学博士生学术研讨会文集》，2007年。

30.何增科：《市民社会概念的历史演变》，《中国社会科学》，1994年第5期。

31.胡荣：《社会资本与中国农村居民的地域性自主参与——影响村民在村级选举中参与的各种因素分析》，《社会学研究》，2006年第2期。

32.[英]怀特：《公民社会、民主化和发展：廓清分析的范围》，何增科译，《马克思主义与现实》，2000年第1期。

33.江林：《建立有中国特色的企业经营道德体系》，《经济管理》，2001年第18期。

34.金灿荣：《美国市民社会与政治民主的关系初探》，《美国研究》，2001年第1期。

35.金英君：《社会组织与政府关系研究》，《前线》，2015年第2期。

36.景跃进：《国家与社会关系视野下的中国社团——评〈社会中间层〉》，社会学人类学中国网，http://www.sachina.edu.cn/Htmldata/article/2005/11/483.html.

37.康晓光、韩恒：《分类控制：当前中国大陆国家与社会关系研究》，《社会学研究》，2005年第6期；

38.康晓光、韩恒：《行政吸纳社会：当前中国大陆国家与社会关系再研究》，*Social Sciences in China*，2007年第3期。

39.康晓光：《行业协会何去何从》，《中国改革》，2001年第4期。

40.康晓光：《转型时期的中国社团》，《中国社会科学季刊》（香港），1999年冬季号。

41.乐园：《公共服务购买：政府与民间组织的契约合作模式——以上海打浦桥社区文化服务中心为例》，载王名主编：《中国非营利评论》（第6卷），社会科学文献出版社，2010年。

42.李景鹏：《中国现阶段社会团体状况分析》，《唯实》，1999年第8期。

43.李璐：《枢纽型社会组织：政府和草根社团的纽带》，《中国经济导报》，2013年2月16日。

44.李萍：《论公共精神的培养》，《北京行政学院学报》，2004年第2期。

45.李文驹：《时代所需 众望所归：回顾中国包装技术协会成立前后》，《中国包装》，1996年第1期。

46.林毅：《中国国家与社会关系发展现状评析》，《哈尔滨工业大学学报》，2013年第1期。

47.刘建军：《治理缓行：跳出国家权力回归社会陷阱》，《理论文萃》，2003年第4期。

48.刘剑雄：《改革开放后我国行业协会和商会发展研究》，《经济研究参考》，2006年第16期。

49.刘庆元、温颖娜：《政府购买社工服务中的机构诉求》，《社会工作》，2007年第11期。

50.刘求实：《改革开放以来我国民间组织的发展及其社会基础》，《公共行政评论》，2009年第3期。

51.马全中：《中美NGO提供公共服务的比较分析》，《经济体制改革》，2013年第4期。

52.穆紫：《西方势力借NGO向中国渗透》，《党建文汇》，2008年7月上半月版。

53.牛涛：《从'强国家弱社会'到'强国家强社会'》，《湖北行政学院学报》，2008年第4期。

54.潘强恩：《论公共精神》，《光明日报》，2003年11月5日。

55.潘一禾、刘琳：《新型社会组织的创建与试行——从杭州市"社会复合主体"实践看政府赋权社会的可能》，《浙江社会科学》，2010年第11期。

56.彭大鹏：《村民自治的行政化与国家政权建设》，《北京行政学院学报》，2009年第2期。

57.任兴洲：《我国农民专业合作社发展的现状、问题与政策建议》，《上海集体经济》，2013年第1期。

58.尚晓援：《公民社会组织与国家之间的关系考察——来自三家非政府儿童救助组织的启示》，《青年研究》，2007年第8期。

59.石德生：《"国家与社会"的中国研究面相》，《攀登》，2009年第4期。

60.石德生、李云：《"国家与社会"理论模式的历史演进》，《求索》，2009年第10期。

61.时和兴：《"市民社会"、现代国家以及中国的国家与社会的关系》，《北京大学学报》，1996年第6期。

62.宋正：《民间组织对构建社会主义和谐社会的政治意义》，《长白学刊》，2007年第4期。

63.苏明、贾西津、孙洁、韩俊魁：《中国政府购买公共服务研究》，《财政研究》，2010年第1期。

64.苏振华：《中国转型的性质与未来路径选择》，《社会科学战线》，2008年第3期。

65.孙立平：《国家与社会的结构分化：改革以来中国社会结构的变迁研究之一》，《中国社会科学季刊》（香港），1992年11月创刊号。

66.汤明磊：《"单位回潮"现象分析：原因、效应与对策》，《中共南京市委党校学报》，2012年第3期。

67.唐兴霖：《国家与社会之间——论社会中介组织对中国社会转型的影响》，《天津行政学院学报》，2002年第2期。

68.陶传进：《草根志愿组织与村民自治困境的破解：从村庄社会的双层结构中看问题》，《社会学研究》，2007年第5期。

69.滕兴才:《一些中介组织正在沦为腐败中介》,《中国青年报》,2009年2月2日。

70.田凯:《组织外形化:非协调约束下的组织运作—— 一个研究中国慈善组织与政府关系的理论框架》,《社会学研究》,2004年第4期。

71.王红光:《公民社会组织发展与和谐社会的构建》,《广西社会科学》,2011年第11期。

72.王华:《中国社会资本的重构》,《思想战线》,2004年第4期。

73.王洁:《政府购买服务——现代政府公共职能的延伸》,《中国政府采购》,2011年第4期。

74.王名:《非营利组织的社会功能及其分类》,《学术月刊》,2006年第9期。

75.王绍光、何建宇:《中国的社团革命——中国人的结社版图》,《浙江学刊》,2004年第6期。

76.王绍光:《关于"市民社会"的几点思考》,《二十一世纪》(香港),1991年第8期。

77.王文华:《中央与地方政府财政关系的博弈行为分析》,《社会科学研究》,1999年第2期。

78.王兴於:《有为政府:现阶段我国地方政府职能的基本模式》,《学习月刊》,2009年第9期。

79.王增福、李文全:《黑格尔政治哲学中的市民社会与国家关系》,《人民论坛》,2014年1月中旬,总第429期。

80.吴开松、张中祥:《有效政府的理论基础及其建构》,《中国行政管理》,2001年第10期。

81.向德平:《社区组织行政化:表现、原因及对策分析》,《学海》,2006年第3期。

82.谢海定:《中国民间组织的合法性困境》,《法学研究》,2004年第2期。

83.邢以群、马隽:《中国"第三部门"起源的经济分析》,《浙江社会科学》,2005年第1期。

84.熊光清:《公共组织热心服务,才有公信力》,《环球时报》,2013年8月12日。

85.徐邦友:《社会变迁与政府行政模式转变》,《浙江学刊》,1999年第5期。

86.徐勇:《县政、乡派、村管:乡村治理的结构性转换》,《江苏社会科学》,2002年第2期。

87.徐宇珊:《非对称依赖:基金会与政府关系的分析》,《公共管理学报》,2008年第1期。

88.许共城：《党的十六大以来民间智库的发展态势》，《重庆社会科学》，2013年第2期。

89.燕继荣：《民主，社会资本与中国民间组织的发展》，《学习与探索》，2009年第1期。

90.杨格文：《中消协变身的示范效应》，《南风窗》，2007年第10期。

91.杨团：《社区公共服务设施托管的新模式：以罗山市民会馆为例》，《社会学研究》，2001年第3期。

92.杨雪冬：《论治理的制度基础》，《天津社会科学》，2002年第2期。

93.杨雪冬：《全球化、风险社会与复合治理》，《马克思主义与现实》，2004年第4期。

94.杨雪冬编译：《"治理"的九种用法》，《经济社会体制比较》，2005年第2期。

95.尹保云：《公民社会运动与韩国的民主发展》，《当代韩国》，2009年秋季号。

96.于晓虹、李姿姿：《当代中国社团官民二重性的制度分析——以北京市海淀区个私协会为个案》，《开放时代》，2001年第9期；

97.俞可平：《马克思的市民社会理论及其历史地位》，《中国社会科学》，1993年第4期。

98.俞可平：《中国公民社会：概念、分类与制度环境》，《中国社会科学》，2006年第1期。

99.俞可平：《中国农村的民间组织与治理的变迁》，载俞可平：《中国公民社会的兴起与治理的变迁》，社会科学文献出版社，2002年。

100.俞可平等：《中国离"善治"有多远——"治理与善治"学术笔谈》，《中国行政管理》，2001年第9期。

101.郁建兴、吴宇：《中国民间组织的兴起与国家——社会关系理论的转型》，《人文杂志》，2003年第4期。

102.郁建兴、周俊：《论当代资本主义国家与社会关系的变迁》，《中国社会科学》，2002年第6期。

103.郁建兴：《治理理论的中国适用性》，《哲学研究》，2010年第11期。

104.曾永和：《城市政府购买服务与新型政社关系的构建——以上海政府购买民间组织服务的实践与探索为例》，*Journal Of ShangHai Polytechnic College Of Urban Management*，2008年第17期。

105.张雷：《我国网络草根NGO发展现状与管理论析》，《政治学研究》，2009年第4期。

106.张新光:《社会组织化:构筑国家与社会良性关系的关键》,《学术交流》,2008年第7期。

107.张兆曙:《城市议题与社会复合主体的联合治理——对杭州三种城市治理实践的组织分析》,《管理世界》,2010年第2期。

108.张振华:《公民社会兴起的政治意蕴:以韩国为样本》,《经济社会体制比较》,2013年第3期。

109.张钟汝、范明林、王拓涵:《国家法团主义视域下政府与非政府组织的互动关系研究》,《社会》,2009年第4期。

110.甄茜:《跨国调查"中国母亲"胡曼莉》,《南方周末》,2001年12月13日。

111.郑卫东:《城市社区建设中的政府购买公共服务探讨——以上海市为例》,《广东行政学院学报》,2011年第1期。

112.郑永年:《强政府、强社会当是中国社会管理的方向》,《联合早报》,2011年9月21日;

113.钟宜:《我国农村社会组织的发展与乡村治理方式的变革与完善》,《探索》,2005年第6期。

114.周俊:《政府购买公共服务的风险及其防范》,《中国行政管理》,2010年第6期。

115.朱传一:《中国非营利部门的成长及政府在其中的作用》,《社会》,2000年第11期。

116.朱光磊、陆明远:《中国非营利组织的"二重性"及其监管问题》,《理论与现代化》,2004年第2期;

117.朱光磊、孙涛:《"规制—服务型"地方政府:定位、内涵与建设》,《中国人民大学学报》,2005年第1期。

118.朱光磊、薛立强:《建设服务型政府的几个问题》,《人民日报》,2007年7月27日。

119.朱光磊、于丹:《建设服务型政府是转变政府职能的新阶段——对中国政府转变职能过程的回顾与展望》,《政治学研究》,2008年第6期。

120.朱健刚:《城市街区的权力变迁:强国家与强社会模式——对一个街区权力结构的分析》,《战略与管理》,1997年第4期。

121.朱英:《近代中国的"社会与国家":研究回顾与思考》,《江苏社会科学》,

2006年第4期。

122.朱又红：《第三部门中的社会创新——对一个非营利机构产生和发展过程的思考》，《中国社会科学季刊》（香港），1999年冬季号。

四、外文文献

1.Andrew Green,and Ann Matthias,*Non-governmental Organizations and Health in Developing Countries*,St.Martin's Press,1997.

2.B. Guy Peters,*The Future of Governing:Four Emerging Models*,University Press of Kansas,1996.

3.BaoGang He,*The Democratic Implications of Civil Society in China*,ST. Martin's Press,1997.

4.Barbara Gray,*Collaborating:Finding Common Ground for Multiparty Problems*,Jossey Bass,1989.

5.Burton Weisbrod,Toward a Theory of the Voluntary Nonprofit Sector in Three-Sector Economy,in E. Phelps,*Altruism Morality and Economic Theory*,Russel Sage Foundation,1974.

6.David Osborne and Ted Gaebler,*Reinventing Government:How the Entrepreneurial Spirit is Transforming Government*,Adison Wesley Public Comp,1992.

7.Gideon Baker,Civil Society and Democracy:The Gap Between Theory and Possibility,*Politics*,18(2),1998.

8.Gordon White,Prospects for Civil Society in China:A Case Study of Xiaoshan City,*The Australian Journal of Chinese Affairs*,29(January),1993.

9.Henry B. Hansmann,The Role of Nonprofit Enterprise,*Yale Law Journal*,1980,(89).

10.J.Habermas,*The Structural Transformation of the Public Sphere:An Inquiry into a Category of Bourgeois Society*,MIT Press,1991.

11.James N. Rosenau,Governance in the Twenty-first Century,*Global Governance*,No.1,1995.

12.Jean L. Cohen and Andrew Arato,*Civil Society and Political Theory*,MIT Press,1992.

13.Joel S. Migdal,Atul Kohli,Vivienne Shue(ed.),*State Power and Social Forces:*

Domination and Transformation in the Third World, Cambridge University Press, 1994.

14.John Keane, *Democracy and Civil Society: on the Predicaments of European Socialism, the Prospects for Democracy, and the Problem of Controlling Social and Political Power*, Verso, 1988.

15.John Keane, *Global Civil Society?*, Cambridge University Press, 2003.

16.John King Fairbank, *The United States and China*, Harvard University Press, 1979.

17.Joseph Bessette, Deliberative Democracy: The Majority Principle in Republican Government, in Robert A. Goldwin and William A. Schambra(ed.), How Democratic is the Constitution?, *American Enterprise Institute for Public Policy Research*, 1980.

18.Julie Fisher, *Nongovernments: NGOs and the Political Development of the Third World*, Kumarian Press, 1998.

19.L.Salamon, W. Sokolowski, and R. List, *Global Civil Society: Dimensions of the Nonprofit Sector*, Baltimore: Institute for Policy Studies, Center for Civil Society Studies, Johns Hopkins University, http://www.kpbooks.com/pdf/gcs2.pdff, 2003.

20.Lester M. Salamon, Rethinking Public Management: Third-party Government and the Changing Forms of Government Action, *Public Policy*, 1981, 29(3).

21.Lester M.Salamon, H.K.Anheier, R.List, et al., *Global Civil Society: Dimensions of the Nonprofit Sector*, Baltimore, 1999.

22.Lester M.Salamon, *America's Nonprofit Sector*, Foundation Center, 1993.

23.Lester M.Salamon, The Rise of the Nonprofit Sector, *Foreign Affairs*, 73(4), 1994.

24.Peter B. Evans(ed.), *State-Society Synergy: Government and Social Capital in Development*, University of California, 1997.

25.Philip C. C. Huang, "Public Sphere"/ "Civil Society"in China? : The Third Realm between State and Society, *Modern China*, Vol.19, No.2, April 1993.

26.S.Chambers, J.Kopstein, Bad Civil Society, *Political Theory*, Vol.29, No.6, Dec. 2001.

27.Sheri Berman, Civil Society and the Collapse of the Weimar Republic, *World Politics*, 49(April), 1997.

28.Theodore Levitt, *The Third Sector: New Tactics for a Responsive Society*, Amacom, 1973.

29.Victor Nee and David Monzigo(ed.), *State and Society in Contemporary China*, Cornell University Press, 1983.

中国政府与政治研究系列书目

《当代中国政府过程(第三版)》　　　　　　　　　　　　　　　朱光磊　著

《当代中国政府间纵向关系研究》　　　　　　　　　　　　　　张志红　著

《以社会制约权力——民主的一种解析视角》　　　　　　　　郭道久　著

《当代中国县政改革研究》　　　　　　　　　　　　　　　　　暴景升　著

《中国复合型社团研究——以中国共青团的职能变迁为个案》　吕福春　著

《当代中国政府"条块关系"研究》　　　　　　　　　　　　　周振超　著

《中国城市管理综合执法体制研究》　　　　　　　　　　　　杨书文　著

《中国服务型政府:公共服务的内涵和机制研究》　　　　　　孙　涛　著

《授权体制:改革开放时期政府间纵向关系研究》　　　　　　薛立强　著

《中国"小组机制"研究》　　　　　　　　　　　　　　　　　周　望　著

《现代化进程中的阶层分化与政治整合》　　　　　　　　　　吴晓林　著

《中国行政区划改革研究——政府发展模式转型与研究范式转换》　赵聚军　著

《中国咨询机构的政府决策咨询功能研究》　　　　　　　　　张颖春　著

《转型期地方政府的角色定位与行为调适研究》　　　　　　　鲁　敏　著

《中国"政策试点"研究》　　　　　　　　　　　　　　　　　周　望　著

《中国"省直管县"体制改革研究》　　　　　　　　　　　　　王雪丽　著

《当代中国组织网络及其控制问题》　　　　　　　　　　　　李勇军　著

《当代中国中央与地方关系的"竞争性集权"模式》　　　　　　黄相怀　著

《公共物品财政供给的制度基础》　　　　　翟桂萍　苏杨珍　蒋　瑛　著

《中国公务员规模问题研究》　　　　　　　　　　　　　　　李利平　著

《中国基层社会治理机制创新研究》　　　　　　　史云贵 著

《中国政府绩效评估方法理论与实践》　　　　　　陈　新 著

《中国政府项目的运作逻辑——一个组织学分析》　史普原 著

《"强国家—强社会":我国社会组织发展的政治分析》郭道久 著